教师成长漫谈

JIAOSHI CHENGZHANG MANTAN

王腾香／著

东北师范大学出版社

长　春

图书在版编目（CIP）数据

教师成长漫谈／王腾香著. -- 长春：东北师范大
学出版社，2023. 8
ISBN 978-7-5771-0514-7

Ⅰ. ①教… Ⅱ. ①王… Ⅲ. ①师资培养-研究 Ⅳ.
①G451. 2

中国国家版本馆 CIP 数据核字（2023）第 161574 号

□责任编辑：逯 伟　　□封面设计：品诚文化
□责任校对：冀爱莉　　□责任印制：许 冰

东北师范大学出版社出版发行
长春净月经济开发区金宝街 118 号（邮政编码：130117）
电话：0431—85690289
网址：http：∥www. nenup. com
东北师范大学出版社激光照排中心制版
四川科德彩色数码科技有限公司印装
成都市郫都区成都现代工业港北片区港北二路 551 号（邮政编码：611743）
2023 年 8 月第 1 版　2023 年 8 月第 1 版第 1 次印刷
幅面尺寸：185mm×260mm　印张：12.5　字数：223 千

定价：65. 00 元

教师第一

从事教育工作三十多年，历经初中教育、职业教育和普通高中教育；担任校长二十多年，同样辗转于初中学校、职业中专学校和普通高中。在长期的教育实践中，我一直在思考这样两个问题：学校发展的第一要务是什么？学校校长的第一使命是什么？这两个问题在我的脑海里从混沌到有些眉目，再到今天的基本厘清，伴随着我的教育管理实践整个过程，走过了漫长的时间。

看过国家督学、中国教育学会副会长袁振国的一篇文章——《校长教师如何做好最重要的工作》。袁振国教授在写这篇文章之前，做了一个以"校长的第一使命是什么"为题的问卷调查，答案自然是五花八门：有的说是明确办学方向；有的说是制订学校发展规划；有的说是建章立制，建立良好的人事制度和管理制度；有的说是争取资源；有的说是领导课程改革，提高课程领导力；有的说校长的使命在于策划——激发热情，形成思想，明确任务，操作到位；等等。对这些答案进行仔细思考不免产生疑问：校长明确了的办学方向是不是需要有人去实现？校长制订的学校发展规划、建立的人事制度和管理制度、领导的课程改革等等是不是需要有人去落实？我们可以这样说：学校的任何一项工作、任何一个要求、任何一个目标都离不开有人去实现。

北京第一实验学校校长李希贵说过，要使学生得到好的发展，首先要使教师有好的发展，校长不可能面对每一位学生，每天直接面对学生的是教师，校长直接面对的也是教师。所以，笔者认为，促进教师的专业发展是校长的第一使命。

人民教育家于漪老师说：教育的质量说到底就是人的质量，是教师和学生的质量。通常我们说教育质量，一般是指学生的质量、毕业生的质量，很少有人联想到教师的质量。在这里，于漪老师是把教师的质量放在前头的。于漪老师所说的"很少有人联想到教师的质量"这句话告诉我们，学校首先要关注教师的成长和发展，然后由教师去承担和完成学生成长的任务。

以上几位著名教育家的观点非常一致：学校发展的第一要务、校长的第一使命就是促进教师的成长，就是促进教师的发展。这与党中央"百年大计，教育为本；教育大计，教师为本"的强调也是完全吻合的。教师是立教之本、兴教之源，是教育发展的第一资源。习近平总书记指出，教师是人类灵魂的工程师，是人类文明的传承者，承载着传播知识、传播思想、传播真理，塑造灵魂、塑造生命、塑造新人的时代重任。

有了党中央、习近平总书记的明确要求，有了若干教育专家的理论支持，我在探索"校长第一使命"的道路上逐渐明晰了自己的思路，逐渐明确了自己的目标。我的教育管理实践也有了正确的方向，学校管理工作的重点更加突出，学校管理的效果自然也是事半功倍。

在教育管理实践中，我又逐渐产生了把自己的一些教育管理实践经验与体会写出来的想法。我认为，写出来是对自己教育管理实践的总结，或许也会给教育同行们提供一些参考。这就是我写这本书的动机和动力。

把促进教师成长放在学校发展的第一位，把促进教师的发展作为校长的第一使命，这方面的做法、措施有很多，我只是在教师的成长环境、教师成长的主动性、教师如何树立正确的工作价值观、教师在成长过程中的读书与思考、教师如何提高自己的执行力以及如何创建学校"家文化"以有利于教师的成长等几个方面做了粗浅的论述，以期收到抛砖引玉的效果。

牢固树立"教师第一"的学校管理指导思想，走出教师成长、学生成长和学校发展的新路子，是摆在广大教育工作者面前的一项长期的任务。我将在这条道路上继续探索，不断实践，获得更有价值的经验，做出更好的业绩，实现自己人生的最大价值。

是为序。

王腾香

2023 年 3 月 17 日

目 录

谈谈教师的成长环境

"环境"是一个高频词，我们在工作和生活中几乎每天都会接触到环境这个词，我们每一个人都生活在不同的环境中，工作在不同的环境中，每一种事物也都存在于一个环境中，所以很多学者以及管理者都十分重视对环境的研究。教师也一样，教师也是工作、生活在一些环境中，这些环境对教师的影响是很大的，对教师的成长具有十分重要的作用。

一、对"环境"概念的认识

我们先来看"环境"的基本定义：环境是相对于某一事物来说的，是指围绕着某一事物（通常称其为主体）并且会对该事物产生某些影响的所有外界事物（通常称其为客体），即环境是指相对并相关于某项中心事物的周围事物。这就是说，几乎任何事物都会有一个相应的环境，我们时时刻刻都处在环境中，都会用到"环境"这一概念，所以"环境"一词使用的频率是很高的。

依据环境的基本定义，我们可以理解环境既包括以空气、水、土地、植物、动物等为内容的物质因素，也包括以观念、制度、行为准则等为内容的非物质因素；既包括自然因素，也包括社会因素；既包括非生命体形式，也包括生命体形式。环境是相对于某个主体而言的，主体不同，环境的大小、内容等也就不同。

一般来说，人类环境分自然环境和社会环境。本文我们所讨论的教师的成长环境，只涉及学校内部环境和学校外部环境、家庭环境，即社会环境，很少涉及自然环境。

在学校管理实践中，不少学校采用系统管理的方式，我们也在学校管理中注入了系统科学的因素。一方面，系统管理要求我们把学校看作一个有机的整体，看作一个动态的系统，把学校的所有工作、所有问题都放在系统意义之下去考虑、去研究。另一方面，系统科学要求我们从量的角度，用数学的方法去研究学校的管理方法，所以有人说，系统科学是量化了的辩证唯物主义。

在系统管理中，有一个重要的概念就是系统环境，引申一下就是学校系统的环境。我们先看"系统环境"的定义：

若 A 是一个系统，B 是一个包含系统 A 的更大的系统，即 U＝B－A，则把 U 称为系统 A 的环境。

什么是学校系统呢？学校系统包含在社会教育大系统之中，是社会教育大系统的一个子系统。而根据以上"系统环境"的定义，社会教育大系统去掉学校系统的其余部分便是学校的系统环境。如下图：

对于校长来说，处理好学校系统与其环境的关系是十分重要的。确立学校的办学思路，确定学校的培养目标，都离不开对学校系统环境的研究。

一般来说，一所学校的正常运行要同时满足以下四条要求：

（1）党和国家教育方针的要求；

（2）经济建设和社会发展对人才的要求；

（3）当地政府对学校的要求；

（4）社会，尤其是学生家长对学校的要求。

要想把办学思路、培养目标确立得切合实际、全面合理，就得对以上四条要求进行深入研究，尤其要解决好四条要求之间的一些互相矛盾的问题。这四条要求都是学校系统的环境。

我经常说，校长要做好最重要的两件事，一是创设良好的学校内部环境；二是协调好学校外部环境。这两件事分别是两篇大文章，其内容都十分丰富，都需要校长付出长期的、艰辛的努力。

学生和教师的成长属于学校内部环境范畴，学生和教师的成长主要依赖于良好的学校内部环境，所以，创设一个良好的学校内部环境对于学生和教师的成长是十分重要和必需的。

二、环境对教师成长的重要性

俗话说："龙生龙，凤生凤，老鼠生来会打洞。"这句话主要是用来说明后代成长中遗传因素的重要性的，但是，我们不能忽略这句话中隐含的环境因素的作用。也就是说，龙不仅生在龙的家庭，遗传了龙的基因，而且成长在龙的家庭环境之中，基因在龙的下一代成长中起着遗传作用，环境对它的熏陶照样有十分重要的作用，凤和老鼠皆是如此。

孟母三迁的故事流传甚广。小孟轲三岁的时候死了父亲，由母亲抚养长大。母亲没念过什么书，但是为人处世很有涵养，对一些事物的看法也很有见地。她正确教育小孟轲的事迹一直都是后人学习的榜样，《三字经》里也记载着"昔孟母，择邻处；子不学，断机杼"的句子，故事的内容是这样的：

起初，小孟轲的家临近一座坟场，小孟轲经常看到有人来送葬办丧事，日子久了，慢慢就学了不少葬礼祭奠的规矩，有时候还拿把小铲子挖坑填土树立"墓碑"玩儿。

小孟轲的母亲看见他天天玩这些东西，觉得这样的环境对他的成长没有好处，认为孩子的模仿过程就是他学习的过程，就带着小孟轲搬家了。

他们的新家旁边是一处集市，天天人来人往，热闹非凡。小孟轲每天在集市旁生活，时间长了，还结交了一群小伙伴，一起玩经商做买卖的游戏，甚至学集市上的屠夫杀猪。孟妈妈看了，觉得小孩子学着吆喝叫卖、交易赚钱、学屠夫杀猪也不合适，便又带着小孟轲搬家了。

这一次，他们搬到了一所学堂的附近。这里进出的人们既学识渊博，又懂得礼数。小孟轲耳濡目染，就自己在家里翻书认字，学习礼仪。孟母这才满意了，她觉得小孩子以后不论从事什么职业，都要知书达礼，有涵养。

"近朱者赤，近墨者黑"这句话出自傅玄的《太子少傅箴》，意思是靠近朱砂的东西会渐渐变红，靠近墨的东西会慢慢变黑，比喻接近好人可以使人变好，接近坏人可以使人变坏。

"蓬生麻中，不扶而直；白沙在涅，与之俱黑"出自荀子的《劝学》，意思是蓬草长在麻地里，不用扶持也能挺立成长；白沙混进了黑土里，就会与黑土一样黑。

所以，环境对于一个人的成长具有重要的影响作用，好的环境对人的成长有促进的作用，坏的环境则会阻碍人的成长。

社会普遍对教师寄予厚望，要让教师承担起更大的责任。事实上人们很容易忽

略教师也是普通人，他们也会脆弱、会疲惫，甚至会生病。根据国际知名智库兰德的最新调查发现，73％的教师频繁感受到来自工作的压力，远高于其他从业人员35％的占比。如何促进教师的持续成长和发展？这就要求，学校和社会能够给教师提供好的成长环境。

三、学校环境对教师成长的影响

按照主客观性质来划分，学校环境主要有两个，一个是学校的外部环境，另一个是学校的内部环境。笔者想把学校的内部环境称为主观环境，因为学校的内部环境基本上是学校自己说了算的环境；学校的外部环境则称之为客观环境，这是因为学校的外部环境基本上是学校说了不算的环境。一般来说，学校的内部环境达到优化的标准是：条例规范，纪律严明；团结合作，关系和谐；执行有力，效率较高；正气主导，朝气蓬勃；积极学习，不断创新。

就学校内部环境而言，学校是什么？

有人说，学校是一个平台，是学生和老师一起成长的平台，近几年有的学者又提出，学生、老师和家长都要一起在学校这个平台上成长。

还有人说，学校是一个场，是一个文化的场。学生、老师和家长都在这个场里接收着各种信息，这些信息对学生、老师和家长的成长都起着重要的作用。

学校是一个平台也好，是一个文化的场也好，都离不开环境这个概念。如果认可学校是一个文化的场，那么，物质文化就是一个物质的环境；制度文化就是一个制度的环境；精神文化就是一个精神的环境，是一个价值观的环境。这三个环境无时无刻不对学生、老师和家长起着熏陶和约束的作用。

如果学生在学校这个环境中接收信息比较主动，接收的信息量比较大，那么这个学生就会在学校要求的方向上有较大的收获和提升。请大家注意"学校要求的方向"这几个字，这是说学校和学校之间的文化是不一样的，即学校和学校之间的追求是有差别的，甚至会有较大的差别，所以学生的成长目标也是因学校而异的。

学校的内部环境有很多类，这里我们只讨论学校的大环境与教师的小环境。

学校的大环境，就是学校给师生创设的环境。这个环境如果公平、公正、公开，风清气正，那么你在成长的过程中就可以心无旁骛，就不会受过多无谓的干扰，一心一意实现自己的成长。如果这个环境是相反的状况，那对你的成长就会形成较大的障碍，形成较大的阻力，需要你付出更多的时间和精力来排除这些干扰，严重的话会使你失去成长的信心，影响你人生价值的顺利实现。

学校大环境需要学校从诸多方面来打造，这一点在后面我们还要详细讨论。

另一个是学校内部存在的小环境，也就是教师自身的小环境，这主要是指教师自己的圈子。你加入的圈子，决定着你今后的成长方向。

有科学家研究认为："人是唯一能接受暗示的动物。"积极的暗示，会对人的情绪和生理状态产生良好的影响，激发人的内在潜能，发挥人的超常水平，使人进取，催人奋进；消极的暗示，会在不知不觉中偷走你的梦想，使你渐渐颓废，渐渐变得平庸。所以，你和谁在一起的确很重要，甚至能改变你的生活轨迹，决定你职业生涯的成败。你接近什么样的人就会走什么样的路。牌友只会催你打牌，酒友只会催你干杯，积极向上的人，却会促使你取得进步。

人最大的幸运，不是捡钱，也不是中奖，捡钱和中奖都是偶然事件，人生最大的幸运是有人可以鼓励你、指引你、帮助你。所谓的"贵人"并不是直接给你带来利益的人，而是开阔你的眼界、给你正能量的人。

和勤奋的人在一起，你不会懒惰；和积极的人在一起，你不会消沉；与智者同行，你会不同凡响；与伟人为伍，你能登上巅峰。和优秀的人在一起，久而久之，你也就慢慢变得优秀了。

我们走上工作岗位以后，经过一段时间的探索和奋斗，会遇到不同程度的高原现象和职业倦怠现象。在这种时候，除了可以借助学校的力量克服以外，还要有自己的一系列克服这些现象的办法。寻找自己成长的"助推"力量就是其中的一种解决办法。这里的"助推"是互助推动、互助激励的意思。互助推动、互助激励就是教师自己的小圈子的正向作用，也就是教师所在的小环境的正向作用。

譬如，在锻炼身体的时候，你要坚持每天早上跑 5 千米，如果一个人去跑，就感到很孤单，时间久了就会感觉很无趣，很容易开始不久就失去信心、失去恒心，甚至放弃锻炼。但是，如果你约上几个有共同锻炼意向和锻炼兴趣的伙伴一起跑，就会坚持很长时间，直至达到锻炼身体的目的。这样的例子在平常的工作和生活中有很多。在工作中，我们如果和几个志同道合的老师一起组成相互激励、相互监督、相互推动的小团体，就比较容易克服倦怠现象。

再譬如，我们可以和几个学历、水平以及参加工作时间都差不多的同事制订一个实现自己职称提升的规划，我们的规划要有量化目标，如：十年之内大家都要争取评上副高级职称。再制订几个实现这个大目标的小目标，如：发表两篇论文，执教三节校级公开课、两节县级公开课、一节市级公开课，做三个课题，教学成绩要达到什么水平，等等。也可以把这些小目标分解到每一年里。在这些目标的引导下，大家互相鼓励，互相监督，互相促进，先努力实现几个小目标，进而实现大目标。

学校要为员工创设良好的成长环境。前面我们已经谈过，学校是一个文化的场，在这个文化的场里，学生、教师和家长一起成长。这里我们主要谈谈教师在学校文化的场里的成长。

从教师的角度来讲，成长是一个自身变化的过程，主要指的是自身素质的提升、业务能力的增强、管理水平的提高和科研能力的进步。

部分学校对教师的成长认识有点片面，只重视学生的成长，不重视教师的成长。有些学校甚至把"三个一切"即"一切为了学生，为了学生的一切，为了一切学生"作为自己学校的校训或是核心价值观，这是非常片面的。这"三个一切"里面没有教师的位置，没有谈到教师的成长，这是对教师成长的漠视，对教师队伍建设十分不利，久而久之，就会影响学校的健康发展。

2020年9月5日上午，人民教育家于漪教育思想研究中心在上海市杨浦高级中学揭牌成立。在揭牌仪式上，92岁高龄的于漪老师向见习教师代表赠书，并做了热情洋溢的讲话。在7分多钟的即兴讲话中，于漪老师谈自己、谈学生、谈教师、谈教育、谈国家，展现出大师风范和深切的家国情怀，情真意切，发人深省，让在场者心潮澎湃、倍感振奋。于漪说："教育的质量说到底就是人的质量，是教师和学生的质量。通常我们说教育质量，一般是指学生的质量、毕业生的质量，很少有人联想到教师的质量。"在这里，于漪老师是把教师的质量放在前头的。

我经常说，没有教师的幸福就没有学生的快乐，没有教师的进步就没有学生的提高，没有教师的成功就没有学生的成长。成长既是学生的成长，也是教师的成长，我们应该把教师的成长放在学生的成长前头。

为员工创设良好的成长环境办法很多，每位校长有每位校长的不同的方法，不管用什么方法，最后达到目的即可。在这里，我推荐几个比较有利于创设员工成长环境的关键做法。

（一）加强学校文化管理

有学者把人类几千年的管理史分为三个阶段，即经验管理阶段、科学管理阶段和文化管理阶段，强调要走出经验管理的泥潭，登上科学管理的台阶，进入文化管理的殿堂。学校文化是在一定的社会历史环境下形成的，它是一所学校在教育、教学、科研、管理以及其他活动中，根据自己的实际情况，经过倡导、培育和巩固，逐步形成的观念与行为方式的总和。它是学校及其全体成员价值准则、行为规范、共同信念和习惯的体现，也是建立一切规章制度的人文依据，是处理问题的原则，是师生行为的导向。

学校文化既是一种文化现象，又是一种新的学校管理模式。这种模式的基调是"人"，内容是"文化"，核心是"价值观"，法则是"柔性管理"，目标是"学校、人的发展"。

学校文化建设的内容十分丰富，主要包括物质文化、制度文化和精神文化三个方面。

物质文化属于学校文化的显性文化，主要包括学校建筑、景点、雕塑、花草树木、宣传橱窗、标语牌、名人画像以及学校标志等等。

制度文化是指学校的一切规章制度、行为规范。这里应强调的是，制度文化当中所包含的学校的一切规章制度必须满足以下几个条件：

一是要适合学校的特点，符合学校的实际情况，具有较强的实用性、科学性、完备性，覆盖学校管理的方方面面；

二是要突出人本思想，不管是对学生的规章制度，还是对教职员工的规章制度，都要突出以人为本的指导思想，即所有的规章制度都要以师生的发展为出发点；

三是要依法依纪，学校的所有规章制度都要符合国家的法律规定；

四是要服从于学校的价值理念，不能有与学校的价值理念相悖的内容；

五是要有一个内化和外化的过程。

精神文化包括学校的价值理念、学校的仪式、学校的典礼、学校的英雄人物以及学校的故事传说等。精神文化的核心是价值理念。这些精神文化要代表学校风貌，体现学校特点，在学校发展的过程中起到引领和推动的作用。另外，所有精神文化都要经过灌输、培植，要在全校师生员工中得到认同，深入人心，即做到内化于心、固化于制、外化于行。只有这样，才算是建设了学校的精神文化。

我在单县职业中专期间重点抓了学校制度文化建设和精神文化建设，形成了一整套完善的制度，也形成了一套价值观念，其主要内容包括：

核心理念：尊其身，成其业。

校训：做有尊严而幸福的职中人。

学校愿景：成技术精英之殿堂，立职业教育之典范。

学校精神：自尊自信，惟精惟一。

校风：怀责心自正，技精气自华。

教风：德馨化人，业精润能。

学风：情智共长，知行蕴乐。

办学策略：文化为魂，德能并重；校企合作，知行合一。

培养目标：多元人才，行业"状元"。

管理原则：以人为本，展人文情怀；精细规范，达执行之效。

服务理念：奠基幸福人生，培植未来希望。

教师誓词：我是山东省单县职业中等专业学校的教师，我为在这里工作感到骄傲。在此，我庄严宣誓：坚守"做有尊严而幸福的职中人"之校训，兼爱于心，止于至善；躬行于教，业务精湛；甘为人梯，乐于奉献；兢兢业业，桃李满园。

学生誓词：我是山东省单县职业中等专业学校的学生，我为在这里学习感到自豪。在此，我庄严宣誓：尊己尊人，与人为善；乐知乐行，勤学苦练；切磋琢磨，技能精专；勇于创新，迎接挑战！

学校宣言：单县职业中专作为一所国家级重点职业学校，乘职业教育之天时，占湖西大地之地利，得校企一体之人和，潜心致力于创新发展职业教育，让师生做有尊严而幸福的职教人。尊其身，让尊严焕发光彩；成其业，让生命绽放光华。吾师，德馨化人，润心田于无声；业精润能，因其材而施教。吾生，修立身之能，成"状元"之材。吾校，服务社会，育天下之英才；勇竞一流，立职业教育之典范。

从学校文化建设的三个方面来看，物质文化建设的要求体现了人与自然的和谐相处；制度文化建设的要求体现了民主和公平正义；精神文化建设的要求则体现了诚信友爱和安定有序。

学校的物质文化对全校师生起到了一个熏陶的作用，制度文化对全校师生起到了一个约束的作用，精神文化对全校师生起到了一个内化的作用。

学校文化管理要求每一位管理者达到一种境界，这种境界就是诗界所说的"不着一字，尽得风流，语不涉难，已不堪忧"。意思就是说，文化管理的最高境界是学校的一些要求、一些工作学校领导不用明说，员工就知道该怎么做，也就是领导说与不说一个样，领导在与不在一个样，体现了"写在纸上，大家照着做的都是制度，没有写在纸上，大家也知道怎样做，这是文化"这段话的意思。

学校文化管理要求每一位被管理者达到一种境界，这种境界就是"慎独"。元代大学士许衡堪称"慎独"的楷模。有文记载：元大学士许衡，率众公干，途经河阳，渴甚。见一梨树，众摘无忌，唯许衡正襟危坐，众曰：此梨无主。许曰：梨无主，汝心亦无主乎？由此可见，许衡堪称"慎独"的楷模。

学校文化管理是学校管理的最高阶段，是学校管理的长效机制，学校文化管理属于一种柔性管理。虽然学校制度是刚性的，但是，学校精神文化是学校文化的核心部分，而学校精神文化应当是体现柔性管理的，故而学校文化管理总起来讲是趋于柔性管理的。

健康的学校文化形成以后，学校的内部环境肯定是优化的，这样的环境对教师的成长无疑具有正向推动的作用。

（二）积极倡导并落实人本管理

什么是人本管理？人本管理首先强调在管理中把人放在"根本"的重要位置上，其次是关注人的发展。这就是人本管理的核心。

人本管理理论符合现代管理规律，适合现代管理环境，尤其是在各行各业竞争日趋激烈的情况下，倡导人本管理会给被管理者创设一个较为宽松的心理环境，有益于管理者和被管理者的身心健康发展，更有益于被管理者的潜能最大限度地发挥，从而实现学校管理目标。

众所周知，教师队伍的素质和水平在学校发展中起着十分重要的作用。教师在学校管理中具有特殊性，它既是管理的客体（被管理者），又是管理的主体（管理者）。相对于学校管理者来讲，教师是管理的客体，而相对于学生来讲，教师又是管理的主体，这更显示了对教师队伍进行人本管理的重要性。

在当前，各行各业群体或个体间的竞争越来越激烈，教师也概莫能外，他们已经处在一个在校外表现为学校与学校之间，在校内表现为教师与教师之间的激烈竞争的环境中，心理压力也很大。在这种情况下，坚持人本管理的原则更具有重要意义。

我把人本管理分为以下三个层次：

第一个层次：创设良好的心理环境。

关于良好的心理环境，我们可以用以下三句话来概括：融洽的干群关系，浓厚的民主气氛及和谐的人际环境。

干群之间的关系，从管理角度来讲，虽算不上对立关系，但它的确是一对矛盾，明智的管理者总是把这对矛盾化解到最低程度，达到干群之间的最大和谐。建立这种关系的前提和基础是有严格、明确、完善的规章制度，只有在这个基础之上才可以谈干群关系的和谐，否则，无干群关系可言。我校的规章制度是严格的、明确的和完善的，但我们要求制度、纪律的制定要做到严之有理、严之有度和严之有情，并提出用高度的规矩换来高度的和谐和高度的舒适。

在处理纪律、制度与人情之间的关系时，要注意以下三点：第一，在规章制度面前做到人人平等，校长及学校干部要避免亲此疏彼，要做到一碗水端平；第二，校长及学校干部应尽量做到管理无情，服务有情；第三，校长及学校干部与教师仅是工作分工的不同，人格是完全平等的。

为此，我经常与教师们谈心，由于学校人多、事忙，单独谈心时间有限，于是就利用会议与大家谈心。我们通常是围绕一个主题展开漫谈，围绕的主题有"谈谈个人与集体的关系""谈谈献身教育的事业心""关于争创一流""谈谈创造性工作""谈谈教师的苦乐观""谈谈爱与责任"等，这些漫谈很少有空洞说教，多是以例说理，以理服人，收到了很好的效果。

例如：在每年暑假进行的中层干部及全体教职员工竞争上岗中，对于在竞争中落选的中层干部和待聘的教职员工，学校都根据他们的特长，安排了一份适合他们的工作，并分别找他们谈话，帮助他们找出自己过去工作中的不足，鼓励他们今后努力工作，力争明年能够上岗。通过做细致的思想工作，落选的中层干部没有怨言，待聘的教职员工经过短时间的反省，也会很快投入下一段的工作中去，表现出了比以前更大的积极性和主动性。

再如：有的员工违犯了纪律，学校领导给予严厉的批评、教育，但当这名员工生活中遇到难题时，学校领导仍然满腔热情地帮助他解决困难。

融洽的干群关系促进了教职员工的工作积极性和主动性，当上级组织部门来校考察干部时，有的老师对组织部门的领导讲：王校长来了以后，我们干活比以前多多了。组织部门的领导问：那你们烦不烦？这些老师却说：我们不烦，我们愿意多干。

民主气氛是一所学校应有的气氛，它包括广开言路、广通思路、广谋出路。民主气氛是在以教代会制度为代表的一系列民主制度的实施下形成的。我校教代会制度十分健全，每年都在固定时间召开，教代会上会解决一些教职员工提出的问题，对教职员工关心的问题都会开诚布公地做出解释。我们还在教代会上呼吁形成一种风气，譬如拟一个倡议书，倡议全校教职员工按照倡议标准去完成一项工作。除了教代会以外，学校还有"校长信箱""一人一建议活动""网上留言"等若干民主渠道，供教职员工及时向学校、向校长提出意见和建议。

在教职员工中倡导和谐的人际环境，其作用有三：一是有助于克服知识分子队伍中往往会出现的文人相轻思想，加强老师们之间的协作；二是缓解老师们由于激烈竞争带来的各种心理压力；三是促使老师们心情舒畅，提升他们的职业幸福度，从而提高工作效率。

创设良好的心理环境也包含在物质层面上关心员工，譬如员工家庭遇到困难、员工或者家属生病住院、员工以及父母过生日、员工或者子女结婚等，这时学校领导会亲自带着礼物到场表示慰问或祝贺，这肯定算是对员工的关怀，但这是在物质层面上的，物质层面是比较浅表的层面。

第二个层次：创设公平、公正、公开的竞争环境。

公平、公正、公开的竞争环境是促进教职员工主动成长、顺利成长、快速成长的重要环境，它能够提高教职员工的成长积极性，能够给其以安全感。试想，一个单位的工作环境不是公平、公正、公开的，员工的努力结果得不到保障，员工怎么会有安全感？

关于如何创设公平、公正、公开的竞争环境，后面还有专门的讨论，这里暂不赘述。

第三个层次：促使教师在工作和竞争中得到完善和提高。

竞争的过程应该是螺旋式上升的，任何一个群体或个体都应当在竞争中得到完善和提高，否则很快就会被淘汰出局，被时代潮流所抛弃。在一次会议谈心中，我引用了这样一个例子——"为自己的履历而工作"，说的是在当今社会每个人下岗或转岗的情况时有发生，有的可能一生要多次转岗，有的不是被动转岗，而是主动转岗。这就需要我们为转岗做好准备。在工作和竞争中不断地完善和提高自己，为自己的人生写一份漂亮的履历，那么就不会下岗，甚至会在自己主动转岗中更好地实现自己的价值。

我兼任单县教育局党组成员时，经常听各位校长汇报学校工作，有的校长会谈到他们学校正在大力实行人本管理，但是具体内容就是一些教职员工家庭遇到困难、教职员工或者家属生病住院、教职员工以及父母的生日、教职员工或者子女结婚，学校领导带着礼物亲自到场表示慰问或祝贺等，这说明他连人本管理的第二个层次都没有理解，更不用说第三个层次了。这种仅仅停留在物质层次上的人文关怀，能比给员工创设一个公平、公正、公开的竞争环境以及让老师们在工作和竞争中得到完善和提高重要吗？

我们学校总是尽最大努力为每一位教师创设有利于他们得到完善和提高的环境和条件。例如：给教师尤其是青年教师提供施展才华的空间，让他们有机会表现自己、展现自己。再如：给教师掌握现代教育技术创造基础条件，为每一位教师配备高档多媒体计算机，建立了校园网和校内宽带"高速公路"；采取走出去、请进来的办法培训教师，每年学校派出若干教师到全国各地参加各类专业培训班；根据学校专业设置情况，有计划地让老师们多学一门专业技能，鼓励支持老师们进修更高学历或第二学历；等等。

我在学校员工大会上多次说过这样一句话：员工发展到哪里，学校就会把员工发展的舞台搭建到哪里。我是这样说的，也是这样做的。

由于我们坚持在教职员工管理中践行"以人为本"的思想，创设了良好的人际环境，减少了内耗，调动了全校教师的积极性和主动性，最大限度地发挥了每一个教师的潜能，所以学校工作一直沿着健康、持续、快速发展的方向前进。

（三）为教师创设六个环境

作为校长，除了在思想上对教师成长要有正确的认识以外，还要在行动上为教师成长搭建足够的平台，要积极创设教师成长所需要的环境，具体包括以下几个方面。

1. 风清气正的人文环境

校长要为员工创设良好的内部环境，而风清气正的人文环境是校长应创设的两个内部环境之一。

风清气正的人文环境主要是指学校的政治生态要好，要风清气正；学校要有民主的气氛，要体现员工的主人翁意识，在工作和制度面前人人平等；学校的向心力、凝聚力要强，员工团结一致、上下同心；等等。

学校的政治生态，表现在党的领导坚强、组织生活正常，党支部的战斗堡垒作用和党员的先锋模范作用发挥得好，党员干部清正廉洁，不吃请，不受贿，不贪腐，学校的政治风气好，涉及员工切身利益的做法都有群众监督并受到员工的拥护和支持等。

关于民主气氛，我们在引导、帮助全体教职员工树立主人翁意识的基础上，给予他们以主人翁的地位和权利，具体表现在：

（1）建立了规范的教代会制度，我们每次召开教代会之前，都会广泛征集提案，会中认真讨论，各抒己见，由学校汇总后对提案给予答复，提出落实计划，保证按时落实。每次开教代会我们都会实实在在地解决一两个重大问题，或是倡导一种风气、统一一种认识等。

（2）在办公楼、教学楼等地设立校长信箱和工会信箱，教职员工随时可以向学校提出自己的意见和建议。

（3）每学期搞一次一人一建议活动，请大家围绕学校的管理、教学、专业设置，对毕业生的推荐就业、招生、基本建设等重大问题提出自己的建议，合理的建议学校将予以采纳。

总之，我们要真正把教职员工当作主人翁来对待，要重视他们的意见和建议，畅通反馈渠道，否则，民主是虚的，群众也不会真心实意地提出自己的见解，最终则可能使学校失去凝聚力。

2. 公平公正的竞争环境

古人云：治国要道，在于公平正直。孔子也曾说治理国家要做到"奉三无私以劳天下"。什么是"三无私"呢？即天无私覆，地无私载，日月无私照。这些都说明了公正对于治国的重要性。治校也是一样，只有管理者公正无私，创设一个公平、公正、公开的竞争环境，教职员工才可能毫无顾虑地在这里工作，才可能最大限度地奉献自己的智慧和力量。

单县职业中专一直致力于创设公平、公正、公开的竞争环境。首先，我们经全体教职员工讨论制定了《单县职业中专教职员工考核意见》《单县职业中专关于教师取得优秀成果的奖励决定》等考核、奖励制度；其次，我们利用这些制度进行考核、评奖时做到了据实考证、高度透明，例如对教师的考核意见我们制定得非常详细，分备课、上课、作业批改、政治业务学习、特殊奉献等 7 项一级指标，以及 18 项二级指标，满分为 1000 分，我们在分项考核时，每考完一项便在相应范围内公布分数，避免最后只公布总分给老师们带来疑问。第三，在对考核结果的使用上也做到了高度公正、透明，我们把考核结果用到评效益奖、评各类先进、年度考核、评职称、竞争上岗等多个方面，每次使用都严格进行加权计算，然后公布于众，让群众监督。

3. 学习与交流的智慧环境

说到学习，就要联系到读书，因为读书是最好的学习方式。我们这里说的读书是广义的读书。一方面，我们不仅要读专业的书，还要读其他类的书，不仅要读成年人的书，还要读我们所教的孩子们喜欢读的书；另一方面，读书不仅读纸质的书，还要读网络上的书，也就是要读电脑、读手机、读电视、读所有新媒体上的书。

教师读书的重要性不言而喻。教师是一个拥有知识、传承知识的群体，是一个接近文化、了解文化、传承文化的群体，更是一个与读书、学习直接相关的群体。如果天底下的教师都不读书了，那么还能要求谁来读书呢？那简直是不可思议的

事情。

曾任四川省阆中市教育和科学技术局局长的汤勇写过一篇文章，题目是"读者是一个美好的身份"，他把"读者"看成一种身份，和工人、农民、教师、医生等身份一样，只是他把读者的身份看得更重。他在文章中说道：读书之意义，是让人成为人。教师读书之意义，是让教师成为教师。教师读书应是最好的备课、最生动的教材、最崇高的职业素养、最美丽的人生习惯、最发自内心的精神需要，更是学校最亮丽的一道风景。

不仅如此，教师读书的终极意义和价值更在于通过自身阅读带动和引领一个班级、一群孩子阅读，让阅读成为一个班级、一群孩子的生活方式和良好习惯，让阅读成就不一样的班级、不一样的孩子。

著名教育家陶行知先生也说过：要想学生好学，先生必须好学。唯有学而不厌的先生，才能教出学而不厌的学生。所以，教师自身学而不厌，是学生最直接、最直观、最鲜明的教育素材。

学校给教师创设学习环境，要从硬件和软件两个方面入手。

硬件环境首先是学校图书馆、阅览室的建设，这个上级部门有相关的规范标准，学校要按照规范标准建设图书馆和阅览室，为师生创造良好的读书环境。其次是网络资源的建设，网上有若干可供师生读书学习的资源，学校要把这些资源提供给老师和学生。

软件建设方面的内容很多，譬如建立激励师生读书学习的制度，既要把读书学习作为一个硬性任务安排给师生，又要有对师生读书学习的激励性制度。如：建立和形成请进来、走出去的学习培训模式。

"请进来"是指学校按照培训计划，邀请各类专家进校对员工进行培训。我一直建议邀请专家的时候要对专家有所选择，在培训内容和培训对象上有较强的针对性，以期收到更好的培训效果。我把专家分为四种类型：

第一种类型是研究型专家，也叫理论型专家，这类专家讲座的特点是具有很强的理论性、前沿性和宏观性，但其枯燥性、可操作性差也是显而易见的。

第二种类型是领导型专家，这类专家讲座的特点是具有较强的政策性、权威性、前瞻性、方向性和宏观性，不足之处也是可操作性差。

第三种类型是实践型专家，这类专家讲座的特点是具有较强的实战性、借鉴性、准确性、中微观性和可操作性，不足之处是理论性较差。

第四种类型是培训型专家，这类专家讲座的特点是具有中微观性、互动性、鼓动性、表演性和游戏性，不足之处是理论性差、准确性差。

我们在评价一个专家的培训效果的时候，不能用这类专家的特点和标准去衡量另一类专家，那样做是没有意义的。但是，我们在邀请专家的时候，要充分考虑专家的特点与我们培训内容的契合度。

"走出去"是指把需要培训提高的员工派出去参加各种培训班。这些培训班有些是教育主管部门组织的，譬如教育部主导的国家级骨干教师、骨干班主任培训，省教育厅主导的省级骨干教师、骨干班主任培训等；再就是一些高校、企业、行业组织的培训，还有就是一些培训机构组织的培训。各级教育主管部门主导的培训是最靠谱的，不用担心出什么问题，只要积极争取培训指标就可以。对于其他机构组织的培训就要进行必要的甄别，挑选那些培训内容适合、培训方法得当、培训效果良好的机构让教职员工参与。

在建设学习型学校的过程中，"读书沙龙"这种独具特色的活动对打造学校整体学习力具有助推器的巨大作用。

1999年召开的世界管理大会上，有的管理专家提出了一个"树根理论"，意思是看一个单位就像看一棵大树，有的人看到树叶很茂盛（目前单位的表面状态），树上果实累累（目前单位的成绩、地位），很高兴，陶醉了，但他没有认真地看一看树根（学习力），结果过了一年半载，发现树枯萎了，一检查，树根烂掉了，此时想挽救为时已晚。这一理论说明：如果一个单位的学习力不强，创新力、竞争力就会逐渐下降，单位就会逐渐衰落。反之，如果一个单位有很强的学习力，就能保持旺盛的发展态势。一句话，学习力是单位生命力之根。

在这个学习型社会，学校更应该在建设学习型组织上下功夫，要在全体教职员工当中提倡工作学习化、学习工作化、学习生活化，提倡争做学习型教师，努力建设学习型学校。

在"读书沙龙"的举办过程中，要做到以下几个方面：

（1）主题鲜明，方向明确

在每学期初的开学大会上，学校应结合本学期学校工作和学校文化建设的重点，鲜明地提出本届"读书沙龙"的主题，要求全体教职员工围绕这个主题广泛地进行读书、学习、思考、讨论，最终撰写形成自己的论文。

如果没有一个明确的主题，大家的学习内容就可能是分散的，是自己需要什么就学习什么，是为了适应工作需要或为了解决某一个具体问题而进行的学习，是被动的。而有了主题后，学习便成为一种系统性的学习，是学校这个集体根据学校整

体工作的需要，全面考虑问题，对潜在性的问题、不足及时发现，及时解决，促进学校集体健康发展的有效方式。

（2）长久学习，深入思考

每届"读书沙龙"从提出主题到收论文参加评选，均有一个学期的时间，这就保证了老师们有充裕的时间全身心地投入，广泛地搜集、阅读与某个主题有关的书籍、报纸、杂志，以及搜集电视、网站中的信息，最大范围地找到与主题有关的学习资料，深入地思考、研究。

另外，除了自己学习外，全校教职员工都学习同一方面的内容，学校集中购买一些这方面的书籍，集中订购一些这方面的报纸、杂志，集中搜集一些这方面的影视资料、网上资料等，再通过专业部、教研组等渠道组织开展形式多样的学习活动，集中学习、集体研究之风气就能在学校全面铺开，就会营造人人学习、时时学习、处处学习的良好氛围，形成全员学习的良好风气，也有利于大家对于学习主题的深入研究和思考，学习效果明显优化。

（3）严格评选，以奖促学

每学期快结束时，学校应先由各部门统一收集本部门员工的学习心得（论文），再统一交学校办公室，办公室统一收齐后，组织 10 名左右的评委专门进行评选，整个评选过程组织严密，匿名评选，公平公正，每届评选一等奖、二等奖、三等奖各若干名，获奖人数掌握在占全体教职员工人数的四分之一左右。

对"读书沙龙"的获奖者，学校一般奖励书籍、U 盘等学习用品或奖订杂志，一方面鼓励大家不断学习，另一方面奖品就是学习用品，可以间接地促进大家学习。

（4）设立论坛，共享成果

评选结束后，学校在获得一、二等奖的论文中，从不同角度选择 10 篇论文作为"读书沙龙"的交流稿，并组织隆重的"读书沙龙"总结会，先为获奖者颁奖，而后由 10 名教职员工演讲自己的论文，交流自己读书、学习和思考的心得与感受，最大限度地与全体教职员工共享自己的学习成果。

对于宣讲者来说，接到交流的通知后，还要进一步润色自己的论文，进一步挖掘学习、研究和思考的深度，进一步思索自己的学习成果能否经得起大家的考验。这是一种更高效率的、更有意义的二次学习。

对于听讲者来说，能集中听这样一次宣讲，本身就是一次极为丰盛的精神大餐，它能极大地弥补自己的学习盲区，完善自己的思维模式，丰富自己对某一问题认识的高度、深度和厚度，这是一种事半功倍的高效学习。

（5）全员参与，共同提高

现代社会的竞争，说到底是人才的竞争。随着知识更新周期的加快，继续教育、不断学习显得尤为重要。所以，现代社会的竞争说到底是学习力的竞争。对于学校来说，既要重视教职员工个人学习力的增强，更要重视学校教职员工队伍集体学习力的激发。学校每次举办读书沙龙，都要求包括职员、工人在内的所有教职员工撰写论文，不允许抄袭，必须根据自己的实际情况和学习效果亲自写，论文可长可短。论文收齐后，如发现有抄袭或不交者，全校通报。

我们学校的教职员工只有少量是研究生学历，绝大多数是本科生，个别年龄较大的还是专科生，工人中还有一些是中专生。整个队伍的业务水平、能力都差距较大，但这个并不要紧，最关键的是要让每一个人都在原有基础上，通过学习，得到不同程度的提高。这样，教职员工队伍就总处在一个整体上升的状态。

（6）转变观念，整体优化

建设学习型学校应强调"双元双层成长"的原则。所谓"双元成长"，第一元是指学校的成长，第二元是要注重教职员工的成长。一所只注重学校成长而不注重教职员工成长的学校最终是不会成功的。所谓"双层成长"，第一层是学校成长，第二层是个人成长。对学校来说，在考虑学校成长的同时必须考虑个人的成长；对个人来说，在考虑自己成长的同时必须考虑学校的成长，否则，个人也不会成功。二者是对立统一的辩证关系。

按照马斯洛的需要层次理论，人的最高层次的需求是实现自我价值。随着经济发展和社会进步，教师的经济地位和社会地位日益提高。教师本身是一个知识分子群体，相对于其他群体来讲，在基本的物质条件满足后，他们更侧重于追求精神上的富足。所以，学校应该树立这样一种观念，即学习不仅是为了更好地工作，更是为了更好地生活，让学习成为一种工作状态，让学习成为一种生活方式，让学习使我们的生活更精彩，更有意义。

学习力包括三个要素，即学习动力、学习毅力和学习能力。动力由目标产生，毅力由意志决定，能力靠活动培养。观念一确立，大家的学习热情就被激发出来了，学习动力就鼓足了，学习毅力就增强了，学习能力就提高了，整个学校的学习力就有了大幅度的提高。学校要以"读书沙龙"活动为载体，坚持不懈地倡导"工作学习化、学习工作化、学习生活化、学习终身化"的理念，营造"团队学习"的气氛，鼓励全体教师争做学习型教师，全力打造书香校园，全面建设学习型学校。让学习成为教师的工作需要、生活需要，成为教师的一种习惯，成为学校发展的不竭动力，

从而使学校的学习力日益增强，使学校的核心竞争力不断增强。

4. 教育教学研究的学术环境

学校发展总会面临许许多多的新情况、新问题以及新矛盾，这些都制约着学校的发展，影响着教育教学的变革，如果不及时加以处理和解决，就难以适应社会和学生发展的需求，难以达到预期的教育目标。由于这些情况、问题或矛盾是伴随着教育的快速发展和社会转型而出现的，原有的教育经验已很难奏效，而教育科研自然就成了解决这些问题或矛盾的最佳切入点。

另外，当一所学校正常的教育教学秩序逐渐建立和完善之后，自身在发展过程中也会出现一些新的"高原期"，这些"高原期"会在一定时间内阻止学校的正常发展，延缓学校发展的速度。要迅速突破学校发展的"高原期"，就要凸显学校的特色，破解学校面临的"瓶颈"问题，将学校的潜在资源提升到显在的层面上加以整合，使学校呈现出新的发展态势，而要达到这些目的，只有积极开展科研活动。

对于学校来讲，提高教育教学质量的关键因素是学校师资队伍素质的提高，而提升教师科研水平是提高教师素质水平的关键，所以，一所学校重视不重视教育教学科研，一定会影响其教育教学质量，一定会影响其学校内涵水平。

教师在长期的教学实践中会遇到很多教育、教学方面的问题，这些问题会直接或间接地影响他们的教育教学工作，影响教育教学质量，要使教育教学工作顺利进行，要使教育教学工作水平有所提高，就要解决这些问题。这些问题如果具有普遍性，就有必要对其进行归纳、提炼，就要将归纳提炼出的共性的问题作为一个课题来研究。所以说，课题来自教育教学中的问题。而做好课题研究工作，获得解决这些教育教学中遇到问题的办法，就有利于学校教育教学质量的提高，有利于教师快速成长。

时代发展很快，教育改革的步伐也很快。要想在信息化社会立足就必须有不断学习的意识和能力，就要有勇于实践、创新的能力。为了适应素质教育对老师提出的新要求，教育、教学工作的模式应从"经验型"转向"科研型"。实践表明，一线教师在教育教学上能积极参与教科研的实践，学习理论，更新观念，以科研带教研，教研促教改，对自身素质提高大有裨益。

教学是教师的天职，提高教学质量、提升业务能力，离不开科研，教而不研是浅教。科研是为了更好地育人，研而不教是空研。教师要走"普师—良师—名师"的路子，就离不开教育教学科研。只有苦干出来的教学成绩而没有教科研成果是成不了名师的。名校长的成长道路也是这样的，只靠实干管理学校出来的成绩，没有教科研的成绩，也是成不了名校长的。

从以上分析可知，无论从学校集体的角度还是从教师个体的角度看，教育教学研究工作都是学校发展和个人发展的重要支撑。要做好学校的教育教学科研工作，学校就要创设良好的教育教学科研环境。

一是要引导教师参与并逐渐热爱教育教学研究。

教育教学研究工作是一项有趣的工作，教育教学研究的过程也是一个幸福的过程。苏霍姆林斯基说过：如果你想让教师的劳动能够给教师带来乐趣，使天天上课不至于变成一种单调乏味的义务，那你就应当引导每一位老师走上从事研究这条幸福的道路上来。

教师一般都会对教育教学研究存在一种畏惧感，总是感觉教育教学研究有一种神秘感，一般人做不来；有的教师还认为教育教学研究难度大，自己没有经验，不敢涉及。要纠正这些认识上的偏差，就要让教师搞清楚教育教学研究是怎么回事，破除教育教学研究的神秘感，在教师了解了教育教学研究的方法和内容后，畏难情绪也就慢慢解除了。另外，我们要引导教师从小研究做起，以做课题为例，不要一开始就去做省级、国家级的大课题，先从学校的小、微课题入手，逐步积累经验，再慢慢地去接触大的课题。

前段时间我读了李镇西校长的《幸福比优秀更重要》一书，很受启发，尤其是李镇西校长说的入门做科研这一段。李镇西校长有一个天性，就是非常喜欢孩子，一看到天真活泼的孩子，就打心眼里开心，所以他就有了工作的乐趣。他说我经常被孩子们一次次地感动着，这些感动，逐渐使自己有了一点点教育的责任感，但这仅仅是责任感，还谈不上什么使命。他经常想：孩子们对我这么好，如果我不把他们教好，那我真是没良心。那么我怎么能把他们教好呢？这就会研究每一堂课，研究每一个学生，研究的过程中自然要读相关的书。读的过程中自然会有想法，再把这个想法拿到实践中去试试，这不就是后来所说的教育科研吗？他说：有了效果我便有了成就感，成就感不就是享受吗？这享受的感觉反过来又促使我更加积极投入我的工作中去。凡事只要有投入没有不出成果的，所以，我的全身心投入又取得了成果，无论是教学上还是班主任工作上。这些成果又促使我继续投入，这样的良性循环让我欲罢不能，乐此不疲。

所以，李镇西校长一生的教育生涯是出彩的，他取得了骄人的业绩，在全国形成了较大的影响，很好地实现了自己的人生价值。

二是要给老师们创设教育教学研究的条件。

首先，要给老师们提供必要的教育教学研究资源，比如图书馆要有图书资源，网络平台上要有网络资源，还要有专家资源，要根据老师们做教育教学研究过程中遇到的问题和困难，及时邀请相关专家帮助解决。

其次，要帮助老师们争取更多地参与教育教学研究的机会。比如说多争取一些市级、省级甚至国家级的课题，多争取一些有关教育教学研究方面的学习进修机会，争取多让他们参与一些与外校科研合作的活动等。

另外，要制定相关教育教学研究激励政策。教育教学研究的成果要计入学校对员工的考核成绩中，要在员工的职称评定、评先树优和入党提干中有所体现，等等。

5. 强身健体的锻炼环境

在当前各行各业竞争十分激烈的情况下，人们的健康很容易被忽视，我们大家都知道，身体是工作的本钱，我们也知道，一个人的身体是 1，其他的如金钱、地位、荣誉、鲜花和掌声都是 1 后面的 0，1 不存在了，后边的 0 都毫无意义。所以，作为一个单位的领导，更应该知道你的员工身体健康的重要性，员工的身体健康既是员工自己的事，也是员工单位的事，不要以为员工的身体健康与单位没有关系。

随着社会竞争的激烈，员工的健康状况也令人忧心。卫计委对十城市上班族身体状况的调查显示，处于亚健康状态的员工已占 48%，尤以经济发达地区为甚，其中北京达 75.3%，上海为 73.49%，广东为 73.41%。尽管单个员工的可替代性较强，但漠视对员工健康的投入，产生规模效应，则可能使企业面临巨大的成本损失。IBM 的职业保健顾问陈彤曾经算过一笔账，仅以最普通的感冒为例，人们每次从得病到完全康复平均需要 7 天，其中至少有 2—3 天会影响工作，甚至严重到无法工作。以此推论，如果一名员工每年感冒 5 次，一家有 2 万名员工的公司，每年因员工感冒所耽误的就是至少 16 万个工作日。

尽管如此，还是有一些单位的领导对员工的身体健康状况不够重视，但也有一些比较英明的领导开始认识到员工身心健康和单位运行效益之间的关系，开始在改善员工身心健康方面动了一些心思，想了一些办法，有了一些行动。如不少单位定期给员工体检，不少单位安装了若干健身器材，有的单位建设了心理健康中心等，情况已经开始向好转化。

从理论角度看，已经有一些学者在讨论健康问题，有的学者提出了"健康力"的概念，并把健康力列为单位核心竞争力之一。

学校和企业在健康方面的状况没有多少差别。作为学校的领导者或是管理者，他注定要比别的教师付出更多，在时间上，在精力上，在体力上，在心理上，所以，校长必须对健康有更深刻的认识，必须有一个好的身体，有了好的身体，才有好的精力；还要有一个好的心理状态，有了一个好的心理状态，才能够从容应对很多复杂的工作。

目前，选拔干部对身体的要求也比以前重视得多。组织部门要求提拔的干部不能带病上岗，这里所说的病，一是指身体上的病，二是指政治上的病。

还有一点值得我们注意，有很多部门招聘干部或是选拔干部时，已经把以前的一条标准"身体健康"更换为"身心健康"。对此，国家行政学院教授汪玉凯表示，"德才兼备，以德优先"这是目前干部任用选拔的标准，中组部等国家部门屡次重申，干部任用重在考察德行，因此，"'身心健康'比'身体健康'更重要，不仅要有健壮的体魄，更要有健康的心灵"。

身体是工作的本钱，现在应该改为身心是工作的本钱，有一个健康的身体，有一个阳光的心态，无论对学校的发展还是对学校干部、教师个人的成长都是十分重要的。不少学校管理者对此越来越重视。所以，有不少学校建设了一些供员工锻炼身体的设施和心理健康调适的设施，学校的教职员工可以利用课余时间参与强身健体锻炼，提高自己的健康水平，调适心理，提高自己的心理健康水平。有的学校在室外安装了一批健身器材，有的学校除了室外的健身器材以外，还专门拿出房间安装室内健身器材，以满足员工全天候强身健体的需要。当然，学生使用的运动器材和场地也可以让员工使用。

单县职业中专为了方便教职员工锻炼身体，提高身体素质，克服困难，为教职员工提供锻炼身体的场地和器材。学校在综合楼四楼专门腾出了几间房子，购买了跑步机、踏步机、动感单车、坐式屈腿健身器等若干健身器材，让老师们在上课之余到健身房锻炼身体，提高身体素质。

学校还设立了心理健康中心，除了面向学生解决一些心理问题以外，还对教师开展一些心理调适的服务，以解除老师们在繁重的脑力劳动下产生的一些心理问题，帮助老师们走出心理阴影，更加阳光、快活地工作和生活。

6. 陶冶心情的休闲环境

教师的工作性质是脑力劳动，做脑力劳动的人累了，需要休息、需要调整的方式一般有三个：

一是脑力活动和体力活动交替一下，就是把脑力活动换作体力活动，譬如说把脑力活动停下来，换作一项体力活动，如去做做体操、到健身房去健健身等，用这些方式让大脑休息一下。

二是换另一种脑力活动。我们知道，不同的大脑区域控制着人的不同的行为，左半脑控制人的具体行为，如演讲、写作、语言和运算；右半脑控制人的想象、空间思维、音乐、直观感受；额叶控制一个人的个性、情感、计划行为，包括分辨是非、抽象思维；顶叶与触觉和四肢活动相关；等等。我们长时间使用一个脑区进行思考活动，这个脑区就会感到疲倦，这时我们就应该换一种脑力劳动，让这个脑区休息，让另一个脑区劳动。譬如说你在两个小时内做的脑力劳动是备课，这是左半脑在工作，时间一长，就会感到大脑开始反应迟钝了，左脑需要休息一下了，那就换一种用脑方式，譬如说听听音乐，让右脑区工作一下。

三是直接把脑力活动停下来，什么也不做了，让自己发会儿呆，让大脑得到充分休息。这需要学校提供一定的条件来实现。就是说，让老师去发呆就要有一个发呆的地方。有的学校建设了单独的教师休闲阅览室，有的学校建设了咖啡厅，有的学校建设了茶室等，尽管形式不一样，其功能都是为教师提供"发呆"的环境。

有人说人生有三件事最重要：旅游、阅读和发呆。旅游是与社会、世界建立连接，阅读是与他人建立连接，发呆是与自己建立连接。老师们在休闲室发呆，不是学习与思考的终止，而是另一种形式的学习与思考，因为，我们也可以把发呆理解为思考。

四、社会环境对教师成长的影响

社会环境对于教师成长的影响有正面的，也有负面的，这也符合一般事物发展的规律。正面的影响会对教师的成长起到一个正向的推动作用，负面的影响则对教师的成长具有阻碍的作用。

1. 教师职业的平凡与不平凡

我们经常听到有人说："要在平凡的岗位上做出不平凡的业绩。"如果真是这样，那么，在不平凡的岗位上更要做出不平凡的业绩了。天底下这么多的岗位，又有多少岗位是平凡的岗位，多少岗位是不平凡的岗位呢？我想，我们很难说清楚哪些岗位是平凡的或者是不平凡的。也可以说，一个岗位有它平凡的一面，也有它不平凡的一面。教师这个岗位就是这样。

我们先来看一看教师岗位的平凡性。

据教育部公布的数据显示，我国专任教师总量从 2012 年的 1462.9 万人增长到 2021 年的 1844.4 万人，这么大的数量，你能说教师职业不平凡吗？

教师的工作很累，工作量大，工作时间长；教师的生活同样充满了酸甜苦辣；教师也和其他人一样具有七情六欲，这就更说明教师这个岗位是平凡的了。

教师只是千千万万普通劳动者的一员，且是平平凡凡的一员。

下面我们看一下教师这个岗位不平凡的一面。

首先，我们所服务的每一名学生，在他的家庭中，在他的父母面前，都是一个个"小太阳"，都是非常重要的一员，独生子女家庭更是这样。每一个学生都是家庭的未来，都是家庭的希望，我们给几十个、上百个学生当老师，给他们以父母般的爱，给他们以父母般的呵护，给他们以远远超乎父母的教育，你说，这平凡吗？

其二，我们对学生提供的这一阶段的教育，不管是三年也好，还是六年也好，都会对学生的一生产生重大的影响，都是为学生的一生奠基，毫不夸张地说，学生的一生之中，他的行为准则，他的言行举止，甚至他的笔迹，都会或多或少地带有老师的痕迹，这样的工作难道平凡吗？

其三，国家的进步，民族素质的提高，取决于教育水平的提高。也就是说，教育工作者肩负着提高全民族素质、提高生产力水平、促进经济发展和社会进步的重任。我们的党提出要全面建成小康社会、要实现中华民族伟大复兴的宏伟目标，这些宏伟目标的实现，首先要取决于教育的发展。有人说，今天的经济是十年前的教育，今天的教育是十年后的经济，这也足以说明教育对经济发展的重要作用。著名教育家陶行知先生说过：人民穷，非教育莫能富之；人民愚，非教育莫能智之。这更鲜明地说明了教育对提高人民生活水平，对提高民族素质所起的重要作用。

综上所述，我们所从事的教育工作真的是一份重要的工作，教师的岗位也真的不平凡，我们的肩上有一份沉甸甸的历史责任。

在实际工作中，我们既要承认教师岗位的平凡性，更要看到教师岗位的不平凡性。承认教师岗位的平凡性，能使我们做到淡泊名利，耐得住寂寞；看到教师岗位的不平凡性，则能使我们立足岗位，胸怀党和人民的伟大事业，不断地审视我们这个岗位的重要作用，不断地掂一掂我们肩头上的历史责任，从而进一步修正我们的人生观和价值观。

2. 教师的贫穷与富足

教师的贫穷与富足要从两个方面来思考，一个方面是经济待遇，另一个方面是

精神领域。

从经济待遇方面说，教师待遇在很长的一段历史时期内是比较低的，近几十年以来，教师的待遇不断提升，已经达到社会职业群经济收入较高的地位，逐渐成为人们比较羡慕的职业之一。

教师职业经济待遇的变化，势必会影响教师工作的积极性，影响整个教师队伍的素质与稳定，对国家教育事业发展的影响是巨大的，而经济待遇的变化来自政策环境，来自社会环境，所以归根结底还是社会环境对教师成长的影响。

只要教师的工作价值观是正确的，只要教师把自己的本职工作当作一种事业来追求，那么，他的精神世界就丰富多彩，他的精神生活就是富足的。

叶澜教授指出："教师职业有一种独特的幸福——享受成长，而且这个成长是双重的成长。"也就是说教师享受着双重成长的幸福，这双重成长，一个是指学生的成长，再一个是指自己的成长。学生成长了以后我们高兴，自己成长了以后我们更高兴。

全国优秀班主任、特级教师魏书生说过：教师收获的三种幸福别的职业给不了，哪三种幸福？一是收获各类人才；二是收获真挚的感情；三是收获创造性劳动成果。

曾任山东教育报刊社总编辑的陶继新老师写过一本书——《做一个幸福的教师》，书中写道：一个幸福的教师有以下六个特征：胸中有梦，身上有情，手中有书，眼中有事，工作有心，生活有"色"。

随着社会环境的变化，人们望子成龙、望女成凤的愿望越来越迫切，家长对教师的期望也越来越高，这无疑提高了教师的社会地位，家长对教师尤其是优秀教师越来越重视越来越尊敬，由此带来的教师自身充实、幸福的感觉也会越来越强，极大地增强了教师的精神富足感。

3. 教师的失落与尊严

在经历漫长历史时期的中国传统文化中，教师的地位还是比较高的，过去很多家庭的厅堂必供一个大木牌，上写"天地君亲师之位"，表示此五者依次为人生最应尊崇者，常为敬奉，铭志不忘。所以，吴虞在《读荀子书后》中曰："其《礼论篇》曰：礼有三本：天地者，生之本也；先祖者，类之本也；君师者，治之本也。"这充分表现出民众对天地的感恩、对君师的尊重、对长辈的怀念之情，同时也体现了中国民众敬天法地、孝亲顺长、忠君爱国、尊师重教的价值取向。

但是，教师的尊严在"文化大革命"中遭到了严重损害，受到了挑战和践踏，直到现在，学生以及家长侮辱教师、打骂教师甚至伤害教师的案例时有出现，这也让教师从心理上感受到很大的失落感。这些侮辱、打骂甚至伤害教师的社会现象会直接影响教师的情绪，直接影响教师的工作积极性，直接影响教师的成长。

为了消除这种现象，教育部连续出台了若干文件，如 2020 年 12 月 23 日出台了《中小学教育惩戒规则（试行）》，我们希望在这些文件的作用之下，侮辱、打骂甚至伤害教师的现象基本得到消除。

4. 教师职业的冷落与向往

受"文化大革命"的影响，做一名教师，曾经不是青年大学生的主动选择，教师职业受到了冷落，这不仅使党和人民的教育事业得不到应有的健康发展，也使教师的成长受到了不良影响。自改革开放以来，教师的经济待遇有了较大幅度的提升。经济是基础，经济待遇提高了，教师的社会地位也随之提高，这使得很多大学毕业生主动选择教师职业，每年考教师资格证和应聘教师岗位的人数都在不断增长。教师资格证是所有人走向教师岗位的入场券，据教育部公布的数据显示，2016 年我国教师资格报考人数为 260 万人，2017 年则达到 410 万人，2019 年更是攀升至 900 万人，2021 年则突破千万大关，人数直逼 1144.2 万人。

教师资格证考试通过率大约在 30%，难度还不是很大，难的是考完教师资格证之后，如何成功应聘教师岗位。据《深圳晚报》报道，2021 年 8 月，全市共招聘教师 1028 名，共有 30202 人报名，约 29 人竞争一个岗位，平均录取率约 3.4%；2022 年 5 月，深圳市共招聘教师 817 名，共有 23601 人报名，仍然是大约 29 人竞争一个岗位，平均录取率为 3.5%。另据中公教育公布的数据显示，2022 年 5 月，四川省成都市共有 25345 人竞争 878 个教师岗位，平均竞争招录也达到了约 29∶1。

报考教师资格和应聘教师岗位的人数逐年增加，从一个角度体现了教师社会地位的提升，这也是由社会环境决定的，在这样的情况下，在职教师的压力也会有所加大，压力加大了，也会在某种程度上给教师带来自我成长的动力。

第二讲

谈谈教师的主动性成长

　　振兴中华，教育为本；振兴教育，教师为本。教育承担着推进社会进步、历史发展、中华振兴的时代重任，教师队伍建设对于教育事业的发展更加意义重大。所以，党中央、国务院十分重视教师的成长与发展，十分重视教师队伍建设工作。2012 年 8 月 20 日，国务院发布《国务院关于加强教师队伍建设的意见》，2018 年 1 月 20 日，中共中央、国务院发布了《中共中央、国务院关于全面深化新时代教师队伍建设改革的意见》，以党中央和国务院的名义联合发布关于教师队伍建设的意见，这是中华人民共和国成立以来的第一次。

　　各级各地政府以及教育主管部门也十分重视教师队伍建设工作，都有若干相应的文件规定和制度。2020 年 8 月 10 日，山东省荣成市教师成长学院正式成立。这是山东省首个县级教师成长学院，即使在全国，这样的例子也不多。为了让教师成长学院真正发挥"为教师成长赋能"的作用，荣成市教育和体育局先后下发了《荣成市教育和体育局关于设立教师成长学院的实施意见》《荣成市教师成长学院培训工作规划》等一系列指导性文件，确保学院定位准确，职责清晰，目标明确，功能齐全。

　　我特别崇尚这个学院的培训模式，该学院以"人人是才，人人有才，人人成才，个个出彩，个个光彩，个个精彩"为培育理念，把所有教师都纳入培训体系中，然后根据学员自身专业发展情况将其分为转岗型、成长型、新手型、成熟型、精英型五个类型，针对不同类型学员的专业特点和培训需求，采用差异化教师培养模式，设计出相应的培训计划与内容，提供订单式课程，实现教师精准培训。

　　山东省荣成市成立教师成长学院的做法十分值得各地教育主管部门以及学校借鉴。当然，我们也看到各级各类学校都十分重视教师的培训工作，都十分重视教师的成长，不少学校采取了很多行之有效的促进教师成长的办法措施，也收到了比较理想的效果。

本文我们着重从教师的主动性成长这个角度展开讨论。首先我们界定这样一个问题，即这里所说的成长，在内涵上是和发展相同的，所以，在这里我们可以把教师成长理解为教师发展，也可以把教师发展理解为教师成长。

一、关于教师的成长

什么是成长？

成长，一般指婴儿长大成人，也泛指事物走向成熟、摆脱稚嫩的过程。简而言之，就是自身不断变得成熟稳重的一个过程，这个定义侧重了一个人从小到大的一种自然成长。

从教师的角度来讲，成长是一个自身变化的过程，主要指的是自身素质的提升、业务能力的增强、管理水平的提高和科研能力的进步。我一直主张一个合格的教师应该包括四个方面的能力，即有良好的自身素质，有过硬的业务能力，有较强的管理水平，有一定的科研能力，教师的成长就是在这四个方面的持续提升。

对于学校和教师而言，"成长"一词是经常在文件中见到的，但很多学校总是比较关注学生的成长，却很少关注教师的成长，至少没有把教师的成长放在重要位置上。实际上，在学校，教师的成长应该是第一重要的，从一定程度上说，没有教师的成长就没有学生的进步，没有教师的成长就没有学生的成长，没有教师的幸福就没有学生的快乐。

山东省单县职业中等专业学校的核心理念是"尊其身，成其业"。"尊其身"语出徐干《中论》："君子必贵其言，贵其言则尊其身，尊其身则重其道。"尊其身，就是尊重人的意思，既有来自他人的尊重，又有对自我的尊重。

从职业教育特色出发，具体而言，尊其身内蕴墨子"兼爱"思想，凸显"以人为本"办学思想。学校以兼爱天下之大善来办学，尊重每一位教师，为教师提供优质的发展空间和育人环境，使其充分享受职业的自豪感和幸福感，同时，尊重、热爱每一个学生，为其创设最适合自己的教育，给予他们成长的自信，使其张扬个性，获得一技之长，得到来自外界的尊重与钦佩。

"尊其身"又是对自我的尊重，蕴含着一种人格之美。自我尊重，是人之本性。自尊，让人迸发自强之志，以自信之勇，实现自立之人格，由内而外散发一种人格魅力。"尊其身"就是要求师生胸怀自尊，充分审视自我，认识自我，相信自我，以天下为己任，勇于面对任何艰难险阻，以自立赢得尊严，脚踏实地，做坚强、独立的人。

"成其业"意为成就学业、事业，能有一番作为，有益于社会。作为职业学校，我们承传墨子"兴天下之利"之社会道德价值观，致力于培养德、智、才兼备的高素质技能人才。为此，我们将"成其业"作为目标激励师生，着力提高师生服务国家、服务人民的社会责任感，以勇于探索的创新精神和善于解决问题的实践能力，促使学生能就业、就好业、善创业，成就学校教育事业之发展。

"尊其身"的意义在于身体力行，"成其业"的价值在于有益于社会。学校将"尊其身，成其业"作为核心理念，根植于职业教育特色，展现了学校师生对自我的要求；展现了学校创办有内涵、有品位的高品质职业学校的大气象、大智慧、大境界。

单县职业中专的校训是"做有尊严而幸福的职中人"。

尊严，是人的脊梁，是人成功的基石，学校倡导师生做有尊严的人，尊重自我，尊重自己的选择，以高尚职业道德情操完善自己，有内涵而得体，令人尊敬；促使师生因尊严而有勇气、有担当、有毅力，在工作、学习中不断提升个人能力，在丰厚的成果与创造的社会价值中感受心灵深处的那份满足。

幸福，是人的内心感受，是个人由于理想的实现或接近而引起的一种内心满足。学校倡导师生做幸福的人，促使师生培养感悟幸福的能力，树立正确的价值观、人生观、幸福观，培养发现幸福的能力，拥有感恩的情怀、宽厚的胸怀，感受人生不同阶段的幸福，在劳动和创造性活动中实现人生追求。

拥有尊严的人生不同寻常，拥有幸福的人生美丽非凡。我们以"做有尊严而幸福的职中人"为校训，旨在鼓励师生以尊严立身处世，为生命打好绚烂的人生底色；以幸福为生命追求，让生命绽放光华。

为了更好地阐释"成长"的概念，我收集了一些关于成长的感悟，我把它们称为成长语录：

成长是对生命深度、高度和意义的不停追寻。

所谓成长，就是逼着你一个人跌跌跄跄地受伤，跌跌撞撞地坚强。

只有在真正意义上引领自己走出自己的局限，走出现有的眼界，并且走得更远，才是成长。

成长用一句话来总结就是让自己的内在和外在的价值都得到提升。内在的价值提升就是让自己积累更多的智慧、才华和才能；外在的价值提升就是别人看你的时候觉得你这个人越来越有涵养，越来越值得人们尊敬。

个人成长是对自己的一场革命，这个革命是从内到外的一种革命。所谓的外在革命是进入不同领域，学习不同的新知识，得到一个新的外在的提升。内在的革命则是思想观念的革命，每个人进步和成长的重要表现就是自己思想观念的更新和提升。

成长是我们对于人、对于事情、对于世界的认知不断提高和改变的一个螺旋上升的过程。

你所犯的被人看来是愚蠢或是不该犯的错误越来越少的过程就是一个成长的过程。

成长的表现是成熟而不圆滑，老练而不世故，进取而不鲁莽，果断而不愚蠢，平凡而不平庸，探索而不迷惑，孤独而不孤单，失败而不气馁。

以下是关于成长的几个要素：

第一，成长是个人的选择，无关乎他人，甚至从某种意义上说无关乎周围的环境。

第二，成长应是一种有意为之的行为，不是潜意识地成长，也不是自然地成长，我们不是动物或植物，我们必须有意识地成长。

第三，成长需要我们付出努力，如果不努力、不上进，我们就不能成长。

第四，成长需要我们付出代价，因为不抛弃原来的东西，不抛弃某些你目前拥有的东西，你就不可能成长。

年龄大的老师可能认为，成长是年轻人的事情，我们年龄大的老师就不需要成长了。这是不对的。不用说什么"活到老，学到老，做到老"，就是到我们 60 岁退休时，按照目前中国人均 77 岁的寿命来讲，那叫老吗？

我国两院院士中有好几位百岁老人，他们为什么长寿？就是因为他们热爱工作，不断学习，学习不止，工作不止，生命也就不止。也就是说，院士们的长寿得益于他们的坚持学习和坚持工作，得益于他们不放弃自己的持续成长。杨振宁院士是1922 年生人，2020 年已经 98 岁了，这年的 8 月 26 日，杨振宁院士受聘安徽大学纽约石溪学院名誉院长，这也说明杨振宁院士当时的体力和精力还是很好的。

大家可以在网上看到 2020 年 9 月 5 日于漪老师的讲话。7 分钟的即兴讲话，没有讲稿，我们有几人能够讲到这个水平？也可以到网上看一看其他科学家的一些有关材料，他们之所以有这种生命状态，就是因为他们在不断学习，不断成长。

那么，我们一些老教师的年龄比起他们来还年轻很多，为什么就不能继续学习、继续工作、继续成长了？

我们囿于体制使我们形成的一些固有观念的约束，譬如退休就可进入休息的驿站了，退休以后就不该学习、工作了，更不用说奋斗、创业了，实际上这些观念都是不对的。有一首翻译过来的小诗（原作者：Jay Shetty）就很能说明这个问题：

时间

纽约时间比加州时间早三个小时，

但加州时间并没有变慢。

有人 22 岁就毕业了，

但等了五年才找到好的工作！

有人 25 岁就当上 CEO，

却在 50 岁去世。

也有人直到 50 岁才当上 CEO，

然后活到 90 岁。

有人依然单身，

有人却已婚……

世上每个人本来就有自己的发展时区。

身边有些人看似走在你前面，

也有人看似走在你后面，

但其实每个人在自己的时区有自己的步程，

不用嫉妒或嘲笑他们。

他们都在自己的时区里，你也是！

生命就是等待正确的行动时机。

所以，放轻松，

你没有落后，

你没有领先，

在属于你自己的时区里，

一切都准时。

"在属于你自己的时区里，一切都准时。"这句话说得最好，这说明，只要你有想法，做什么都不晚。

既然有主动成长，那对应的就有被动成长。很明显，主动成长的速度一般比较快，成长的质量要好；被动成长的速度则较慢，甚至不会成长，即被动成长会使成长减速或是成为不可能。所以，我们既然选择了成长，那就一定要进一步选择主动成长。

二、主动性成长的基础——热爱本职工作

我们干什么工作并不重要，愿意干这份工作才重要。请问各位：您愿意做教师吗？我想，回答一定是五花八门的。

其实，我还是比较愿意当老师的。我报志愿时报的都是师范，当时的想法就是我们的家庭人口比较多，但有知识有文化的不多，我就想用我的力量把我的弟弟妹妹培养成才。后来发现，当老师能影响一个班、两个班甚至几个班的学生，当校长则能影响一所学校，所以我在1997年就确立了要当校长、要当好校长的目标。

可能有些老师当老师是被动的，但是既然选择了这个职业，我们就要干好。有人说，如果职业不理想，那就先做应该做的，再换喜欢做的，实在换不掉，就把应该做的变成喜欢做的。日本著名企业家稻盛和夫在他的著作《干法》中说过这样一句话：要想度过一个充实的人生，只有两种选择，一种是"从事自己喜欢的工作"，另一种是"让自己喜欢上这个工作"。

在当下，一般来讲，第一次就业就能实现"从事自己喜欢的工作"这个目标是比较难的，实现的比例是很低的。如果你实现不了"从事自己喜欢的工作"这个目标，那就只能实现"让自己喜欢上这个工作"这个目标了。其实，要实现职业和兴趣的一致是比较难的，我们经常遇到的是职业和兴趣的分离。可是，职业和兴趣分离了那就谈不上热爱这个职业，那就很难有工作的积极性和主动性，也就很难实现自己的人生目标，很难实现自己人生价值的最大化。

那怎么办呢？如果有能力，你可以改变职业，如果没有能力改变职业，那你就只好改变自己的职业心态了。改变职业心态就是要使自己爱上自己的职业，对自己的工作感兴趣。只有热爱本职工作了，才谈得上主动性成长，才有利于主动性成长。

在《干法》中，稻盛和夫还将人的工作状态分为三种类型——不燃型：点火也烧不起来的人；可燃型：点火就着的人；自燃型：没人点火自己就能熊熊燃烧的人。主动性成长的人一定是自燃型的人。我们可以追问自己一下：我是哪一种类型的人呢？

前段时间我读了李镇西校长的《幸福比优秀更重要》一书，李镇西校长在书中说他的女儿经常说爸爸是一个工作狂，一生都在奋斗。李镇西却说，我女儿包括大家对我的评价是奋斗，我觉得并不准确，我不是奋斗，而是在享受。

李镇西不喝酒，不喝茶，甚至作为成都人的他连麻将都不会打，所以大家都觉得他是一个比较怪的人，他只对工作感兴趣，所以有人感叹说：工作怎么能是人生

的全部呢？这样的人生太可怕了！

这使我又想起了江苏省特级教师吴非，吴非是他的笔名，他的真名叫王栋生。他曾经被记者问过：这一生当中你热爱读书，你是怎么坚守的？吴非老师说，我不愿意用"坚守"这个词，坚守里边有一些痛苦的味道，也有一点悲壮的感觉，实际上我是在享受。吴非对读书的这个观点跟李镇西校长对工作的观点基本上是一致的。

李镇西校长在这本书中写道：我爱好音乐，爱好旅游，爱好摄影，爱好读书，爱好写作等，读书和写作可能会被很多人看作是领导布置的任务，甚至是苦差事，但对我来说的确是爱好，这些爱好让我享受到了生活的乐趣，并且我的本职工作也让我获得了无穷的享受。

李镇西校长说："有人对我说，'您现在是特级教师了，是教育专家了，著书立说，功成名就，当然可以说享受了，而我们这些普通老师哪里敢说享受呢？'但是我参加工作时，也是一个普通教师，但我依然享受着教育的乐趣。似乎可以这样说，如果没有我三十年如一日的享受，就不可能有今天某些人眼中的所谓功成名就。"

其实我刚参加工作时也是一个没有志向、没有目标的新手，那么，我工作的动力是哪里来的？我工作的动力最初主要来自父母以及其他长辈的言传身教，是他们给了我以善良和责任为主的优良品质。我曾谈过，如果把本职工作当成职业，我们一般是爱不起来的，只有把本职工作当作事业，我们才会热爱它，才会产生支持自己工作积极性的力量。

当代教育家朱永新教授说：我一直主张，教师要能够从每一天日常的、琐碎的、平凡的生活中得到满足，能够从自己的成长中得到满足，能够从与孩子的交流中得到满足。教育应该让教师能够非常愉悦、非常快乐地过好每一天，每天兴奋地走进教室，满足地走出教室。教师应该每天通过和学生的交流、通过自己专业的成长得到幸福。我们只有从自己的本职工作中获得一种幸福感，才会更加热爱自己的本职工作。以下是教师职业的四种境界。

1. 做让学生瞧得起的教师

作为一名教师，如果连学生都瞧不起你，你就没资格做教师，也无法在学校安身立命。怎么做呢？简单来说，就是陶行知先生说的那八个字："学高为师，身正为范。"

"学高为师"，就是作为教师，必须有渊博的知识，精湛的教学艺术。通俗来讲，就是要把课上得好一点。但是，上一堂好课并不那么容易。你的课堂效率是不是高？

你的讲解评点是否深入浅出，学生能懂？很多老师不是从上好课方面提高自身素养，而是大搞题海战术，把学生搞得苦不堪言，使他们对这门学科的兴趣丧失殆尽，这样的老师自然谈不上学高为师。

"身正为范"，指的是教师是高尚人格的典范，通俗来讲，就是教师要对自己要求高一点。老师的言行往往是学生的教科书。老师只有为人师表，才能引导学生向正确的方向前行。老师应该有一颗善良的心，应该对弱者有着天然的同情。你不能对学生中发生的各种事情视而不见，你应该关爱学生，尤其是关注班级里那些看上去不太可爱的学生。这个要求其实并不高，只要用心去做，我们都能做到。

2. 做让自己心安的教师

有人说教师这个职业是吃良心饭的职业。我们怎么去评价教师呢？很难。通过各种各样的评估，一张又一张试卷，我们也无法真正了解教师。只有老师自己才真正了解自己——我是不是真正用心？我是不是真正尽力？我是不是对得起面前的孩子们？社会把孩子们托付给我，他们的父母把他们托付给我，学校把他们托付给我，我是不是对得起这样的信任？我心安吗？

或许，评价一个老师好不好，倒是有个最小的行动可以估量：教师节的时候，看一看已经毕业了的学生会有多少记得给以前的老师送束鲜花、打个电话甚至来看望一下老师。这样的学生越多，说明这位老师越好。在校生送多少鲜花，也比不上毕业多年的学生送一朵鲜花。如果学生离开你就再也想不起你，那你就应该及时反省一下了。只有让学生一辈子记住、一辈子怀念的老师，才是真正的好老师，这样的老师才可以心安理得，也才对得起做老师这么一个良心活儿。

3. 做让学校骄傲的教师

教师的第三种境界，是做一个让学校为你而感到荣耀的老师。过去我们对学生讲，"今日我以母校为荣，明日母校以我为荣"。实际上，我们对每位老师也应该提出这样的要求，也应该寄予这样的期待。如果一个老师做到在学校里很难被取代，他如果走了，短时间内找不到人来顶替，那么，他自然是这所学校非常需要、校长非常赞赏、同事非常想念的人。

一个人离开一个地方、一个单位之后，能够被人们记在心里，真的是很了不起的。这种不可替代，并不是指我们的工作岗位很特殊。任何一个岗位，哪怕是一个普通的门卫，都可以做到这一点。每一个职业，每一个岗位，只要我们用心去对待，都能做好，也就是说，我们每一位教师只要肯努力，都可以成为让学校引以为荣的教师。

4. 做让历史铭记的教师

这是最后一种境界，也是难度最大的境界，这就是做一个让历史铭记的老师。从一所学校来看，其文化的最高境界就是创造了自己的故事和传奇，而学校的故事和传奇是由老师的故事与传奇构成的。

正如当年清华大学校长梅贻琦在就职演讲中提出的，"所谓大学者，非谓有大楼之谓也，有大师之谓也。"有了一个个大师承载历史，才有了昔日的西南联大，尽管现在学校已经不复存在，但由于它培养出了几十个院士，由于它培养出了一批让历史铭记的大师，所以这所学校依旧被历史铭记。

我们要从做让学生瞧得起的教师这一境界开始向上攀登，争取做到让历史铭记的教师，至少要做到让学校骄傲的教师。

事实上，这四个境界，也就是四级阶梯，它是连贯的。起初你做一个让学生瞧得起的老师，然后就努力做一个让自己心安的老师，接着你要成为让学校感到光荣的老师，那么你就有可能成为一个让历史铭记的老师。

朱永新教授说，从做老师的第一天开始，我就希望自己和学生们在一起。学生生病的时候我和他们一起在医院里，学生打球时我和他们一起在操场上。现在，我在大学第一年教书时的一些学生仍然与我保持着联系。我到现在仍然还是一个老师，仍然和所有老师一样，就这样教学相长地一步步往前走着。

当我们能够不混日子，愿意努力成为一个让学生瞧得起的老师，当我们从每件小事开始，一件一件坚持不懈地做着，当我们用心书写着自己每一天的历史，从教学中得到成长、收获幸福时，我们也就是在不知不觉中沿着阶梯努力攀登。

从一些资料上我看到了一个非常典型的热爱自己工作，最后做到了让历史铭记的例子。2009 年 9 月 22 日，香港大学把"荣誉院士"的称号授予 82 岁的学校清洁工袁苏妹。袁苏妹穿上由学生资助定制的紫红长衫，出席香港大学名誉院士颁授礼，成为学校自 1995 年设立名誉院士以来的首名获此殊荣的基层员工。她 1957 年随夫进入香港大学，担任服务员及厨师，自此即成为大学宿舍的灵魂。从 29 岁起在大学工作至 73 岁从大学退休，她为一代又一代学子的成长贡献出了自己炙热的爱心。香港大学把荣誉院士奖授给她就是表彰她 44 年如一日地为学生做饭、扫地，悄悄地为生病的学生煎凉茶，为熬夜的学生煲鸡汤，"对高等教育界做出独特的贡献，以自己的生命影响大学堂仔的生命"。像袁苏妹这样的清洁工尚且能够如此热爱自己的本职工作，并获得如此高的荣誉，我们做教师的又何尝不能呢？

三、主动性成长的关键——内生动力

一个人在工作和学习的时候，有两种动力在起作用，一种是外部动力，一种是内部动力。内部动力又叫作内生动力。

有句话说得很好："当一个人愿意成长的时候，成长才成为可能。"这充分说明了主动成长的重要性，也说明了内生动力对于一个人主动性成长的重要性。

麻省理工学院教授奥托说过一句话："一项干预措施的成败取决于被干预者的内在状态。"譬如我们对青年教师做培训，通过培训提升青年教师的素质，这是干预措施，干预者就是学校，被干预者就是青年教师。这里说的内在状态就是被干预者内心对提升素质的渴求程度，干预措施就是对被干预者实施的一种促使其成长、变化的措施，这里就是培训。如果通过培训青年教师的素质提升了，说明这项干预措施成功了，否则就是失败了。而这成功或是失败的关键因素是什么呢？就是青年教师的内在状态，就是青年教师对提升素质的渴求程度。

有一个关于内部动机和外部动机作用于人的行为的故事，名字叫"孩子在为谁而玩"，其内容是这样的：

一位美国老教授的别墅前面有一片草坪，不知从什么时候起，一群十岁左右的小学生每天两次在这个草坪上玩耍，或者做游戏，或者踢足球。这样就免不了吵吵闹闹，闹得老教授不得安宁，老教授的习惯是每天午饭后要睡一小觉，要眯一会儿，结果外边吵吵闹闹的声音使他根本睡不了。老教授另外一个习惯是下午四五点钟的时候要看一会儿书，要思考一些问题，要写一些文章。这个时候孩子们又来了，吵闹的声音使老教授不得安宁，老教授就想想个办法让孩子们离开。老教授是有文化的人，是有胸襟的人，他不会用生硬的手段把孩子们赶走，他要想一个办法让孩子们自己离开。

他想来想去就想出了一个办法。这一天，孩子们又在那里做游戏、踢足球，快结束的时候，老教授出来把孩子们招呼到一起说，你们来这里玩耍给我带来了快乐，我很高兴你们在这里玩，所以啊，从今天开始，每次你们玩耍以后我都要给你们发点钱，今天每人发 50 美分，你们自己去买冷饮或者其他东西吃。孩子们一听很高兴：我们本来没有这个要求啊，我们只是来这里通过玩耍寻找自己的快乐，却有人给我们钱，这也太好了。孩子们非常高兴，每人接过 50 美分高高兴兴地走了。

就这样，老教授每次都给孩子们 50 美分，过了几天，老教授对孩子们说："这几天我经济状况有点紧张，所以不能给你们每人发 50 美分了，只能发 25 美分。"孩

子们一听虽然有点不高兴，但还是领了自己的25美分走了。

这样又发了几天之后，老教授又对孩子们说："我实在是经济上有点问题，不能发25美分了，只能给你们每人5美分。"孩子们一听不高兴了，从50美分降到25美分，又降到5美分，怎么越来越少了？还少得这么突然。于是，领头的那个孩子说："我们以后再也不来玩了。"他们连这5美分也没要就气呼呼地走了。从此这几个孩子再也不来了。

老教授用这个办法让孩子们自己决定离开这个玩耍的场地，道理在哪里呢？孩子们为什么不来玩了？孩子们一开始是为自己而玩，没想到会得到奖励，居然有人来给钱，于是，他们慢慢地由为自己的快乐而玩变成了为钱而玩。

老教授的方法其实很简单，他就是逐步地将孩子们的内部动机转变成了外部动机。他又掌握着美分这个外部因素，所以他就操纵了孩子们的行为。

这个故事的道理很简单，如果把这个道理用在人们平常的工作和生活中，那么，支撑人们工作积极性的外部动力有哪些呢？譬如说获得高额工资，获得高额奖金，有一个好的工作单位、好的工作环境、好的工作条件以及由此构成的自己在人们当中的面子，可是如果这些待遇发生变化。人们的工作积极性可能就会发生变化，比如说你在一家企业工作，企业每年给的年薪是15万元，可是因为不可控因素，企业效益不好，你的年薪从15万元降到10万元，那么年薪降到10万以后你的第一个想法是不是要离开这家企业？有了这样的想法，你的工作积极性马上就会掉下来。

支撑我们的工作积极性的另外一种动力是内生动力，内生动力有哪些呢？享受工作乐趣，增加社会阅历，积累工作经验，创建自己的人脉，促进个人成长，奠定事业基础，实现个人价值等都是。如果我们靠内生动力支撑自己的工作，一般情况下，无论外部动机发生怎样的变化，我们的工作积极性都不会降低。比如刚才我们说的企业每年给你年薪15万，经济效益差了，年薪降为10万，如果这时你主要是靠内生动力支撑工作积极性的话，你就会想，降了5万年薪，但是其他企业不如这家企业的平台好，不如这家企业的学习环境好，并且这家企业升职的空间大，我在这里还能够享受到工作乐趣，还能够增长工作经验，还能够见更多的世面，还能够打下很好的事业基础等，所以尽管年薪降了5万，我也不会离开，我还会在这里继续工作、继续成长，以后这家企业经济效益好了，我们的待遇也就上去了。这就是内生动力支撑工作积极性的特点，它不会轻易改变我们的行为。

内生动力是一个人的内心的需求，人的一生终究是靠内生动力主导的，只有让内生动力起主导作用，才会让自己的生命开出鲜艳的花朵，结出丰硕的果实，实现自己人生价值的最大化。

我们内心的需求一直是我们成长的主要力量，我们一直在受它的驱使，说一个最简单、最常见的例子：我们在不饿或者在生病没有食欲的情况下，一般美食不会引起我们的食欲，但在饥饿的情况下，我们一般是不挑食的，什么食物都会觉得很好吃。

明太祖朱元璋打小就失去父母，失去了家庭的庇护，作为一个尚在发育的孩子，他经常挨饿。由于同情他的遭遇，附近的一个寺庙收他做了弟子，给了他一处避风的港湾，他在那里每天打扫卫生、挑水，有时念念经。然而，某一年当地发生了旱灾，庙里的粮食也不多了，寺庙能让他住，却没东西给他吃，他想要吃饭，就得靠自己努力，跑外边去化缘。

有一次，他一连三天没讨到一口饭，他困倦疲乏，倒地不醒。

醒来时，朱元璋发现自己被人带到家中，一位老妇人还端了碗汤给他喝。此时的朱元璋饥肠辘辘，空瘪的肚子一下子灌入一碗热乎乎的汤后，瞬间每个毛孔都舒畅开来，他喝完汤后，浑身舒爽，也有劲了，忍不住问起大娘：这汤叫什么名？

听他问话，妇人心想：这是自己随便做的汤，这兵荒马乱的年代，哪有什么好东西能吃。她看着碗里的汤，幽默地说了一句：这是珍珠翡翠白玉汤。

这随口说的一句话，却成为每日每夜萦绕在朱元璋心头的话。他想：等我有钱了，一定好好报答这位老大娘。

朱元璋经过多年的奋斗，夺取了天下，他吃遍天下各色美食，胃口却越来越不好，就觉得世间任何食物都比不过那天老妇人做的汤。于是，他跟御厨提出要求，要他做一份珍珠翡翠白玉汤给他喝。

御厨犹疑不定，心想：难道有钱人都喜欢吃金吃银吗？这可难为死我了，我可怎么做啊！无奈之下，御厨将珍珠、翡翠和白玉都熬在汤里，胆战心惊地呈给皇帝食用。皇帝一吃，勃然大怒：这御厨竟敢戏弄本皇！就下令把御厨给杀了。

后来，他一边让御膳房想办法做汤，一边苦苦找寻当年的妇人。老妇人居然真被找到了，朱元璋拜她为上宾，送上黄金千两，并让妃子们天天陪着老妇人玩。

有一天朱元璋就问老妇人：您那个珍珠翡翠白玉汤是怎么做的？我也让皇后和妃子们尝一尝。老妇人听后哈哈一笑，对他说："什么珍珠翡翠白玉汤，那道汤就是用碎米、菠菜和豆腐做出来的，没什么特别的。只不过当时你饿了好几天了，啥东西都觉得好吃，你说是不是这个理啊！"

渴求食物、保住性命的内生动力使得朱元璋把一碗十分普通的菜汤当成终生难忘的美食，但是，当吃尽天下山珍海味以后，没有了渴求食物、保住性命的内生动力以后，便不可能把一碗普通的菜汤当成美食了。

我读过上海市平和双语学校校长万玮的《学校管理的本质》一书，万玮校长对新入职的老师们这样说：你们来到平和，不要问校长以及学校要你们做什么，而是要想一想你们可以利用学校这个平台做什么。万玮校长对新教师的期望就是要大家产生内生动力，以促进自己主动成长。

我读过新东方创始人俞敏洪的许多精彩演讲词，其中有这样一段："生命是一条河流，要保持永远地流动。河流有两种成分，一种是泥沙，一种是水。希望所有的人不要把自己变成泥沙，变成泥沙，你的生命就会沉淀下去，生命就会永远停滞；如果你是水，就必然会流向大海。其实每条河流都有自己的梦想，就是流向大海，如果你变成了泥沙，你就会从此沉淀下去，再也看不到阳光，看不到生命中最辉煌的时刻。"这段话告诉我们，人，必须不断成长、主动成长。

在传统的教育观念中，我们总是以为我们是在帮助学生成长，我们是学生成长的促进者，我们所能做的就是把自己所拥有的一桶水全部倒给学生，只要我们桶里有水，我们就可以高枕无忧了。所以，任凭岁岁年年人不同，我们只管年年岁岁花相似，说着同样的话，讲着同样的课，周而复始，我们就如泥沙一样渐渐沉淀下来，陷入职业倦怠中不能自拔。

事实上，学生的成长历程也是教师的成长历程，学生在成长的同时，也促进了我们的成长。教育之路没有尽头，所以教师的成长也是没有止境的。

语文特级教师、全国十佳班主任郑立平老师也是一位影响比较大的教育专家，他在回忆自己的成长经历的时候说过这样一段话：我刚参加工作的时候，一直觉得自己所掌握的中文知识，做一个语文教师应该绰绰有余，我所积累的教育教学知识，应付初中学生应该不成问题。可是真的面对孩子，面对新教材时，我感到了自己的贫乏，不只是中文知识，还有教育学知识。正印证了"学然后知不足，教然后知困"，于是，我开始重新学习，边学边教，很多平时忽视的常识性错误被我一点点纠正过来。一个循环下来，学生在成长，我也在成长，我从一个清高的文人变成了一个有爱心、有耐心的合格的语文教师。当我意识到教师成长的重要性的时候，我开始了读书学习，并将自己的点滴体会形成文字，我有了自己的博客，我接触全国各地的许多名师。我的眼界变宽了，心胸也相应地开阔起来。我的快速成长，带动着学生也快速成长起来。这让我明白，一个教师，只有自己愿意成长，主动成长，才能迅速成长。以前，学校也一再要求教师终身学习，并制定各种规章制度促进教师成长，可是却没起太大作用，因为一些教师是拒绝成长、满足现状的。当我将全新的教育理念和教育教学实践相结合，在我所任教的学生身上结出丰硕的果实的时候，我真正感受到了和学生共同成长的喜悦之情，那是一种发自内心的幸福感觉。

郑立平老师在《优秀教师成长之道》一书中说，许多名人名师的成功都有一个共同的特点叫作主动，只有具有主动精神，主动读书，主动学习，主动写作，主动反思，我们的人生才能更从容。我们常常羡慕名师，抱怨自己的平庸，可是却很少想过，在智慧和平庸之间我们缺少的是什么。当同事聚在一起聊天时，当同事沉迷于网络游戏时，当同事沉迷于麻将扑克时，当别人陷于牢骚抱怨中混日子时，当别人因为观念陈旧被学生排斥时，我们或沉浸于书香，或陶醉于书本，或精心于备课，或沉迷于网络学习，或倾心于和名师交流，渐渐地，我们和名师的距离会越来越近，我们的教育灵感会越来越多，我们的教育智慧会越来越广博，我们博客上的文章会越写越精彩。

没有人天生就是名师，名师的成长历程不可能一帆风顺，关键在于我们有没有一颗成为名师的心，有没有向名师看齐的主动精神。做一个主动成长的教师吧，把学生当成我们成长路上最重要的旅伴，和学生一起成长，尽情享受学生成长带给我们的快乐，让我们的成长之花伴着学生的成长之花尽情绽放！

四、主动性成长的引领——目标原型

一个主动成长的人通常都有明确的人生目标，或有强烈的寻找人生目标的意愿，这个人生目标通常就是自己职业生涯的目标原型。

如果自己没有明确的人生目标，没有自己的目标原型，不知道自己想要干什么，不知道自己要做到什么程度，那就只能随波逐流了。我们都应该对自己的职业生涯进行规划，如果你都不为自己的未来规划，谁还会为你的未来负责呢？

我读初中时的班主任老师谢寅刚一开始是我的小学语文老师，后来又到乡镇中学担任我的地理老师，谢老师在我们当地小有名气，他工作认真负责，班主任工作也做得非常认真，爱生如子，在学习、生活等方方面面帮助学生，用自己的言行去教育学生、去影响学生，所以他成了让学生终生尊敬的一个老师。谢老师退休以后到农村老家去住，每年的两大节日——春节和中秋节，总会有学生络绎不绝地看望谢老师，这成了村子里的一道靓丽的风景线。谢老师现在80多岁了，我们每年过节还会去看他，至今他还保留着1989年我们预选中专的成绩单，就让我们许多同学感动得热泪盈眶。

谢老师至今还保留着读书、记笔记、记日记的好习惯，他的思路非常清晰，心态也非常年轻。今年春节我去看望他，他把我们单县一中的高考成绩如数家珍般告诉我，北大、清华、"双一流"分别考上了多少人，学生排球赛获得全国冠军等等，他记得非常清楚。他语重心长地告诉我："腾香啊，在校长这个位子上就要干好!"直到现在，他还像关心自己的孩子一样关爱着我。

谢老师在退休以后精神世界是富足的，精神生活是幸福的，虽然没有哪一个政府部门表彰他，也没有哪个教育主管部门为他颁发证书，但他就是被学生、被家长、被社会认可的一个优秀老师。

我从一开始参加工作就以谢老师为榜样，尽管我达不到谢老师的高度，但我也要向他学习，尽自己的能力去做。

这也许就是我经常说的我们每一个人走入职场、走上工作岗位以后要给自己找一个目标原型，找一个学习的榜样。

我从事教育工作的这三十多年里，谢老师一直激励着我。当然，现在许多学校的教师群体中也有很多类似的故事，我们也会找到很多类似的榜样，也会找到很多类似的目标原型。如：广东中山纪念中学韩宜奋老师的语文教学水平很高，在广东省是非常有名气的，她几乎把所有的爱都洒向她的学生，由此获得了学生的广泛爱戴。每年高考结束后，她的学生纷纷给她写信表达自己的感激之情，看到那些情真意切的书信，我的确被感动了，我看几次就会流几次泪，我还写下了这样一句话：为师如若老韩，今生不会遗憾!

老师们，我追问一句：你有自己的目标原型吗?

五、主动性成长的过程——我们在行动

(一) 逐步热爱自己的职业

前文我从宏观的角度讲了热爱本职工作的一些道理，在这里，我想从比较微观的角度讲一讲教师职业的优势。

第一，经济待遇。我们首先分析一下教师的经济待遇。我参加工作之初，教师的待遇并不高，但是现在，教师的待遇横向比较还是不错的，中学一级教师乃至中学高级教师的经济待遇多高于同学历同龄的在其他行业工作的人，甚至从总体上高于公务员，这是因为副高级职称教师的工资相当于正县级公务员的工资，而教师中副高级职称的比例远远高于正县级干部的比例。

就我们单县来讲，现有在职教师 9750 余人，其中有副高级职称者 1750 余人，正高级教师 27 人；退休教师 5200 余人中，有副高级职称者 1000 余人，就按在职教师中副高级教师所占比例与在职公务员中正县级所占比例比较，全县有 1750 位副高级教师，而一个区县，在职正县级干部只有几个人，再加上享受正县级待遇的那部分人，也就是几十人的样子，与 1750 人相比较差距还是很大的。而且退休教师的工资待遇也是比较高的，首先比企业高，总体上也比公务员高。

第二，工作强度。这里的工作强度是指我们感觉自己的工作累不累。一般认为，教师的工作是比较累的，教师要上课，有的还要当班主任，还要负责一些专项工作，行政机构分配下来的很多工作与教育教学无关，譬如说创城工作，也安排教师去站岗，去做义工。还有扶贫工作，扶贫还与教育有点沾边，有很多事情是与教育不沾边的。教师一年大约有三个月的假期，但会被各种各样的工作侵占不少时间。这是许多学校教师的实情。

但是，我们也要看看其他行业的情况，国企、央企的岗位是比较稳定的，但是，工作也是很累的，大多数工人实行三班倒工作制，也就是说很多人要上夜班，这样就会黑白颠倒，就会破坏人的生物钟规律，这对人的身体有比较大的伤害。一些企业的工作环境较差，如有毒、有味、有噪声的车间，在这里工作的工人要不就早退休，要不就都参与轮岗，而且这种工作环境对人身体的损害并不是马上就显现出来的，有的要经过十几年、几十年。就噪声来讲，噪声级为 30～40 分贝是比较安静的正常环境；超过 50 分贝就会影响人的睡眠和休息。由于休息不足，疲劳不能消除，正常生理功能就会受到一定的影响；70 分贝以上则会干扰人们谈话，使人心烦意乱，精神不集中，影响工作效率，甚至发生事故；长期工作或生活在 90 分贝以上的噪声环境中会严重影响听力，导致其他疾病的发生。所以，超过 70 分贝的工作环境就会影响人的健康，而不少企业的车间噪声是超过 70 分贝的。

公务员的工作强度也是很大的，尤其是在基层岗位上工作或在乡镇工作的公务员，他们经常加班加点，工作压力很大，责任压力也很大。

还有医生，外科医生做手术一站往往就是几个小时甚至十几个小时，即使在家休息，一个电话也许就会被召回医院。

所以，总体来说，教师的工作强度还是适中的。

第三，职业环境。岗位安全、环境安全对于一个人工作、生活的影响非常重要，这是人们择业考虑的一个重要因素。

教师岗位基本上没有安全隐患，以前说我们当老师的吃粉笔灰，实际上就是粉尘污染，但是这个对身体健康的影响是比较轻的，而且现在条件改善了，学校已经很少用黑板了，主要用白板、用投影，还有其他方面的技术，这种粉尘污染已经基本没有了。教师还有一个职业病，就是咽炎，这是因为教师讲话多，所以容易得咽炎，这应该就是教师最明显的不安全因素了，所以从种种分析来看，教师这个职业还是相对安全的。

第四，发展平台。我们经常听到社会上有人说当教师没啥意思，你什么时候当校长啊？好像当不了校长就是没出息。从一个老师成为校长还真不容易，这是因为一所学校有几十甚至几百名教师，正校长只有一个，副校长三四个，主任二十来个，升职空间不大，这好像说明学校的发展平台不大。但是我想告诉大家，我们一定要正确选择自己的发展方向，我多次讲过，教师的发展方向有两个，一个是政治发展，另外一个业务发展，业务发展也就是专业发展。政治发展就是刚才我说的当行政人员，当副校长、正校长，这是政治发展。专业发展就是在教师专业方面去发展，我们可以成长为各级优秀班主任，如县级优秀班主任、市级优秀班主任、省级优秀班主甚至全国优秀班主任；我们还可以成为各级名师，如市级名师、齐鲁名师等；我们还可以成为各级教学能手，如市级教学能手，省级教学能手等；我们还可以成为各种竞赛的优秀指导教师，或参加教学能力竞赛、教师创新团队等。以上说到的业务方面的荣誉，都会得到相关教育主管部门或各级政府的表彰。我这里要特别强调的是，除了上级发证表彰以外，还有大量的没有得到表彰的，但是得到学生、家长、业内同行的认可，以及社会认可的一些优秀班主任、优秀教师、小有名气的科研型教师、区域名师，他们也是光荣的。譬如我们单县一中的一些班主任在当地就非常出名，家长愿意把孩子送到他的班里去，这就说明他们得到了家长的认可、社会的认可。

上面我们从四个角度分析了教师这个职业的特征，这四个角度基本上都是从物质待遇方面阐述的，应该说这些都是功利性的东西。但我们大概已经看到，选择做教师还是不错的。如果从为党育人、为国育才的角度，我们更能感受到做教师对于国家、民族兴旺发达的重要性。所以说，做教师还是不错的。

从非功利性的角度来看，教师享受着双重幸福：为自己的成就感幸福，为学生的成就感幸福。体验着双重成长的快乐：为自己的成长快乐，为学生的成长快乐。经历着不断创新：一年年创新，一天天创新，一节节课创新。遇到难以管理的学生，则是对自己的一个挑战，挑战我们的水平，锻炼我们的能力。

况且，我们在退休后还会享受到精神上的幸福。我们把老师这一职业做好了，多少年过去之后学生还会记得我们。

我只做了两年班主任，完整的一届学生也没有送出去，但是，有好几批学生到现在还不忘我这个老师。我们经常聚会，特别是过春节的时候，一凑就是十几个二十几个学生，学生们和我谈着当年在学校的情景，分享着他们毕业后的工作成绩和人生经历，那种感觉真的很幸福。

（二）确立正确的工作价值观

工作价值观就是我们对工作过程、工作目的以及工作目标的总的看法和认识。我们工作的目的绝不仅仅是赚取薪水，还有增长技能经验、达到个人的成熟、实现个人的成长、实现个人的梦想、提高自己、完善自己等。

也就是说，薪水不是工作报酬的全部。我们应该看重的是工作赋予自己的成长机会，工作赋予自己的阅历，工作赋予自己的前程，工作赋予自己的事业基础，工作赋予自己的个人价值，以及工作赋予自己的乐趣。而这一切都是确立正确的工作价值观的基础。

关于工作价值观的详细内容请参看本书第三讲《关于工作价值观的思考》，这里不再赘述。

（三）选择好自己的发展方向

我说过，教师的发展方向有两个，一个是政治发展，一个是专业发展。一般来说，政治发展路子窄，专业发展路子宽。所以我建议大家主要选择业务发展的路子，这样成长起来会比较快些。

前面我谈到的谢寅刚老师虽然不是被哪一级政府或是教育主管部门表彰的优秀教师，却是被学生、被社会认可的优秀教师，他得到了学生的终生爱戴，他在社会上的影响远比受到各级表彰要大得多，他的一生是非常幸福的。

有句名言很适合用在主动成长的人身上：找对了方向，就不怕路远！

（四）运用渴望的力量助推自己的成长主动性

俞敏洪曾说：成长的力量来自哪里？它来自你希望自己不断前行的一种冲动，一种内在的热情。

俞敏洪还说：一个教师，只有自己愿意成长，主动成长，才能迅速成长。

郑立平老师在《优秀教师成长之道》一书中指出：许多名人名师的成功都有一个共同的特点叫作主动，只有具有主动精神，主动读书，主动学习，主动写作，主

动反思，我们的人生才能更从容。

我读过江苏省苏州市吴江区实验小学副校长、著名特级教师管建刚写的一篇文章——《没有比"渴望"更伟大的力量》，在这篇文章中管建刚老师引用了这样一个故事：

有一个年轻人问苏格拉底："成功的秘诀是什么？"苏格拉底说："明天到城东小河边，我告诉你。"第二天，年轻人来到小河边，苏格拉底说："我们游到对岸去，我就告诉你。"游到半路的时候，苏格拉底把年轻人的头按到水里足足有一分多钟，年轻人终于从水里挣扎出来，拼命吸气。苏格拉底说："当你对成功的渴望就像刚才你对空气的渴望的时候，你就会成功。"

管建刚说：所以，我喜欢一句话——"渴望就是力量"。有人说，知识就是力量，可我认为，知识是外在的东西，渴望是内在的。

有一个词语叫作"心想事成"，这不是祝福，而是你渴望事情成功的时候，事情才能成功，心想就是一种渴望。还有一个词语叫作"梦想成真"，当你做梦都在想的时候，就离成功近了，因为做梦都在想显然是一种渴望。

（五）发扬"坐前排"的精神

我国著名教育专家李振村写过一篇文章，题目是"为什么争坐前排的人更容易成功"。文中写道：开会或者是听讲座时坐在前排好像是个形式问题，但是，这种形式里面是不是包含一定的内容？我们试想一下：保持积极主动的学习态度的人通常坐在会场的前排还是后排？

对一个成长中的人来讲，最重要的是，要保持积极主动的学习心态，有了这样的心态，才会有成长的动力。因为只有当一个人愿意成长的时候，成长才成为可能。

在我们杂志社举办的首届全国新经典大讲坛上，有一位女老师每天都坐在最前排，每次与专家互动都是第一个举手发言，虽然有时她的发言并不精彩，但她不以为意，总是保持踊跃的状态。六天培训，天天如此。

在第二届全国新经典大讲坛上，这位女老师还是每天都坐在最前排，还是只要有互动的机会，就第一个举手、第一个发言。六天培训，天天如此。

在第三届全国新经典大讲坛上，这位女老师依然每天坐在最前排，依然是抢着发言。六天培训，天天如此……

后来，在各种研讨会议上，我们就开始见到她做讲座的身影了，她的文章也不时见诸各种报刊了，她的教学实录很多老师都在学习、研究……她已经成长为一名特级教师，成长为江苏省句容县实验小学的优秀学科带头人。

她的名字叫巫新秋。

巫老师能有今日的成就，能够被评为特级教师，能够领衔成立"巫新秋名师工作室"，这里面固然有很多因素，但与她在各种教学研究活动中总是坐在最前排不无关系。

一位美国教授曾经观察记录一群大学生在课堂上的座位选择，他发现：有的学生总是喜欢坐在前排，有的则比较盲目随意，有的则总是有意选择后面的位子。十年后，这位教授公布了自己的研究结果：当年那些总坐前排的学生，事业获得成功的比例远高于其他同学。

美国心理学家萨默的观察也证实了这一点。

早在 1969 年，萨默就研究发现，主动选择最前排座位的学生参与课堂活动的比例达 61％，他们对功课更感兴趣，更愿意主动与老师交流。而选择最后一排以及两边座位的学生，参与比例只有 31％和 48％，而且听课时容易走神，喜欢做小动作。

由此可见，一个人主动选择坐前排，意味着他有更积极主动的心态，意味着他更乐于参与和交流，意味着他对新鲜事物有着更强烈的兴趣、保持着更敏锐的感觉，于是，他也就获得了更丰富的信息，获得了更多的展示和锻炼机会，有了更强的自信心。

或许是否坐在前排只是个形式问题，最重要的是，一个人要保持积极主动的学习心态，有了这样的心态，才有成长的动力。因为只有当一个人愿意成长的时候，成长才成为可能。

曾经听过一位专家的讲座，他曾强调过大家要养成开会、听讲座坐前排的习惯，他当时说，坐在前排更容易接受演讲者的气场，更容易看到演讲者的表情和体态语言，更容易看到演讲者的一些演示。

还有一次，我与北大的一位教授出席一个座谈会，经过一天的相处之后，我们在会议空闲的时候谈起了争坐前排的事情。这位教授告诉我这样一件事：北大平常总有若干讲座，有些讲座是自己学校的教授讲，有些讲座是学校聘请的校外专家讲，每当学校聘请校外专家做讲座的时候，有的同学不仅要去抢前几排的座位，而且会别出心裁地将一张厚纸板对折，然后将它立在课桌上，在纸板的两面都用彩笔大大地写上自己的名字，这样就方便专家提问的时候首先注意到他，这些同学是在争取和专家交流的机会。这种方式的确有效，凡是有这种进取精神又积极抓住机会的学生，多数专家都愿意给他这次机会，也愿意和这些积极上进的学生交流，还愿意给

这些积极上进的学生以更多的关照。

我在单县职业中专当校长时经常鼓励老师们在开会、听专家报告的时候争坐前排，坐在前排的老师要在考核中加分，坐在后排的老师要在考核中减分。有一次，几位计算机专业的老师到济南参加一个信息技术方面的培训，有老师把他们参会的照片发到学校的群里，我看到他们都坐在前排，立即给他们点赞。

我们说要发扬"坐前排"精神，还有一层意思，就是我们可以把"坐前排"的内涵扩大，扩大到一切工作都要跑到前头，一切工作都要敢于冒尖，一切工作都要敢于争第一，要积极迎接挑战，积极迎接考验，既要经得起失败的考验，也要经得起胜利的考验。不少老师开会或者听专家报告时害怕专家提问，交流互动的时候不愿意发言，这就失去了很多锻炼自己的机会，这也是他不愿意坐在前排的主要原因。

"坐前排"精神体现了一种主动发展的精神，体现了一种积极向上的精神，体现了一种敢为人先的精神，体现了一种不畏世俗的精神。我们积极发扬这种精神，就会在成长的道路上走得更快，走得更远。

（六）主动克服倦怠情绪和"高原现象"

从事任何一种职业，时间久了一般都会产生一定程度的职业倦怠，教师行业也不例外。一个教师的成长一般要经过黄金期—倦怠期—黄金期—高原期—黄金期这样几个时期，并且，每个人的过程不一样。

关于职业倦怠的定义很多，不同的学者对于职业倦怠的内涵有着不同的看法。

我们选取一个引用比较广泛的职业倦怠的定义："在以人为服务对象的工作领域中的个体的一种情绪衰竭、人格解体和个人成就感降低的症状。"该定义中有三个关键词：情绪衰竭、人格解体和个人成就感降低。情绪衰竭是指个体的情感资源过度消耗，情感处于极度疲劳状态，工作热情完全丧失；人格解体指个体以一种负性、冷淡、过度疏远的消极态度对待服务对象；个人成就感降低指个体的胜任感和工作成就感下降。

教师职业倦怠的症状通常是：当与日俱增的疲乏取代了原本旺盛的精力，当冷漠和疏离取代了原本亲切的面容，当自我怀疑取代了原本的自信，当效率低下取代了原本的聚精会神，三尺讲台一时之间变得难以掌握，在倦怠、脾气暴躁、无法放松、身体不适的纠缠下，工作日益成为一种心理负担。笔者综合若干学者的研究，将职业倦怠的症状归纳如下。

1. 生理症状

生理症状主要表现为：缺乏精力，持续疲乏，虚弱；对疾病的抵抗力差，常感冒或有各种生理上的小毛病，主要表现为偏头痛、紧张性头痛、肠胃不适、失眠等；滥用药物、酒精或其他刺激性食物；饮食习惯或体重骤然改变。

2. 认知症状

认知症状主要表现为：在自我态度方面，倾向于低自我概念，包括不适感、无能感、失败感；在对他人态度方面，对服务对象采取非人性化的态度，常归咎于对方以合理化自己的失败；在工作态度方面，因不满意而常迟到、请假、离职，缺乏理想、信念、热情和人道主义意识；在生命态度方面，采取悲观、否定、愤世嫉俗的态度。

3. 情绪症状

情绪症状主要表现为：感到沮丧、无助、无望，缺乏控制感，乃至被极端的心理病态或自杀想法所困；产生罪恶感，想逃避服务对象却又觉得不应该；无聊、空虚，觉得自己无法给任何人提供任何东西；易怒、神经质，缺乏耐性，冷漠、悲观。

4. 行为症状

行为症状主要表现为：在人际关系上变得疏离、退缩、摩擦增多；在工作中变得机械化，工作能力降低；此外，可能采取一些冒险行为，以求打破长期以来单调的工作状态。

实际上，职业倦怠是个体不能顺利应对工作压力时的一种反应，是个体在长期压力下产生的情感、态度和行为的衰竭状态。这里所说的压力，其内涵比较广泛，既有工作上的压力，又有环境的压力，还有经济上的压力、心理上的压力、舆论的压力、人际关系的压力等。职业倦怠的表现主要体现在非体力方面，即表现在情感、态度和行为方面，所以，我们要看到职业倦怠的严重性。

"职业倦怠症"又称"职业枯竭症"，它是一种由工作引发的心理枯竭现象，是人们在工作的重压之下产生的身心俱疲、能量被耗尽的感觉，这和肉体的疲倦劳累是不一样的。那么，如何克服这种职业上的倦怠感，重新找回对工作的热情，以最佳状态迎接新的机遇和挑战呢？

据调查，在时间的长河中，人们从工作伊始到产生职业倦怠的间隔越来越短，有的人甚至工作半年到八个月就开始厌倦工作。职业倦怠最常见的症状有三种：

（1）对工作丧失热情，情绪烦躁、易怒，对前途感到无望，对周围的人、事物漠不关心。

（2）工作态度消极，对服务或接触的对象缺乏耐心、不温和，如个别教师厌倦教书，无故体罚学生，个别医护人员对病人态度恶劣等。

（3）对自己工作的意义和价值评价下降，常常迟到、早退，甚至开始打算跳槽或转行。

出现职业倦怠后，对集体有以下不利后果：影响个体和集体的关系；影响集体的和谐；影响集体的发展。

出现职业倦怠后，对家庭和个人有以下不利后果：影响个人幸福；影响个人进步；影响人际交往；影响家庭和谐；影响后代成长。

压力过高和压力过低都会引起职业倦怠。我有一个学生，他从部队转业后被分配到某公司调度处工作。调度工作比较清闲，所以他平常上班时没有多少事情可做，但是上班纪律比较严，上班下班都要刷脸打卡，办公室安装有监控，也不准打游戏、不准玩电脑等。这可把他憋坏了，幸亏他在初中时学过简笔画，没事他就画简笔画，他的简笔画水平越来越高。好几次碰到我都说要调换工作岗位，甚至到车间倒班都可以。

按说这样的工作是不是会有很多人羡慕啊？但是因为太无聊，时间久了谁都会产生倦怠感，这就是工作压力太小所引起的职业倦怠。

"高原现象"也经常出现在我们的工作过程中。

"高原现象"是人们在工作中经常会遇到的一种现象，即工作水平和工作业绩达到一定程度时，继续提高的速度减慢，有的人甚至长时间停滞不前或出现倒退的现象。"高原现象"会催生职业倦怠感，也不利于我们的成长和进步。

那么，我们该如何克服职业倦怠感或规避"高原现象"呢？

从教师的角度讲，可以从下列几个方面尝试。

1. 及时"充电"，拓宽和更新自己的知识，重树自己的自信心

如果教师对自己的继续学习、及时充电抓得不紧，在经过一段时间的教育教学之后，就会感觉知识有所欠缺、老化，方法有些陈旧，不能满足学生的需要了。这时就要及时"充电"，及时补充自己的各类知识，其实这样的做法不是新要求，也不是要等到职业倦怠了再去这样做，它其实是要伴随教师一生的职业生涯的。

教师的知识结构如果用一个大写字母 T 字来表示，"|"代表教师掌握知识的

精深，"一"代表教师掌握知识的广博，一个教师专而不通或通而不专都不能适应现代教育教学的需要，也不能适应学生发展的需要。求知欲望强烈的学生对专业知识贫乏的教师感到失望，对那些只懂得专业知识而缺乏其他自然、社会等学科知识，不能指导学生学会学习、学会做人、学会生存和发展的教师也会感到失望。

因此，我们做教师的要有活到老、学到老的精神，只有这样，才能真正地与学生一同学习、一同进步、一同成长，才能给学生树立榜样。我们只有做到及时"充电"，不断学习，及时更新知识，掌握知识的深度和广度不断增强，才能自信、自如地驾驭教育教学工作，才会得到学生的信赖与尊重，这样也就克服了自己的职业倦怠现象。

2. 以研究的姿态做好教育教学工作

著名教育家苏霍姆林斯基说过：如果我们想让教师的劳动给教师带来乐趣，使天天上课不至于变成一种单调乏味的义务，那我们就应当引导每一位教师走上从事研究这条幸福的道路。苏霍姆林斯基既然把教师从事研究这条道路称为幸福的道路，那在这条路上一定不会有职业倦怠感。所以，我们要让自己进入研究的状态，从习惯到喜欢到痴迷，逐步加深投入教育教学研究的程度。

如果我们对教育教学研究还有一定的疑惧感，我们就可以从小处着手，先做小微课题。小微课题实际上就是教育教学过程中遇到的一些问题，这些问题有一定的普遍性，解决这些问题的过程就是教育教学研究，解决这些问题的办法就是教育教学研究的成果。我们在教育教学过程中难道没有什么问题吗？对于这些问题我们认真系统地考虑过吗？我们曾经试图解决过这些问题吗？如果以上这三问你的回答是肯定的，那你就已经在做教育教学研究工作了，事情就是这么简单。

教育和教学是复杂的系统工程，它本身就是一门艺术，其中有太多问题值得我们研究，研究和发现是能够让人产生乐趣和兴奋感的，而这种研究和探索是永无尽头的，这也就能够促使我们对工作保持热情。如果我们不把教育教学的过程变成一个研究的过程，是很难不产生倦怠的。

我们先做小微课题，然后在做小微课题的基础上，逐步做比较大的课题，甚至是重点课题、中心课题、攻关课题等，这样我们就是科研型教师了，我们就走上了一条教育教学研究的幸福道路，这时，我们还会有职业倦怠感吗？

3. 在工作中寻找自己的乐趣和兴趣

苏联教育家阿莫纳什维利说得真好：谁爱儿童的叽叽喳喳声，谁就愿意从事教

育事业；而谁爱儿童的叽叽喳喳声已经爱得入迷，谁就能获得自己职业的幸福。

教育工作其实是一种十分有趣的工作，教育的工作对象是朝气蓬勃的学生，我们在教育、指导这些学生成长的过程中，我们自己也在成长；我们在和这些学生共处的过程中，会有很多的交流，相互之间就会有很多的思想碰撞，这些思想碰撞会丰富我们的人生感悟，会充实我们的人生阅历，这是一件多么有趣的事情啊！

为了增强我们的工作乐趣和兴趣，我们就要多和学生在一起，多和他们相处，多和他们交流，而且交流时要有诚心，言行要有爱心，让学生不仅感到我们和他们在一起，更要让学生感到我们的心和他们在一起。只有这样，师生彼此才能都感受到对方的情感，才会达到真正的沟通和交流，双方才会产生真正的幸福和乐趣。

这一点我们要向成都市武侯实验中学原校长李镇西学习，李镇西校长1982年参加工作第一天走进校园，就被学生们"老师好""老师好"的一声声真诚问候感动了。他说，那一刻，我的眼前春暖花开。就这样，在30多年的从教生涯中，李镇西校长一直保持着刚参加工作时的那份纯真，那份憧憬，那份真诚，一直保持着一颗童心。李镇西校长和学生在一起的快乐，是一种悠然自得的快乐，是一种基于生命本真的快乐，是一种无须理论支撑的快乐，是一种真实的享受。正是在与学生相遇的真实的快乐中，李镇西找到了教育的真谛，这就是：让人们因我的存在而感到幸福。他也找到了自己的幸福和快乐，找到了自己的兴趣和乐趣，如此，他还会产生职业倦怠感吗？

4. 多和同事沟通，在和其他老师的共事中找到愉悦和幸福

和同事处好关系是一个教师的基本功，也是教师职业生涯中的一项重要技能。怎样处理好和同事的关系，我在《对"家文化"的思考》一文中做了比较详尽的叙述，大家可以去看一看。

主要内容就是，在业务上要和同事共同研究、共同商量、共同备课、互相交流，这样既可以提高你和同事的业务水平，又能找到工作的乐趣，最重要的是能够体会到同事之间的友谊，延缓产生职业倦怠感的步伐。特别是在你心情不好或者状态不佳的时候，一定要用正确的方式排解这些负面情绪，和知心同事诉说一下，而不是把什么事情都闷在心里。他们通常也能够给你一定的心理安慰，有的还会给你提出一些合理化建议，自然就会减轻你的职业倦怠感。

5. 在工作中寻找快乐

教师职业是一个相对自由的职业，我们上的每一节课，从教学设计、备课到讲

授，从作业批改到辅导都可以进行一定的创新，这些自主权都掌握在我们自己的手中。我们每次上课都可能在师生互动中产生新的灵感，碰撞出新的火花，这也能让我们感到激动和兴奋。我们的工作过程有一定程度的自由，心灵就会有一定程度的自由，就更容易找到自己的快乐。

当自己讲授的一节课得到学生和同事、领导的好评时，当自己设计的主题班会让学生产生共鸣时，当找学生谈话后学生有了改变有了进步时，当看着一届一届的学生考入理想的学校时，我们难道不感到快乐吗？我们难道不感到幸福吗？我们难道没感觉到自己的付出是有价值的吗？

我们要学会感受快乐，感受教育成功后的喜悦。当然，我们在工作中总会遇到调皮的学生，遇到不讲道理的家长，遇到这样或那样的不顺心和委屈，没什么，你就把这些问题当作常态化工作中的小插曲，当作是对自己沟通能力、工作能力的考验，这样一来，我们的心态就完全不同了。我们就会在这样的工作中体会挑战，体会锻炼，体会成功。

作为班主任，我们要把带每一届学生的经历都看成一次新的开始。教师的工作不是一种简单重复的劳动，而是富有创造性的工作。因为每一届学生的基础不同，班级环境不同，同样的教学内容面对不同的教育对象，就应该有不同的教育方法，大家要从教师职业的特点出发，认真对待每一届学生，认真对待每一名学生，重新修改教案，重新选择教法，重新选择班级管理办法，重新制定班级管理措施，只有这样，你才不会感到单调和倦怠。

作为教师，我们可以把工作的每一天都当作第一天来做，保持对工作的积极期待，在日常工作中去追求挑战。这样一来，当你遇到真正的挑战的时候，就会伴随自我激励，觉得充满新鲜感、充满刺激感，就会充满激情地工作。如果这样，我们还会有职业倦怠感吗？

作为教师，我们要善于调整自己的心态，做到平和，耐心，宽容，友善，真诚以及坚持，有句话说得好：我们待学生要做到静待花开，要拥有良好的心态。我们要为了自己的事业，为了自己的身体，更为了我们的后代而好好工作，好好生活。把做一个受学生欢迎的好老师作为自己追求的最朴素的人生目标，相信自己一定会获得成功，我们还会倦怠吗？

6. 保持自己的身体健康

在适应学校要求、工作制度、工作纪律的前提下，我们要使自己的工作和生活

尽量有规律，只有规律地工作、规律地生活，才会有健康的身体。

我们要尽量保证充足的睡眠，浪费时间且无聊的事情尽量少涉及，譬如一些年轻人喜欢的网络游戏、小视频等，我们尽量不要对此产生浓厚的兴趣，因为这些娱乐产品具有很强的腐蚀性，它会占用你的一些宝贵时间，慢慢腐蚀掉你的一些来之不易的好习惯，甚至会慢慢腐蚀你的身体健康，久而久之，后患无穷。

有了健康的身体，才会有旺盛的精力，工作效率才会提高，工作业绩才会突出，精神状态才会提升，也才会让人感受到你的正能量，改变你在大家心中的"他我"形象，也就有了人们对你的良好评价。这时，你的职业倦怠感就会微弱到可以忽略了。

从学校的角度讲，笔者认为，学校应采取以下措施，帮助老师们消除职业倦怠感。

1. 创设公平、公正、公开的竞争环境

有一个公平、公正、公开的竞争环境，对于教师的发展、成长至关重要。我认为，教职员工对学校的第一要求就是公平、公正、公开的竞争环境。我经常说，如果学校没有一个公平的环境，员工首先会感到不安全，这是因为如果老师们辛辛苦苦工作了一个学期、一个学年，到头来却不能得到公正的评价，怎能不心寒呢？久而久之，老师们谁还会积极努力工作？谁还会注重自己的成长？更不用说做到主动性成长了。

怎样才能创设一个公平、公正、公开的竞争环境呢？这是一项系统工程，也是一项浩大的工程，实现的路径也千差万别。譬如学校干部要身体力行，在管理中要做到一碗水端平，不厚此薄彼，不画圈子，不扯旗子，不搞山头，学校工作该公开的一定要公开。要坚持教代会制度，并且要在教代会上切实解决一些问题，或者倡导一种风气等。譬如实施学校文化管理，通过文化管理中各种价值观的培养，建立公平、公正、公开的竞争环境；譬如学校要坚持以人为本，坚持人本管理。什么是人本管理？人本管理首先强调在管理中要把人放在"根本"的重要位置上，其次要关注人的发展。这就是人本管理的核心。人本管理理论符合现代管理规律，适合现代管理环境，倡导人本管理会给被管理者创设一个较为宽松的心理环境，有益于管理者和被管理者身心健康，更有益于被管理者潜能的最大限度发挥，从而实现管理目标。人本管理主要有三个层次，一是创设良好的心理环境，即在学校努力营造这样一种氛围：融洽的干群关系、浓厚的民主气氛及和谐的人际环境。二是创设公平、公正、公开的竞争环境。三是学校尽最大努力为每一位教师提供各种条件，促使教师在工作和竞争中得到完善和提高。

创设公平、公正、公开的竞争环境还有很多的做法，教师只有在公平、公正、公开的竞争环境中工作和生活，才会减少职业倦怠感。

2. 考核评估要做到科学规范

学校在进行考核评估时，要重视相关规章制度的执行情况。一所学校会有方方面面的制度，数量往往很多，但是有一些制度我们称之为核心制度，譬如，学校教职员工考核制度、先进班集体评选制度、先进班主任评选制度、员工职称评定制度、员工绩效工资核算制度、优秀教师评选制度等，这些制度直接涉及教职员工的切身利益，对于这些核心制度，学校应给予足够的重视。在制定这些制度的时候要充分发扬民主，让更多的教职员工参与进来，初稿完成后要多次征求意见，征求意见的过程也是教职员工学习制度的过程，是对制度进行内化的过程。

学校各项考核评估制度制定出来以后，首先要抓好落实，否则制度就会变成一纸空文；其次，在执行过程中要做到人人平等，要做到对事不对人，因为这样才能使制度产生应有的作用。制度落实完成或者落实到一个阶段就要及时考核评估，如果不及时进行考核评估或者根本就不去考核评估，那也会使制度成为一纸空文。

考核评估结果的使用也是一项重要的工作，一般来讲，考核评估结果使用的力度有多大，相关制度的落实力度就有多大。试想，如果将考核评估的结果束之高阁不去使用，制度本身的威力就会大打折扣，大家就会不重视制度。我们学校十分重视对考核评估结果的使用，我们每学期都会把考核结果累积起来，使用到职称评定、评先树优、竞争上岗、绩效工资等方面，使用过程中做到科学规范、公正加权、及时公开。使用几年之后，教职员工更加重视制度的落实了，更加重视制度落实后的考核评估了，制度也真正成为调动教职员工积极性的重要力量。

3. 创设学校"家文化"

现在不少企业、学校都在建设自己单位的"家文化"，笔者认为，以"家"为中心的文化就是"家文化"。在"家文化"建设中，正确处理个人和集体的关系以及个人与个人的关系是一个重要内容，把这个关系处理好了，员工的职业倦怠感就会明显减少。

关于"家文化"建设的内容，大家可参看笔者的《关于"家文化"的思考》一文，这里不再重述。

4. 引导教师走教科研之路

上文已经提过，苏霍姆林斯基把教师从事研究这条道路称作幸福的道路，既然是幸福的道路，那一定不会有职业倦怠感。

这里要强调的是，学校在这方面应给教师创造有利的条件。要消除教师对教育教学研究的惧怕感和神秘感，要组织教师先做学校的小微课题，再逐渐承担大的课题，要邀请教科研方面的专家进校对教师进行专门指导，要给教师积极争取走出去学习的机会，要给教师积极争取有关课题，还要给教师提供有利于他们开展教科研工作的平台。经过一段时间的锻炼，教师就会逐步养成做教科研工作的兴趣和习惯。

5. 请心理专家给教师做心理辅导

现代生活节奏的加快，生活方式的丰富，文化观念的更新，特别是工作和生活压力的增大，人际关系的紧张，使现代人产生了不少心理困惑，增加了不少心理问题，许多人受到了不良情绪的困扰，比如烦恼、恐惧、焦虑、抑郁、失眠等，导致人际关系紧张、工作学习效率下降，这些都是心理不健康的表现，虽然有些人在通过自我调节去排解，如参加聚会、逛街、和朋友聊天等，但是仍然解决不了根本问题，这就需要通过心理疏导来排解。

学校可根据教师的实际情况，请心理专家到校进行心理疏导，帮助教师走出心理阴影，促使他们以愉快的心情投入工作和学习中去。

6. 给教师提供锻炼身体的条件

不少学校给教师建设了健身房，购置了一些体育锻炼器材，规定了教师体育锻炼的时间，有的学校还聘请了教练，让教师在业余时间积极锻炼身体，以此来减少职业倦怠情绪，效果很好。所以，有条件的学校应尽量给教师提供锻炼身体的条件，另外，学生用的体育器械也可以提供给教师用，只是要做一个妥当的安排，让学生和教师使用两不误。

我经常给老师们讲：身体是自己的，知识是自己的，朋友是自己的，所以，身体、灵魂和情感至少应有一个在路上。因此，我抓老师们的读书学习，抓老师们的体育锻炼，也积极去做学校文化，尤其是"家文化"建设，十分重视学校中员工和员工之间的和谐关系，希望老师们有一个愉悦的心情，更加积极主动地投入工作中。

（七）制订自己的后职业生涯规划

许多人在大学毕业的时候都制订过自己的职业生涯规划，不过那时的职业生涯规划大概已经和你现在的情况不相符合了，这就需要你重新做一个规划，我把这个规划称为"后职业生涯规划"。

这个"后职业生涯规划"实际上就是一个人生目标设计，就是要确立自己的人生目标。我们的人生目标要有短期目标、中期目标和长远目标。目标制订好后，就要坚持落实，落实目标也要有科学的方式方法，譬如说把较大的目标拆分成一个个小目标，因为小目标比较容易实现。一个个小目标实现了，那么大目标也就实现了。

关于"后职业生涯规划"也就是你工作后的人生目标的制订与实现路径，我在《关于工作价值观的思考》一章中有较为详细的论述，这里不再多说。

（八）经常检视自己的生命状态

生命状态主要是指一个人的身体状态、工作状态、学习状态和精神状态。我们要经常在身体状态、工作状态、学习状态和精神状态等方面对自己进行检视，看看自己在哪些方面做得比较好，在哪些方面做得还不够，不够的地方如何弥补等。

有人建议，我们隔段时间就要问一下自己以下四个问题：

（1）我是否正在学习和成长？

如果一年之后你没有觉得自己有变化，那你就没啥成长，你就需要继续努力成长。

（2）我是否对我的学生、我的学校、我的家人，甚至一个区域拥有影响力？

如果你影响不了任何一个人，说明你还没啥能力，还需要继续努力，还需要继续成长。

（3）我在工作中体验到乐趣了吗？

如果你在工作中得到的乐趣很少或是没有，那就要继续努力，继续成长。

（4）我是否得到了适当奖励，并创造了一些价值（经济价值或是社会价值）？

如果很少或是没有，那就要继续努力，继续成长。

人的生命状态靠自己的工作业绩和学习收获来改善，这是大家都熟知的道理，所以我们要学会自律，不断地丰富自己。人生没有白走的路，每一步都算数，今天的日积月累，早晚会成为别人的望尘莫及。

我很赞同梁实秋说过的一句著名的话：没有人不爱惜生命，但很少人珍视时间。须知，浪费时间就是浪费生命。希望我们到了 50 岁、60 岁甚至 70 岁仍有底气说："岁月不饶人又如何？我亦未曾饶过岁月！"

第三讲

关于工作价值观的思考

我们在学校经常会看到这样一种现象：刚刚参加工作的时候，大家的智力基础、工作条件和工作环境都差不多，也就是说，刚刚参加工作时我们大家几乎站在同一条起跑线上，但是，工作若干年以后，就会出现较大的差距：有的老师工作出类拔萃，创造出了让人羡慕的工作业绩；有的老师却平平淡淡；有的老师却连平淡也算不上，甚至比较糟糕。

出现这种差距的原因是什么？我认为，最重要的是工作价值观的问题。如果你树立了正确的工作价值观，并一以贯之地坚持下去，你就能够创造出骄人的业绩，你就能够实现人生价值的最大化；如果你没有树立正确的工作价值观，或者说树立的工作价值观不够全面，那么你工作多年呈现给社会的就是一个平平淡淡或者糟糕的结果，所以树立正确的工作价值观对我们的职业生涯来讲是非常重要的。

一、工作价值观的概念

定义一：工作价值观是人们对于和工作有关的各个因素的看法和评价，以及对于通过工作所获得回报的期望。

这个定义是南京师范大学教授、博士生导师余嘉元提出来的，他是国内知名的心理学家，从这个定义我们可以看出，他是从心理学的角度提出的。

定义二：工作价值观是个体从事工作时用来判断与工作事物、行为或目标有关的持久性的信念与标准，并据此表现工作行为，追求工作目标。

这是台南师范学院教授吴铁雄提出来的，吴铁雄教授是比较著名的哲学家，所以我们也可以看出他是从哲学的角度给出这个定义的。

以上两个定义都比较专业，在理解上有一定的难度。笔者想给出一个比较通俗的定义：工作价值观就是我们对自己本职工作的总的看法和认识，也就是对自己的工作过程、工作目的、工作目标的一种看法和认识。

由于工作价值观概念提出的时间还不是很长，对工作价值观的研究还在继续，所以目前还没有一个针对工作价值观的非常严密、科学、完整的定义。不过，关于工作价值观的描述性定义很多。而且，由于工作价值观这个概念的内涵比较丰富，不同的学者对工作价值观的认识角度不一样，这就导致工作价值观的定义有很多不同的形式，但是，定义形式的多样性并不影响我们对工作价值观的理解和运用。

二、我们应该树立怎样的工作价值观

在劳动年龄范围内的绝大多数人都有一份工作，即使失业以后也会有临时性的工作。不管我们的工作是理想的、基本理想的还是不理想的，我们都要思考一个问题：我们的工作目的是什么？也就是说，我们的工作价值观是什么？或者说，我们到底为什么而工作？我们到底为谁而工作？对于教师来讲，我是为学校工作，还是为校长工作，还是为班主任工作，还是为学生工作？我们到底是为什么而工作？如果我们不把这个问题搞清楚，很可能就会导致职业生涯的失败。

可能有的老师会说，这个问题很简单，工作就是挣钱，然后养家糊口，这就是我们工作的目的，这就是我们工作的目标，这就是我们的工作价值观。是的，我们需要薪水，我们要买房，我们要结婚，我们要养育孩子，我们要赡养老人，我们要养家糊口，这些都需要薪水来支撑，但是，作为工作价值观来讨论，这个答案是不正确的，或者说是不完整的。

我读过一本书，它的题目是"别只为薪水工作"，副标题是"每个员工都必须透彻于心的工作价值观"。也就是说，不只为薪水工作是我们应该透彻于心的工作价值观。

卡耐基说过这样一句话：如果一个人对工作缺乏正确的认识，只是为了薪水而工作，很可能既赚不到钱也找不到人生的乐趣。

薪水不是工作报酬的全部。我们应该看重的是工作赋予自己的成长机会，工作赋予自己的阅历，工作赋予自己的前程，工作赋予自己的事业基础，工作赋予自己的个人价值，以及工作赋予自己的乐趣。把这一切都包括在内才是工作的真正价值。

正确的工作价值观决定着你的职业态度和业绩成效，只有树立正确的工作价值观，我们才能有一个良好的职业生涯。

一个人如果只从工作中获得薪水，除了薪水以外一无所得，那他最可怜。他无疑主动放弃了比薪水更重要的东西——在工作中充分发掘自己的潜能，发挥自己的才干，获得荣誉和成就感，感受工作的乐趣等。

下面一个案例很能够说明上述道理。

施瓦伯是美国第三大钢铁公司——伯利恒钢铁公司的创始人。这样一位成功人士却是出生在美国农村，只受过短暂教育的人。施瓦伯15岁时因家中贫困到一个山村做了马夫，但他无时无刻不在寻找发展的机遇。3年后，施瓦伯来到钢铁大王卡耐基公司下面的一个建筑工地工作。当其他人都在抱怨工作辛苦、薪水低并因此怠工的时候，施瓦伯却一丝不苟地工作着，并且为了以后的发展自觉地学习建筑知识。

一天晚上，同伴们都在闲聊，唯独施瓦伯躲在角落里静静地看书。恰巧公司经理到工地检查工作，他看了看施瓦伯手中的书，又翻了翻他的笔记本，什么也没说就走了。第二天，经理把施瓦伯叫到办公室，问道："你学那些东西干什么？"施瓦伯说："我想，我们公司并不缺少打工者，而是缺少既有工作经验、又有专业知识的技术人员或管理者，对吗？"经理点了点头。

不久，施瓦伯被升任为技师。面对打工者的讽刺挖苦，施瓦伯平静地说："我不是在为老板工作，更不单纯是为了挣钱，而是在为自己的梦想工作，为自己的前途工作。我要使自己工作所产生的价值远远超过所得的薪水，在认认真真工作中不断提升自己。只有这样我才能得到重用，才能获得发展的机遇。"

抱着这样的信念，施瓦伯孜孜不倦地学习工作中需要的知识，并把它们运用到工作中去，一步步走到了总工程师的职位上。25岁那年，施瓦伯就做了这家建筑公司的总经理，后来又建立了自己的伯利恒钢铁公司，创下了非凡的业绩，成就了自己的事业。

还有一个案例，是一位女企业家讲的一个故事：

我家保姆素萍，从第一天到我家做小时工我就很满意，以后我就逐步买断了她的时间，直到现在的全职服务。

我喜欢她的原因是我从没见过这样高素质的保姆。

我出门前，她总是站在门口拎着我的包，手里搭着相配的围巾等候，起初她还为我系鞋带，由于我自己不适应，跟她说这个我自己能做，她才免了这道工序。我若坐在沙发上工作，她就会拿来小毯子围住我的腿，顺便检查我穿袜子没有，没有就给我穿上。家里的午餐她总是变换不同花样，还会煲各种汤。衣柜整理得好像要参加服装展览会，以至于朋友到我家来，任何时候都可开柜巡查。家里的卫生更是360度无死角。

我一直好奇这样高素质的服务是怎样训练出来的，于是，素萍给我讲了她以前服务的白小姐的故事。

素萍早年的雇主是一位来自台湾的单身女人，她在上海很有名气，产业做得很大。她因工作太忙，需要保姆照顾家，于是找到素萍，素萍一干就是七年，用素萍的话说："我在她家里过了七年魔鬼般的日子。"

白小姐每天出门前，都会在冰箱上贴上各种标签，列出素萍今天要做的活儿，不仅是从里到外、从上到下的顺序，甚至连细节都会说明：马桶要怎么刷，刷完以后的刷头怎么处理；衣服要怎么叠，什么品质的衣服应该如何熨烫。白小姐还经常买回一些素萍从未见过的新电器，让素萍研究怎么用，大到专业杀菌吸尘机，小到美体美疗仪。素萍是流着泪一边查英文字典，一边读说明书。据说有一个寒夜，素萍都睡了，突然接到白小姐一个电话，白小姐大发脾气，让素萍去把床上的三个热水袋归位，说："你挪动了一厘米，与我早上放置的位置不一样。"

素萍说到这里的时候，我都快晕了，忍不住赞叹素萍的耐受力："这样你都不辞职？"

"她有一句话让我坚持了下来。她说，你要是从我这里毕了业，你一生都不愁饭碗。"

素萍说，她很感谢白小姐对她七年的熏陶，从养生饮食到果汁红酒的搭配，从注意服务的细节，到安排家庭消费，甚至什么场合说什么话、什么场合不说话，雇主的眼神是什么意思，她要为宴请做哪些准备等。"七年苦吃下来，我不再讨厌白小姐，我倒很倾慕她，她要是不严格要求我，我怎么会从一个乡下丫头变成走到哪里都受欢迎的员工？"

即使在国际大都市上海，素萍现在都算高素质人才。她被有洁癖的白小姐培养得眼里容不得一点污垢，走到外面看见地上有痰都会掏出餐巾纸擦干净。她曾经跟我说过一个白小姐的笑话：白小姐不仅管家里的保姆，还管小区的保安，见人家保安走路抽烟就要跟过去训人家"站没站相，坐没坐相"；看见保洁打扫得不规范，就要领人家去公共卫生间亲身示范一遍，告诉人家打扫卫生一定要规范。

我大笑不已。我很好奇白小姐的身世，后来听素萍继续说，真是惊得下巴都差点掉下来：白小姐以前只是一名普通的护士。

白小姐自身勤勉加上高标准、严要求，让她迅速成为护士长，在一家私人医院专门照顾最难伺候的病人。有一次，一个私企老板看上了她的严谨，问她愿不愿意去上海管理自己的企业，白小姐就一口答应了下来。

白小姐初到上海，对老板安排管理的企业毫无头绪。懒散无序是这个企业给她的初步印象，而这是她无法忍受的。

她像训练素萍那样，每天给各部门经理写标签，贴到人家办公室门上，一样一样检查，无论食堂还是厕所，她都有规范和管理标准。她把自己的工作态度和工作效率带到管理中去，不出两年，企业就扭亏为盈。就这样，她坐稳了这家企业的高管位置，最后自己做了老板，生意做得很大。

她管理过的工厂，现在离开她，依旧高效运转；她管理过的员工，现在离开她，依旧出类拔萃。

我看到今天的素萍，感到很羞愧。素萍说，我是她伺候过的主人里最随和的一个，不挑不拣，啥事都能凑合。她学的十八般照顾人的武艺，在我这里只要伸个指头就够用，时间再久些，一些服务理念都要遗忘了。若以后素萍再换雇主，她一定不会记得我在她生命中有什么刻骨铭心的影响。这，其实是我当"老板"的失败。

那些对自己有严格要求的人，才会不断进步；那些对员工有严格要求的老板，才是对员工负责的老板。从这个角度讲，我们如果遇到一位要求十分严格的校长，那是我们的福气，在这样的校长的严格要求之下，我们想不进步都难。

为了让大家对工作价值观的内涵和外延有更深入的理解，现在我和大家一起讨论一下和工作价值观比较接近的三种关系。

（一）人与工作的关系

一般来说，我们每个人都有一份工作，那么，我们每个人和这份工作是一种什么样的关系呢？

汽车大王福特说过这样一句话：工作是你可以依靠的东西，是你可以终身信赖且永远不会背弃你的朋友。这就是说，工作是你的依靠，工作是你的朋友。除了工作，没有哪项活动能如此长久地提供充实自我和表达自我的机会，没有哪项活动能够体现个人使命感以及一种活着的理由。

事实上，不是工作更需要人，而是人更需要工作。

如果一个人没有工作可做，那感觉是相当空虚、相当无聊的。或许短时间内可能你感觉还很舒服。一周没有工作，没有人管我，没有任何人约束我，真好，但是一个月以后呢？三个月以后、半年以后呢？你会感觉怎么样？

前段时间在微信上看到一篇文章，题目是"人太闲，是一场灾难"，文中有些观点我比较认同。人，闲一点是福气；太闲，就会变成一场灾难。

《菜根谭》中说："人生太闲，则别念窃生。"即当我们无所事事的时候，内心的杂念便会悄然滋长。这些杂念使我们看着伴侣觉得其像是变心了，看着孩子觉得其像是学坏了，看着朋友觉得其像是刻意疏远了。这就是俗语讲的无事生非，所以有人说，废掉一个人最狠的方式就是让他永无止境地闲着。

从前有一对夫妻，相濡以沫很多年，日子虽然过得辛苦，但是也很幸福和睦。有一天，丈夫兴高采烈地回家告诉妻子，自己买彩票中了 1500 万元的大奖。两个人欣喜若狂，一夜无眠。第二天，两个人都辞掉了工作，打算从此享受人生，不再辛苦劳作。然而，逍遥的日子过了没多久，两个人就出现了矛盾。女人闲在家里发慌，在丈夫的鼓动下，学会了打麻将，却越打越大，越输越多。两个人开始因为钱的事情没日没夜地争吵，最后闹到离婚，曾经的幸福夫妻反目成仇了。

沈从文先生说："我的人生最怕的就是休闲，休闲会使我失去生活的意义。"罗曼·罗兰说："生活中最沉重的负担不是工作，而是无聊。"无聊对每一个人来说就是一种灾难。

有句话相信大家都会认同：人活到极致，就是不愿意闲下来。我们看到很多科学家、作家、艺术家等，他们一生工作到八九十岁甚至年龄更大，他们的身体状况、精神状态都很好，其中的原因就是一直在学习、在工作。还有句话说："闲人愁多，懒人病多，忙人快活！"大抵也是上述意思。

（二）工作和能力的关系

每个人都有一定的工作能力，那么我们的工作和能力之间是一种什么关系呢？

我们正处在一个大变革的时代，原来的一些观念都发生了很大变化。现在我们工作的稳定性越来越差，尤其是在非公有制企业工作的人，他们的工作岗位肯定是不够稳定的，是经常变化的，遇到各种情况，企业的第一反应往往是降低员工待遇，第二反应就是裁员，这时被裁的人就需要重新找工作。当然，也有个人对这份工作不满意，自己主动调整自己的工作，跳槽到另外一个企业去的情况。所以在这个大变革的时代，非公有制企业的工作稳定性越来越差。

同理，体制内的公务员、事业编制人员的工作也越来越不稳定，一方面，人事制度在不断改革，另一方面，体制内的不少人有时候也会对自己的工作产生一些厌倦情绪，所以最近几年走出体制的人越来越多。

在这样一种情况下，我们需要什么呢？需要稳定的能力。只要你的能力足够强大，就能应付工作的不稳定性。

社会上一直有"铁饭碗"的说法，人们通常把公务员、事业编制人员、国企员工、央企员工看作是端上了"铁饭碗"的人，这当然是以前的认识。现在"铁饭碗"

的内涵不是在一个地方吃一辈子饭，而是一辈子到哪里都有饭吃，"铁饭碗"概念的内涵已彻底发生变化。我们来看几个案例。

我看到过这样一句话：在体制内工作的最好状态是永远保持随时可以离开而且离开之后能比现在过得更好的能力。我们只有具备这样的能力，才可以随时走出去，才能走到哪里都有饭吃。

我们有没有这种能力？如果没有，我们怎么办？

我们要树立正确的工作价值观，不要过分关注薪水，而要关注薪水以外的能力等，只有提升自己的能力，努力使自己的能力达到一定程度，才能够实现走到哪里都有饭吃的目标。

中国人民大学校长助理兼基础教育处处长翟小宁原来是淄博一中的一名语文教师，这一年，他被评为山东省语文特级教师，而且凭借省特级教师这个称号去了人大附中。他刚去人大附中时只是一名普通的语文教师，然后一步一步从教务副主任、教务主任到副校长，然后做到了人大附中的校长，2019 年被提拔为人大的校长助理。翟小宁老师对基础教育有非常系统、深入的研究，人大还专门成立了基础教育处，任命翟小宁为处长。翟小宁能做到这一步，靠的是什么呢？靠的是自己的能力，没有足够的能力，翟小宁根本达不到今天的高度，那么，他的能力是从哪里来的呢？是在工作中锻炼出来的，是在正确的工作价值观的指引下做出来的。

（三）员工和学校的关系

作为学校的一名员工，首先要把学校当作自己的家，把自己当作学校大家庭的一员，下面的传递关系你认可不认可呢？

如果我没有把学校当作自己的学校，那么我不会全力以赴地工作；

如果我没有全力以赴地工作，那么我的潜能就不会得到充分发挥；

如果我的潜能没有得到充分发挥，那么我就不会得到足够的锻炼；

如果我没有得到足够的锻炼，那么我就不会得到真正的成长。

这样一看，这个后果就严重了。因为"我"没有把学校当作自己的学校，最后的结论是"我"没有得到真正的成长，吃亏的是"我"自己。我们不用去和翟小宁校长比，就是和自己学校里的先进典型比都比不上，这个亏是不是吃大了？

我举的案例是小概率事件，也可以算作特例。但是，这些案例中的主人公的起点并不高。如果说翟小宁校长这样的榜样比较高端、是特例，那么比翟小宁低端一点的榜样不也比比皆是吗？他们就在我们身边。

大家一定不要轻视自己和学校的关系，这个关系处理好了，对我们的成长会起到十分重要的作用。我们应该通过树立正确的工作价值观来调整自己和学校的关系，实现自己的真正成长。

我们通过分析应该树立怎样的工作价值观，然后分析了与工作价值观相近的三个关系，就能够比较透彻地理解工作价值观的内涵了，也就是我们能够知道什么是正确的工作价值观，也知道我们应该树立怎样的工作价值观了。

现在我们看下面几句话：

工作的目的就只是赚取薪水吗？

薪水比个人成长成熟更重要吗？

薪水比获得经验技能更重要吗？

薪水比实现个人价值更重要吗？

薪水比感受工作乐趣更重要吗？

薪水比打造事业基础更重要吗？

薪水比自己的未来前程更重要吗？

对于以上七句问话，我相信大家都会给出正确的答案，那么，我们今后该怎么做呢？

三、在工作中遇到困难、委屈、挫折以及产生倦怠怎么办

我们在工作中经常会遇到一些困难，受到一些委屈，譬如说来自工作过程中的困难，来自领导的指责，来自同事的为难，还有来自学生或者学生家长的责备；还有就是会在工作中遇到一些挫折；在工作的某个阶段会出现不同程度的职业倦怠等。

工作中遇到上述问题很正常，下面这种情况也很普遍。即在工作中遇到超出自己能力范围的工作任务，或者工作目标太高，跳一跳也够不着，完成目标基本无望，或者有不可预料的主客观因素阻碍自己完成工作任务等。

在职场，在单位，你会受到很多委屈。在工作中遇到一些委屈是家常便饭，关键是我们对这些委屈有一个怎样的认识。

其实，在这些委屈中，有些是真委屈，有些是假委屈。

什么是真委屈呢？比如说这件事情不是你做的，但是领导怪罪到了你的头上，这就是真委屈；再比如，有件好事明明是你做的，却被领导安在了别人的头上，这时你也是真委屈。

什么是假委屈呢？比如，公司开会你迟到了30秒，领导刚刚说了句"到点了，

咱们开会"，你正好推门进来，领导连头都没抬，就说了句："出去！"在众目睽睽之下，你十分尴尬地出去了，这时你感到非常委屈。但这是假委屈，因为你的确是迟到了，只是时间短点而已，所以是假委屈。

初入职场，你一定要受得了委屈，不管是真委屈还是假委屈。受不了委屈你是成长不起来的。

我们来看一个流传甚广的例子：

有一个少女，还没结婚就有了身孕，父母逼问少女孩子的父亲是谁，少女被逼无奈，就说孩子的父亲是附近庙里的一位高僧。孩子出生后，少女的父母就抱着孩子找到了高僧，要把孩子扔给他照管。高僧没有辩解，只说了一句"是这样子啊"，便默默地接下孩子。此后，高僧每天抱着孩子挨家挨户讨奶喝。小镇里像炸开了锅，高僧被人指指点点，说什么的都有，甚至辱骂。

一年后，少女受不住内心的煎熬，承认孩子的父亲是另一个人，与高僧无关。少女及家人惭愧地找到高僧，看到高僧很憔悴，但孩子白白胖胖。少女满心愧疚，高僧却淡淡地回了一句"是这样子啊"，便把小孩还给了少女。

高僧被冤枉名声扫地，却始终不辩解，为什么呢？高僧说："出家人视功名利禄为身外之物，被人误解于我毫无关系。我能解少女之困，能拯救一个小生命就是做善事。"

这位高僧承受了常人所承受不了的委屈，却不去辩解，除了他视功名利禄为身外之物以外，他还知道越辩解越解释不清楚，就是我们常说的"越描越黑"，他相信清者自清。

当我们被误解时，经常会花很多的时间去辩解，但没有用，没人会听，也没人愿意听，人们会按自己的所见所闻和理解做出判别。所以，我们与其努力试图扭转别人的判别，不如默默承受，多给别人一点时间和空间来认识这件事，自己则可省下许多功夫，转身去实现更久远的人生目标。

至于挫折，我们前进的道路上绝不会是一帆风顺的，一定会遇到一些障碍，有些障碍可能是预想不到的。挫折和困难也会突如其来，让我们防不胜防，有时候对人的打击很大，所以，我们必须提高抗挫折能力。

至于职业倦怠，这也是我们在工作中经常会遇到的。任何一种职业，做久了一般都会产生一定程度的职业倦怠，教师也不例外。

那么我们在工作过程中遇到困难、委屈、挫折、倦怠等等这些问题怎么办？我们可以通过以下几个方面来解决问题。

（一）用成长来解决遇到的上述问题

我们先看一个寓言，题目是"做一棵永远成长的苹果树"，主要内容是这样的：

有一棵苹果树经过多年的成长，终于结出了苹果。第一年，它结了 10 个苹果，但有 9 个被主人拿走了，苹果树自己只得到了 1 个。对此，苹果树非常委屈，它愤愤不平地想，我辛辛苦苦结了 10 个苹果，结果大部分被主人拿走了，他在这一年当中对我的关照其实很少，凭什么 10 个苹果他拿走 9 个？苹果树感到十分委屈，于是自断经脉，拒绝成长。

苹果树的思维就是主人居然得到了我的大部分劳动成果，我只得到了极小的一部分，那我不结果还不行吗？苹果树这样自断经脉，拒绝结果，实际上就是自暴自弃。主人见苹果树再也不结果了，就把它砍掉了。

我们在工作过程中是不是也会遇到类似的一些问题？请你回想一下，你当时是怎样想的？又是怎样处理的？

其实，苹果树完全可以用另外一种方式来对待这个问题。比如第二年它结了 100 个苹果，这 100 个苹果被主人拿走 99 个，自己得到 1 个，也没有关系，而是继续成长。第三年结 1000 个苹果……苹果树就这样一直不断地成长下去。

在这个成长过程当中，苹果树得到多少果子不是最重要的，最重要的是苹果树在成长。这和我们关于工作价值观的论述中分析的第一份收入并不重要，实现自我才最重要是一样的。

苹果树应该一直成长下去，当它长成参天大树的时候，那些曾阻止它成长的因素都会显得微不足道。

我的亲戚、朋友的孩子有相当一部分是在私营企业工作，在有些场合遇到我的时候，经常会跟我唠叨他们受到了一些委屈，遇到了一些挫折，说起来也是愤愤不平，甚至有点儿自暴自弃的意思。我就用这个例子来说服他们、教育他们。我说你完全可以不在乎来自各方面的那些委屈，你在乎的是你在这个岗位上继续成长下去。如果你是做技术工作的，那就在这个技术工种方面做成全行业至少是一个区域行业内的翘楚，做到这个行业的最高水平，等到你做到这个水平的时候，老板还会不会让你受委屈？根本不会。你甚至都有了跳槽的权力和能力，你随时可以到其他任何一家企业去，他们肯定不会给你低于当前的待遇。

自我作主的感觉是一种胜利者的感觉，是一种胸有成竹的感觉，但是，被辞的感觉是不好受的。

我看过一篇文章，题目是"一刻钟规定"。其中有这样的内容：作者的一个老朋友的女儿在一家美国公司上班，已经是中层管理人员，也可以说已经做到高级白领了，但在2009年的金融危机中，她被公司裁员了。这个公司的规定是，接到通知，被裁者必须在一刻钟内收拾好自己的私人物品，到财务处领取最后的工资，立刻走人。过了规定离开的时间，你使用的电脑就会打不开，原来可进去的房间（均用电子钥匙），包括厕所，统统都进不去了。这就是被炒的感觉。

有一本书叫《让老板需要你》，封面上写有两段话，一段是"只有让自己变得不可替代，才不会被取代"，另一段是"当你站在高岗上，俯瞰脚下的森林时，难得看到独立的一棵树。同样，当你与他人处于同一高度时，你也就可有可无了"。这就是用成长的力量来解决工作过程中遇到的困难、委屈、挫折以及倦怠等问题的例子。

（二）用内生动力来解决工作中遇到的问题

在本书第二讲我谈了内生动力的重要作用。我们明白，内生动力是一个人的内心需求，人的一生终究是受自己的内生动力的影响的，只有内生动力起主导作用，自己的生命才会开出鲜艳的花朵，结出丰硕的果实，实现自己的人生价值。

把这个原理用到我们对待学生的学习上也是一样的。学生维持自己学习积极性的动力也有两个，一个是外部动力，一个是内生动力。

外部动力主要表现在家长的情绪、家长的表扬、家长的承诺上。学校每次大考后一般要开家长会，尽管现在教育主管部门不让各校公布学习成绩，但是不少班主任和科任教师还是会千方百计地通过某种形式让家长知道孩子的成绩甚至排名。我们家长也是千方百计地想得到孩子的成绩甚至排名。一旦孩子考好了，孩子还没高兴，家长就先高兴了；如果孩子考砸了，孩子还没有那么难受，家长就受不了了。

孩子考好了，家长一般会承诺给孩子买新衣服、买玩具，甚至发奖金，还有更吸引孩子的承诺，比如对孩子说，期末考试如果你在年级排名提高30名，我带你去北京旅游；如果在年级排名提高50名，我带你到海南旅游……这种承诺我们是经常见到的。

一开始，这种承诺会对孩子起到一定的促进作用，孩子一般都会努力学习，争取在年级排名提高30名或者50名，好让家长实现这个承诺，带他到北京或海南旅游。然而孩子在学习上的竞争是非常激烈的，经过一段时间的努力，孩子发现提高名次太困难了，年级排名提高30名太难了，年级排名提高50名几乎是不可能的，他们就会这样想：我不去北京旅游了还不行吗？我不去海南旅游了还不行吗？我何苦这样逼自己啊！一旦孩子有了这种想法，他的学习积极性就会消失。这和我们用外部动力来支撑自己的工作积极性是一个道理。

但是，如果孩子的学习积极性是靠内生动力支撑的话，那情况就不是这样了。

支撑孩子学习积极性的内生动力包括学习的兴趣、学习的乐趣、学习中的成功感和成就感、孩子的家庭责任感、社会责任、远大理想等，这些都是内生动力。

我们在各科学习中都会发现很多学习乐趣，如化学实验就有很多有趣的现象，物理实验也是如此，语文课上的诗歌、散文、优美的文章等也会给我们很多的乐趣。数学也是一样，我们看几个数学中非常有趣的现象：

$1 \times 8 + 1 = 9$

$12 \times 8 + 2 = 98$

$123 \times 8 + 3 = 987$

$1234 \times 8 + 4 = 9876$

$12345 \times 8 + 5 = 98765$

$123456 \times 8 + 6 = 987654$

$1234567 \times 8 + 7 = 9876543$

$12345678 \times 8 + 8 = 98765432$

$123456789 \times 8 + 9 = 987654321$

我们再看：

$1 \times 9 + 2 = 11$

$12 \times 9 + 3 = 111$

$123 \times 9 + 4 = 1111$

$1234 \times 9 + 5 = 11111$

$12345 \times 9 + 6 = 111111$

$123456 \times 9 + 7 = 1111111$

$1234567 \times 9 + 8 = 11111111$

$12345678 \times 9 + 9 = 111111111$

$123456789 \times 9 + 10 = 1111111111$

还有：

$9 \times 9 + 7 = 88$

$98 \times 9 + 6 = 888$

$987 \times 9 + 5 = 8888$

$9876×9+4＝88888$

$98765×9+3＝888888$

$987654×9+2＝8888888$

$9876543×9+1＝88888888$

$98765432×9+0＝888888888$

这些现象是不是很有趣？这些有趣的现象是不是可以引起孩子们学习的兴趣？是不是可以引起孩子们进一步探索的兴趣？

在学习数学中的极限概念的时候，有一个很好的例子。古语云："一尺之捶，日取其半，万世不竭。"这是描述数学极限概念的一个非常形象的例子。这里的"捶"通"棰"，是指洗衣服的时候用来敲打衣服的那个木棒，一般一尺左右长。你拿着这个小木棰，然后一天把它割去一半扔掉，第二天再割去一半扔掉，以此类推下去，多少天之后，你的手里还会有那么一点点，不会一点也没有了。也就是说，一尺的木棰一天去掉一半会趋于零，但是它不会等于零。我们想一想：是不是这个意境非常漂亮、非常优美？

数学中连续的概念也是很有意思的。世界上有很多事物都是以连续的形式存在着。我的儿子上三年级的时候我就给他讲极限的概念，他听得似懂非懂，但是他很愿意听。我说你出生的时候是 50 厘米长，你现在是 125 厘米长，也就是你的身高经过了从 50 厘米到 125 厘米之间的任何一个高度，从 50 厘米到 125 厘米之间是没有间断的。这个例子也是很有意思的。

我们可以用这些优美的例子激励学生的学习乐趣和兴趣，激励他们不断学习、不断探索，靠这些内生动力支撑学生的学习积极性。

关于成功感和成就感，就数学而言，一道难题，冥思苦想怎么也做不出来，却突然在某一天有了顿悟，找到了解题的诀窍，马上做出来了，是不是很有成功感？是不是很有成就感？那种内心的快乐、那种内心的幸福是不是让人陶醉？那么，持续的成功感、成就感是不是可以持续地激发孩子学习的积极性？

关于责任感，它包含家庭责任和社会责任。我认为对孩子家庭责任的教育要尽早开始。我们要对孩子讲，现在你的家长在支持着你的一切，家长要养活你，要供你读书学习，以后可能还要给你买房子、帮你找工作、给你操持婚姻等。将来呢，你终究是要做家长的，你是不是也应该给你的孩子做这一切？你是不是要给你的孩子提供接受教育的良好条件？你靠什么来承担这些责任？你有这个能力吗？没有这个能力怎么办？是不是从现在起就要打好各种基础，一步一步地考到比较理想的学校，然后找到一份理想的工作，然后才有能力承担自己的家庭责任？

对孩子进行社会责任感的教育也要及早进行，要对孩子讲清楚社会责任感的内涵、承担社会责任感的意义，包括树立远大理想。如果孩子靠这些内生动力来支撑学习积极性，他的学习积极性就不会轻易改变。即使那些承诺、表扬、奖励都没有，也不会影响孩子的学习积极性。

四、谈谈教师的发展方向

教师的发展方向一般有两个，一个是政治发展，一个是业务发展。

政治发展一般是指入党提干，走上行政岗位；业务发展一般是指做名师、做地方名师、做学科名师、做名班主任、做科研专家等。很明显，政治发展的路子比较窄，业务发展的路子就宽多了，如名师有各级各类的名师：县级、市级、省级名师，还有各级学科带头人：县级的、市级的、省级的等；优秀班主任有县级优秀班主任、市级优秀班主任、省级优秀班主任，还有创新班主任等。科研方面的专家也有好多类别。

所以说业务发展的路子很宽，我建议大家在选择自己的发展方向时，最好的选择是业务发展。当然你选择政治发展也离不开业务上的优秀。如果说你教学不行，管学生当班主任也不行，你怎么能提干呢？

五、送给成长中的教师几句忠告

（一）树立正确的工作价值观

作为教师，一定要对工作价值观有正确的理解和认识，主动树立正确的工作价值观。

（二）为自己的教育生涯确立恰当的目标

首先，我们要选好发展的路子，要确定自己在哪一个方面有特长，如：你在教学方面有特长，还是在管理学生方面有特长，还是对教育科研感兴趣？你在这几个类别当中确立一个类别，然后再确立自己的短期目标、中期目标和长期目标。

短期目标一般为3~5年内的目标，即3~5年以内要达到一个什么样的高度，做出什么样的业绩；中期目标一般为5~10年内的目标，即5~10年内要达到一个什么高度，做出什么样的业绩；长期目标则可能是10~20年甚至是终生目标，即这一生的目标是什么。

我们必须制订出自己的短期、中期和长期目标，这样我们的教育生涯之路，人

生道路才会更加清晰。

我有一个建议：我们每个老师都树立一种思想，即做自己的领导。就是用领导的思维来安排自己的工作和生活。我们知道，一般员工看的是一个月的收获，CEO看的是一年甚至一生的收获，我们不妨把眼光看得长远一点，看到自己的一生，用一生的时间来规划自己，用一生的时间来安排自己，对自己的职业生涯做到心中有数，将规划设计得更加合理一些。

（三）把自己的目标拆解成小目标

现实生活中的许多人并不是没有目标，而是有些人的目标不切实际，根本没有考虑凭自己的条件是否可能实现，遇到挫折的时候就怨天尤人，目标也就成了幻想。因此，只有基于现实的目标，最多是跳一跳能够得着的目标才有可能实现，才会成为你前进的动力。如果你对自己的目标感到遥不可及，那么你是没有办法采取坚定的行动来实现目标的。很多人给自己设立了一个很大、很宏伟的目标，但是坚持一段时间后，发现自己离目标仍然差得很远，于是就慢慢失去了实现目标的积极性，最后很可能就放弃目标了。

如何制订合适的目标，情况完全因人而异。我们应该基于自身的能力和现有的知识、经验以及条件，同时要考虑外界的各种因素，最终确立最适合自己发展的目标。

目标制订以后，我们就要不断地将目标与自己的奋斗过程进行对照，如果发现自己有偏离目标较远的行为就要及时矫正，使自己时刻行走在实现目标的道路上；还要经常了解自己做的一切与目标还有多少差距，只有这样才能时时激励自己，时时鼓舞自己，使自己坚持到底，最终实现目标。

下面的案例就是没有及时看清自己与目标的距离，最后遗憾地放弃目标的故事。

1952年7月4日清晨，加利福尼亚海岸笼罩在浓雾中。在海岸以西约21英里的卡塔林纳岛上，一个34岁的女人涉水进入太平洋，开始向加利福尼亚海岸游去。要是成功了，她就是第一个游过卡塔林纳海峡的妇女。这名妇女叫费罗伦丝·查德威克。

那天早晨的雾很大，人们连护送她的船都几乎看不到。她在海水中冻得浑身发麻，时间一个小时一个小时地过去了，千千万万的人在电视上注视着她。早在她下水之前，人们就已经计算好大概她会在多长时间后到达海岸。只要她的速度保持稳定，十五六个小时后她就可以完成这个壮举。

15 个小时之后，她已被冰冷的海水冻得浑身颤抖。她知道自己不能再游下去了，就叫人把她拉上船。她的母亲和教练在另一条船上。他们告诉她海岸很近了，叫她不要放弃。但她朝加利福尼亚海岸望去，除了浓雾什么也看不到。几十分钟之后，即从她出发算起 15 个小时零 55 分钟之后，人们把她拉上了船。又过了几个小时，她觉得暖和多了，却开始感到失败的痛苦了。她不假思索地对记者说："说实在的，我不是为自己找借口。如果当时我能看见陆地，也许我能坚持下来。"原来，人们拉她上船的地点，离加利福尼亚海岸只有半英里！

后来她说，真正令她半途而废的不是疲劳，也不是寒冷，而是因为她在浓雾中看不到目标，她知道自己游了多久，其实没有任何的作用，因为时间不是她真正想要的结果，15 个小时或者 14 个小时对于目标来说太不具体了，这让她的内心很惶恐。两个月之后，她成功地游过了同一个海峡。她不但是第一位游过卡塔林纳海峡的女性，而且比男子纪录快了大约两个小时。

查德威克虽然是个游泳好手，但也需要看见明确的目标，才能鼓足干劲完成她有能力完成的任务。因此，当我们规划自己的目标时，千万别低估了制订可测目标的重要性。

对实现目标起促进作用的另一个方法就是把目标拆解成最小值，如果我们把大目标拆解成若干明确的小目标，或者阶段性目标，然后去实现一个个小目标，就会给我们带来正向反馈，给我们带来确定感和成就感，从而使我们更有动力去坚持实现目标。

譬如说减肥锻炼，我们可以把目标进行拆分，如果我们的目标是一个月减肥 10公斤，那每天跑 5 公里、完成 50 个深蹲就是拆分目标。

再如评职称，我们不妨把目标定得高一点，如：15 年内我要拿下正高级职称。我先把这个目标进行拆分：我先根据学校的职称评分规则和终审部门制定的评分规则列出必须达到的硬性指标，然后把这些硬性指标拆分成小目标，把这些小目标分解到 15 年的时间里去逐步实现，最终就会实现目标。

1984 年，在东京国际马拉松邀请赛上，名不见经传的日本选手山本田一出人意料地夺取了世界冠军。当记者问他凭什么取得如此惊人的成绩时，他说了这么一句话："凭智慧战胜对手。"

当时许多人都认为这个偶然跑在前面的选手是在故弄玄虚。马拉松赛是体力和耐力运动，只要身体素质好又有耐性就有希望夺冠，爆发力和速度还在其次，说用智慧取胜确实有点勉强。

两年后，意大利国际马拉松邀请赛在意大利北部城市米兰举行，山本田一又获得了冠军，记者请他谈谈经验，山本田一性情木讷，不善言语，回答仍是上次那句话："用智慧战胜对手。"这次记者没再挖苦他，但依然对他所谓的智慧迷惑不解。

十年之后，这个谜终于揭开了。山本田一在他的自传中是这么说的：

每次比赛之前，我都要乘车把比赛的路线仔细地看一遍，并把沿途比较明显的标志画下来。比如第一个标志是银行；第二个标志是一棵树；第三个标志是一座红房子……这样一直画到赛程的终点。

比赛开始后，我就以百米赛跑的速度奋力地向第一个目标冲去，等到达第一个目标后，我又以同样的速度向第二个目标冲去。这样 40 多公里的赛程就被我分解成几个小目标轻松地跑完了。起初，我并不懂得其中的道理，我把我的目标定在 40 多公里外的终点线上，结果我跑到十几公里的时候就已疲惫不堪了，我被前面那段遥远的路程给吓倒了。

把目标拆解成最小值，通过小目标的实现，让自己获得成就感，很有智慧。我们实现一个小目标，就会给自己一次正向反馈，就会给自己一个激励、一个促进、一个鞭策、一次成就感。

在我们的工作和生活当中，有很多人做事总是半途而废，这往往不是因为难度太大，而是因为距离成功太遥远；他们不是因失败而放弃，而是因为心中没有明确而具体的目标。如果我们分解这些目标，然后一步一个脚印地往前走，一步一步地去实现这些小目标，那么成功就在眼前。

美国管理学家古特雷说：每一处出口都是另一处的入口。这就是说上一个目标是下一个目标的基础，而下一个目标是上一个目标的延续。把我们的长期目标、远大目标分解成小目标来逐步实现，我们就不会因为终点太遥远、目标太盲目而倦怠。

心理学家经过实验也证明了山田本一这种做法的正确性。这个心理实验是这样的：将被试分为三组，让他们分别向 10 公里以外的三个村庄出发，尽快到达这个目的地。

第一组被试既不知道村庄的名字，又不知道路程有多远，只告诉他们跟着向导走就行了。刚走出两三公里就开始有人叫苦不迭，走到一半的时候有人几乎愤怒了，他们抱怨为什么要走这么远，何时才能走到尽头，何时才能到达村庄，有人甚至坐在路边不愿意走了。越往后走，他们的情绪就越低落。

第二组被试知道村庄的名字和路程有多远，但路边没有里程碑，他们只能凭经验来估计行程的时间和距离。走到一半的时候，大多数人想知道已经走了多远，比较有经验的人说，大概走了一半的路程，于是大家又奋勇向前走。当走到全程的四分之三的时候，大家情绪开始低落，觉得疲惫不堪，而路程似乎还有很长。当有人说"快到了"时大家才又振作起来，加快了行进的步伐。

第三组被试不仅知道村子的名字和路程有多远，而且他们所走的公路旁在每公里处都有一块里程碑。人们边走边看里程碑，每缩短一公里便有一小阵的快乐。行进当中，他们还用歌声和笑声来消除疲劳，情绪一直很高涨，所以很快就到达了目的地。

于是，心理学家得出了这样的结论：如果人们有明确的目标，并能把自己的行动与目标不断地加以对照，进而清楚地知道自己与目标之间的距离，行动的动机就会得到维持和加强，人们就会自觉地克服一切困难，努力达到目标。

达到目标就像上楼梯，我们要一步一个台阶，把大目标分解为多个易于达到的小目标，脚踏实地地前进。就像最好的戒烟方法是"一小时又一小时"地坚持下去，用这种方法戒烟成功的概率要比别的方法高很多。这个方法并不是要求戒烟者下决心永远不抽，开始只是要求他们不在一个小时内抽烟而已。当抽烟的欲望渐渐减轻时，时间就延长到两个小时，再延长到一天，最终完全戒掉。那些想一下子就戒掉的人，往往很容易失败，因为在心理上感觉受不了。

假如你想完成一件伟大的艺术品，那么你可以把这件艺术品分成无数个小的细节，每天完成一小部分，终有一天这件艺术品会在你的手中诞生。任何辉煌的人生都不是一蹴而就的，它都是由一个个并不起眼的成功来达成的。

你也可以试着问问自己：现在的生活是我想要的吗？如果你的答案是否定的，那么抓紧时间规划下自己想要的未来吧。有梦想不够，有规划也不够，勇于踏出第一步才至关重要。

（四）努力提高自己的学习能力和思考能力

学习和思考是我们成长中最重要的两个因素，学习能力和思考能力是我们在成长过程中最重要的两个能力。

我根据自己对学习、思考的长期实践，总结出了成长七步曲：勤奋学习——深入思考——不断积累——勇于实践——善于研究——坚持写作——实现升华。

关于学习，习近平总书记在党的十九大报告中有重要论述。他要求干部增强八种执政本领，并把学习本领放在第一位。习近平总书记在纪念刘少奇同志诞辰120周年座谈会上发表重要讲话时又旗帜鲜明地指出："学习本领是领导干部必须具备的

第一位本领。"下面一段话我想能够得到你的认同：

你一天不读书学习，会影响你的工作和生活吗？——基本不会；

你两天不读书学习，会影响你的工作和生活吗？——基本不会；

你三天不读书学习，会影响你的工作和生活吗？——基本不会；

⋯⋯⋯⋯⋯

你永远不读书学习，会影响你的工作和生活吗？——答案是肯定的！

它不仅会影响你的工作和生活，而且会严重影响你的工作和生活。

教师这个群体是了解知识、掌握知识、传承知识的一个群体，是了解文化、掌握文化、传承文化的一个群体，所以我们终生都离不开读书学习。难怪有人说：如果教师都不读书了，那天底下还有谁会读书呢？

我们要不断地充实自己的知识仓库。有人用一个大写的"T"字来形容教师的知识结构——一横形容教师知识的广博，一竖形容教师知识的精深。

知识的广博是指教师为了适应教育教学工作的需要，除了要掌握专业知识，还要掌握其他方面的知识，如哲学、自然科学、人文、艺术、体育、国学、文学等，不仅要读适合成年人读的书，还要读一些适合学生读的书，只有这样才可以及时掌握学生的思想脉搏和阅读潮流，才能在与学生对话的时候达到一种同频共振，使教育教学效果更加理想。

人民教育家于漪说得好："学生能原谅教师的严厉，却永远不能原谅教师的无知。"教师在专业知识的精深方面也要下一番苦功，要站在专业知识的高地俯瞰自己的专业教学水平，因为这样才能使自己的课堂教学游刃有余。我在听课时明显感觉到，本科毕业的老师与专科毕业的老师在课堂教学过程中表现出来的知识丰富程度以及对边缘知识的讲解把握是有差别的。

说到老师的严厉，我一直主张要严之有情，严之有度，严之有理。只要你做到以上几点，无论你严厉到什么程度，学生都会接受，并且都会原谅。但是你若存在知识方面的无知，无论是你在专业知识方面的无知，还是公共知识方面的无知，或是知识广度方面的无知，学生都会瞧不起你。那么，怎样摆脱无知这种状态呢？只有读书学习这一个办法。这就是教师读书学习的重要性。

著名教育家陶行知先生说过一句话："要想学生好学，先生必须好学。唯有学而不厌的先生，才能教出学而不厌的学生。"所以我们只有自己学而不厌，才能引导学生学而不厌。陶先生还有一句话："教师自身学而不厌，是学生最直接、最直观、最鲜明的教育素材。"我们只有将学而不厌的意识和行动作为教育学生的素材，才能做到"言传身教","身教重于言教"。

最近我读了上海市平和双语学校校长万玮的一本书——《学校管理的本质》，他有一个观点非常值得提倡。他说教师教学有五个层次，第一个层次是教知识，第二个层次是教方法，第三个层次是教能力，第四个层次是教做人，第五个层次是教自己。教自己就是给学生做表率，让学生向自己学习，把自己当成学习的榜样。

思考是人的一项重要活动，是人的一种重要行为，并且对人的成长、对人的发展具有重要作用，思考是与我们所从事的事业有着重要联系的活动，它决定着我们所从事的事业的成与败，所以值得我们认真对待和深入研究。

什么是思考？思考是由大脑、意识、思维以及思考对象构成的，是在思维的"定向"作用下，对思考对象的属性（时间属性、空间属性等）进行的思维活动。

思考力和学习力、执行力、决策力、营销力、判断力、文化力等一样，都是人们应具备的重要能力。思考是思维的一种活动，思考力则是在思维过程中产生的一种作用力。在物理学上，力具有三个基本要素：大小、方向、作用点。事实上，思考力同样也离不开三个最基本的要素：大小、方向、作用点。

首先，思考力取决于思考者掌握的关于思考对象相关知识和相关信息量的多少（大小），如果没有相关的知识和信息量，就不可能产生相关的思考活动（这里所说的知识量指的是与思考对象相关的知识量）。其次，思考的方向取决于思考的价值目标以及围绕目标形成的思路，也就是说，思考要有目的性，漫无目的的思考难以产生强有力的思考力。第三，思考必须找准作用点——必须把思考活动集中在特定的思考对象上，并把握其中的关键，这样的思考活动才有成效。如果找不准思考的着力点，就会精力分散、思维紊乱，出现胡思乱想、东一榔头西一棒的现象，思考就会停留在事物的表面上，无法深刻认识和把握事物的本质。

思考力是一个内涵十分丰富的概念，它一般包括知识力、信息力、分析力、概括力、结构力、创新力和呈现力等若干因素。要想提高自己的思考力，首先就要在以上几个方面下功夫，比如要尽可能多地掌握与思考对象相关的知识量；掌握与思考对象相关的最新信息；要提高自己的分析能力；要提高自己的语言概括能力；要养成善于分析思考对象结构的能力；要提高自己的创新能力，要很好地将自己的思考过程、思考结果予以呈现；等等。

我们的头脑中如果没有关于思考对象的相关知识以及相关信息量，就不可能对思考对象产生思考。对于这句话，我们举一个例子来说明。可燃冰是一个新概念，除了专业人员以外，一般人对可燃冰几乎没有了解，我们头脑里既没有关于可燃冰的相关知识，也没有关于可燃冰的相关信息，这时如果让我们写一篇关于可燃冰的400 字的短文，我们大概是写不出来的。这是因为我们形不成对可燃冰的思考，既然形不成思考，那自然就没有思考过程，没有思考过程，当然写不出关于可燃冰的文章来。

人在职业生涯中所面临的最大考验就是思考力的高低。当一个人的思考力高于自己的职业需要时，工作就会游刃有余，否则就会自顾不暇。

关于思考的重要性，石油大王洛克菲勒曾多次告诫他的员工："请你们不要忘了思考，就像不要忘了吃饭一样。"从这句话可以看出，他所理解的思考力是多么重要！

爱因斯坦把思考作为大学本科教育的根本，他说："大学本科教育的价值，不是学习很多事实，而是训练大脑去思考。"

孔子也说过："学而不思则罔，思而不学则殆。"这句话既说明了学习和思考的关系，也说明了思考对于学习的重要性。

著名漫画家蔡志忠常说："学历是铜牌，能力是银牌，人际关系是金牌，而思考能力是王牌。"

其实，我们平常所做的一切与工作和生活有关的活动，都是思考的结果。工作方面的有工作计划、工作总结、活动安排、老师的备课上课、课题研究等，生活方面的有旅行计划、对孩子的教育设想、购买房子的打算、亲戚的互访行动、和朋友的一次聚会等。我们在开始这些活动之前一般都会经过一些思考，思考的深度决定了每一次活动的质量和水平。

如果我们要求每一次活动都能收到事半功倍的效果，我们就要更加深入地进行相关思考。但是，思考的深度是受客观和主观因素制约的，主观方面就是我们思考的能力和思考的质量。

思考和知识以及经验是有所不同的，思考是对知识和经验的再整合、再加工、再创造、再提升。从这个意义上说，一个人的知识和经验是有限的，简单重复地运用其作用也是有限的，一个人的知识和经验只有经过思考，经过深度思考，才能发挥更好的作用。

思考是创新的源泉，思考是进步的引擎。如果通过不断思考，自己养成了思考的习惯，拥有了思考力，那么你的职业生涯就会游刃有余。所以，要养成思考的习惯，要形成自己的思考力，需要艰苦的劳动，需要长时间的坚守。

（五）刻意培养自己的一流执行力

执行力越来越被管理者和员工所重视。

我一直认为学校的核心竞争力主要包括以下几个方面：决策力、执行力、学习力、创新力和凝聚力。作为学校的管理者，要认识到执行力是一所学校发展的核心竞争力之一，并且在核心竞争力中占有重要的位置。对于员工而言，有一流的执行力是保证自己工作任务完成、人生目标实现的重要条件。一个人如果没有一流的执行力，就没有工作的激情，就没有工作的主动性和积极性。如果一个人对自己的本职工作只是应付、敷衍、得过且过、当一天和尚撞一天钟，怎么能谈得上高质量地完成工作任务，怎么能谈得上实现自己的愿望和梦想呢？

要具备一流的执行力必须具备三个条件，即较强的执行意识、较强的执行能力和较高的执行程度。

较强的执行意识是指执行的主动性要强，任务一布置，马上抓落实；工作一布置，马上去推动；任务一完成，立即就反馈。也就是说对工作要有很强的执行意识，自己承担的工作任务要刻不容缓，不要等领导催促，不要等领导督办。对于自己生活方面的一些事情，也要及时做好，不能养成拖沓的习惯。

干与不干结果肯定不一样，应付干与努力干结果也肯定不一样。有一段话说得很好：不去做，成功率 0%；试着做，成功率 20%；好好做，成功率 60%；努力做，成功率 80%；拼命做，成功率 100%。

站着不动的人，永远只是观众！我们要做实干家，不做观众。没有等出来的精彩，只有干出来的辉煌，任何业绩、任何成功都不是等出来的。

我们来看下面几句话：

第一句：有工作没努力等于零。

千里之行，始于足下，懂得把握机会的人才会笑到最后。我们争取到一份工作不容易，有了工作如果不加以珍惜，就不会获得应有的回报，就不会实现自己的人生愿望，更不会实现自己的人生价值，甚至会出现失业的危险，使"金饭碗"瞬间变成"泥饭碗"。

第二句：有能力没表现等于零。

每个人都有自己的长处，只有知晓自己的长处并通过实践让自己的价值得以实现，才能获取更大的发展空间。所以，如果自认为是匹千里马，请先日行千里路，在展现自己能力的同时，伯乐也会出现。千万记住：潜在优势只有发挥出来才能成

为真正的优势，否则就会变成包袱。

第三句：有计划没行动等于零。

计划只是执行的前提，行动才是执行的真谛，如果计划不能通过行动去实践与总结，任何完美的计划都只是一个永不能实现的童话。所以说，完成工作任务的关键不是制订多么完美的方案，而是即刻行动起来。

第四句：有机会没争取等于零。

职场上涌现的种种机会是培养和锻炼我们能力的良机，争取机会、把握机会只需要比别人多想一点、多做一点。懒惰的人会丧失一个个机会，勤奋的人能抓住一个个机会，聪明的人能创造一个个机会。积极的人能在每一次忧患中看到机会，消极的人则在每个机会中看到某种忧患。所以我们不仅要能够争取机会，善于抓住机会，还要积极创造机会。在每一个机会面前创造自己的业绩和辉煌。

第五句：有布置没监督等于零。

工作要有布置、有落实，还要有监督，有总结，有反馈。只有通过监督、总结和反馈，才能发现问题、处理问题、总结经验、汲取教训，才能把以后的工作做得更好。

第六句：有进步没持续等于零。

只有每个人都积极谋求进步，团队才能进步，只有持续进步，团队才能不断成长。如果进步没有持续，或有一点小进步就原地不动，就躺在功劳簿上，最终只能是末位淘汰。

第七句：有发现没处理等于零。

我们在工作中或多或少都会面临一些问题，我们要及时发现这些问题，及时处理这些问题。如果发现了问题而不去处理，这些问题必将重复出现甚至扩大，这时再处理，就会困难得多。

如果在工作中发现一些问题没有及时解决，很可能导致"破窗现象"。"破窗现象"一说来自"破窗理论"。"破窗理论"认为，以一幢有少许破窗的建筑为例，如果那些窗不被及时修理好，可能将会有破坏者破坏更多的窗户，他们甚至会闯入建筑内，如果发现无人居住，也许就在那里定居或者纵火。

"破窗理论"认为，环境中的一些不良现象如果被放任存在，会诱使人们仿效，甚至变本加厉。如果一面墙上出现一些涂鸦没有被清洗掉，那么墙上很快就会布满乱七八糟的东西；如果一个地方有些许纸屑没有被清理，不久就会有更多垃圾，最终人们会视若理所当然地将垃圾顺手丢弃在那里。

第八句：有功过没奖惩等于零。

老师在一所学校工作，一定会做出成绩，但也会犯下一些过失，对于老师的成绩，学校要及时给予表扬和奖励；对于老师的工作过失，学校也要及时进行批评和帮助。学生在一所学校学习一段时间后，就会显现出学习状态上的不平衡，教师要及时对学生取得的进步和成绩进行表扬和奖励，对于退步的学生，教师也要及时给予提醒、批评和帮助。

奖功罚过历来是管理的有效手段，使用这个手段时，第一要准确，就是对于功还是过，一定要掌握清楚，不要张冠李戴，也不要随意扩大或缩小，要做到奖有理、罚有据；第二要及时，奖功罚过的时效性很强，如果事情已经过去了一段时间再进行奖惩，其效果会大打折扣。

（六）刻意修为自己的优秀人品

人品对一个人的立身、立世、立业来说都是十分重要的，所以有人说，人品能弥补能力上的缺陷，但能力永远不会弥补人品上的不足。也有人说人品是一个人的第二张名片。这些都说明了一个人的人品的重要性。

微信上有这样一句话流传很广：人和人交往，始于颜值，敬于才华，合于性格，久于善良，终于人品。最终还是落脚在人品上。人品表现在很多方面，如善良与否、公平与否、担当与否、正义与否、感恩与否、孝顺与否、廉洁与否、助人与否、坦诚与否、诚信与否、胸襟大小等。

我们每一个人都有三个我："本我""自我"和"他我"。"本我"就是我的肉体；"自我"就是我的精神、我的灵魂、我的意识、我的思想；"他我"就是他人口中和心中的"我"。这三个"我"相互之间联系非常密切，但经常产生矛盾。

举一个例子，一般来讲，"本我"是服从于"自我"的，但是有时候也会有矛盾，譬如说我渴了，我要喝水，"自我"就命令"本我"手端茶杯，然后把茶杯送到嘴边，这时"本我"是听从"自我"的指挥的；但是有一天我突然牙疼，非常难受，这个时候"自我"命令"本我"不要牙疼，"本我"听不听呢？一般是不听的。除非"自我"采取其他措施，譬如给"本我"打个止疼针或者是吃点儿止疼药，才会解决问题。

再举一个例子，"自我"和"他我"之间也存在一些矛盾。"自我"总是期望"他我"能够有一个好的评价，但是，"自我"又很难控制"他我"。我们每个人都希望外界能够对自己有一个好的印象、好的评价，但是这个印象也好、评价也好，最终要取决于"本我"和"自我"的表现。

一般来讲，只要外界评价的样本足够大，那么这个印象、这个评价就基本是公正的。所以，这个印象、这个评价不以"自我"的意志为转移，不是"自我"想要什么评价就会得到什么评价，而是靠外界长时间的观察和了解形成的，正所谓"冰冻三尺，非一日之寒"。

所以，我的观点就是：锻炼"本我"，修炼"自我"，影响"他我"。

锻炼"本我"就是锻炼身体，注重养生，把"本我"锻炼得棒棒的，身材、体型以及健康程度都要好；修炼"自我"就是通过读书、通过学习、通过思考来提升自己，把自己修炼成优秀的"自我"；然后靠棒棒的"本我"和优秀的"自我"来影响"他我"。

我在多年的教育生涯中，努力树立了正确的工作价值观，取得了一些业绩，获得了齐鲁名校长、山东省教育工作先进个人、菏泽市名校长、单县专业技术拔尖人才、单县十佳校长等多项荣誉称号。我所带领的单县职业中专先后荣获国家级重点中等职业学校、全国青少年普法教育先进单位、山东省中等职业教育教学示范学校、山东省规范化中等职业学校、山东省教育系统先进集体、山东省中职教学工作诊断与改进试点学校、山东省中等职业学校德育工作先进集体、山东省文明校园等许多荣誉称号，2017 年 4 月，单县职业中专被教育部社区教育研究中心批准为幼教实验培训基地菏泽实训中心，2021 年，单县被授予山东省职业教育和成人教育改革发展最明显的县市。

到单县一中工作后，我带领全校教职员工一起努力，一年时间便使学校发生了天翻地覆的变化。我带领学校一班人制订了《单县一中三年质量提升方案》，调整了校区管理模式，实行了干部竞争上岗制，落实开放办学方针，加强学科建设，使单县一中的教学质量有了较大提高。

2022 年，我校高考取得了较好成绩，各项指标比上一年都有所提高，详见下表。

	双一流录取	清北录取	重本录取	普本录取
2021 年	80	0	723	1780
2022 年	164	1	832	2439

教师成长过程中的读书与思考

读书与思考是教师成长的重要因素，可以说，没有读书与思考，教师的成长几乎是不可能的。因此，几乎所有的学校都在教师的读书、思考两个方面下功夫，制订若干计划，实施若干措施，进行若干激励，目的只有一个，就是努力提高教师的读书与思考能力，从而提高教师的专业水平和业务能力。

本讲就从读书、思考两个方面展开讨论。

一、关于读书

（一）我们为什么要倡导读书

1. 习近平总书记对干部的学习提出了很高的要求

习近平总书记十分重视干部的读书学习，从某种意义上讲，我们教师也是基层管理干部。在党的十九大报告中，习近平总书记强调干部要增强八种执政本领，其中把学习放在第一位。在纪念刘少奇同志诞辰一百二十周年座谈会上，习近平总书记又指出："学习本领是领导干部必须具备的第一位本领。"为什么习近平总书记说这句话？因为刘少奇是特别注意学习的，是特别善于学习的，是全党在学习方面的榜样。习近平总书记本人也是非常热爱学习的，他在中国空间技术研究院对青年人讲了这样一番话：我到农村插队后给自己定了一个座右铭，先从修身开始，一物不知，深以为耻，便求知若渴。上山放羊，我揣着书本把羊拴到山坡上，就开始看书。锄地到田头，休息时，我就拿出《新华字典》记一个字的多种含义，一点一滴积累。我并不觉得农村七年时光被荒废了，很多知识的基础是那时候打下来的。现在条件这么好，大家更要把学习、把自身的本领搞好。我们做教师的读书学习条件更好，学习资源丰富，学习目标与自己的工作方向一致，所以大家更要把学习本领当作自己的第一位本领，把学习当作自己的第一要务，充分利用自己身边的学习资源和学

习条件，通过勤奋读书实现自己的更好成长，不辜负习近平总书记对我们的殷切期望。

2. 教师职业要求我们在读书学习方面走在时代前列

教师是一个拥有知识、传承知识的群体，是一个接近文化、了解文化、传承文化的群体。读书是教师的职业特点，读书是教师的职业要求，读书是教师的职业动作。如果连教师都不读书了，那还能要求谁来读书呢？

现在的知识半衰期在逐渐缩短，并且缩短的速度还在加快。18世纪的知识半衰期是80～90年，19世纪的知识半衰期是30年，20世纪上半叶的知识半衰期是15年，下半叶是5～10年，现在是3～5年。也就是说我们三五年以前学的东西基本上就成旧的了，就该更新了。从这个角度讲，我们不读书不学习行吗？我们不读书不学习能胜任自己的工作吗？

3. 读书学习是我们提升业务水平之必需

作为教师，要提高自己的专业能力和业务水平，最有效的方式就是读书学习。我们要学习一般教育理论、专业教育理论、教学理论、教学方法、教育心理学、学生管理理论、教育科研知识等专业知识，还要学习他人在课堂教学、班级管理以及教科研方面的经验，而且涉及面要尽量宽，要做到广涉猎，多积累。

我认为，一个合格的教师应该有良好的思想素质，有过硬的业务能力，有较强的管理水平，有一定的科研能力。其中，有良好的思想素质包括师德、师风、人格魅力、人文精神、人文情怀等；有过硬的业务能力包括各学科教学能力等；有较强的管理水平主要是指当班主任管理学生的能力；有一定的科研能力则指教师要善于做课题研究。四个方面所包含的自身素质、业务能力、管理水平、科研能力缺一个方面，也不是一个合格的教师。

这四个方面的要求与习近平总书记提出的"四有"好教师的内涵是一致的，理想信念、道德情操、仁爱之心等都属于思想素质，扎实学识是指教学业务能力、教育管理能力以及教科研的能力。

老师的身教重于言教，要教出学而不厌的学生，我们就要学而不厌，就要刻苦读书。学而不厌应该是我们教师的重要品质。要带动学生读书学习，我们自身就要不断地读书学习。

4. 读书学习能让我们抓住机遇

机遇总是偏爱有准备的头脑，并且机遇对每一个人都是均等的。在看似平常的工作中，我们有很多成长的机遇，有很多进步的机遇，有很多提高自己的机遇，譬如评选各类先进人物，业务综合类的有省、市、县级学科带头人，省、市、县级教学能手，省、市、县级教学名师，省、市、县级专业人才，各级优秀教师、名师等。单项业务类的有各种竞赛优秀指导教师评选、优秀教案评选、优秀电子教案评选、优质课评选、信息化教学大赛、微课竞赛、各种教学设计竞赛等。还有非业务类综合荣誉，如优秀教师、先进工作者等，还有非业务类单项荣誉，如优秀党员、优秀团员、优秀德育工作者等。在评审职称方面，每年都要评聘初级、中级、副高级甚至是正高级职称等。这些对于教师来讲都是进步、提升的机遇。

遇到机遇你能不能抓住，主要看你有没有抓住机遇的能力和水平。要保证自己具备抓住机遇的能力和水平，从现在起就要做准备。我们要准备以下几个方面的能力：写作水平、演讲水平、应试水平，还要准备著作、论文、研究课题、发明创造专利、指导学生竞赛成绩、技术服务项目、技术革新成果等。有了这些必要的准备，在机遇来临的时候就能从容应对，显现优势，一举成功。

上述各项准备都离不开我们平时的读书学习。

我于2018年经推荐参与评选第二批齐鲁名校长，当时的评审程序是8分钟陈述、5分钟答辩。8分钟陈述的内容是事先准备好的，都做了课件。当然，尽管是事先准备，也能够看出不同的水平。5分钟答辩则要实实在在地考验你对职业教育的认识是否深刻，你的专业知识掌握得怎么样，百科知识掌握得怎么样，你的思考有没有深度，你的站位有没有高度，你的逻辑思维能力怎么样，这些都是在平常读书学习、实践中积累起来的，"临时抱佛脚"是根本不行的。

有这么一句耳熟能详的话：要么读书，要么走路，身体和灵魂必须有一个在路上。我说：要么读书，要么走路，要么交友，身体、灵魂和情感至少要有一个在路上。我们永远都不要放弃读书学习的机会。

（二）怎样规划我们的读书学习

1. 找到读书学习的动力

毋庸讳言，大多数人对读书学习是有些排斥的，表现在认为读书学习是一个苦差事；非必要不会主动去读书学习，即使去读书学习，大多也是功利性因素在驱使着，功利性因素一旦消失，读书学习热情即刻消退，也就是说大多数人没有读书学习的动力。

那么，怎样找到读书学习的动力呢？

我们读书经常遇到的问题有两个：

（1）为什么而读？——这是读书的目的；

（2）读了多少？——这是读书的数量。

为什么读书？也就是，读书的目的是什么？我们大致可以把读书的目的分为两类：功利性读书和非功利性读书。

为什么读书？

——为考证（心理咨询师证、技能证、学历证、驾驶证等）；

——做敲门砖（考编、考公等）；

——为评职称（做课题、写论文、出著作等）；

——为了某种特殊需要（辅导孩子等）；

——为了消遣（养生、保健、获得谈资等）……

以上读书目的是功利性的。

非功利性的读书呢？

——提高自己的工作能力；

——提升自己的修养、素质；

——获得人生的乐趣……

似乎"提高自己的工作能力"里也有功利性的味道，但不是太明显。

我们要尽量压缩功利性读书所占的比重，努力提高非功利性读书所占的比重。非功利性读书容易让我们对读书产生兴趣，兴趣就是读书的动力之一。

有了读书兴趣，就比较容易养成读书习惯，一旦把读书变成习惯，我们就不会把读书看作苦差事，就会觉得它像吃饭、睡觉一样是我们的一种生活方式，是我们生存的必需。而且会真正感到读书对我们来说是不可缺少的，几天不读书就会感到欠缺和不安，就会有郁闷和愧疚之感，因而读书会成为我们的自觉行动，我们会持之以恒，欲罢不能。到了这个程度，读书的动力就进一步加强了。

江苏省特级教师、南京师范大学附中退休教师吴非就是一个非常热爱读书的人，有记者问吴非老师："教师读书需要坚守，您坚守的力量来自哪里？"他说："我不认为自己是在'坚守'。'坚守'给人的感觉是一种对痛苦的忍受，很悲壮，何乐之有？其实，读书的时候，我很快乐。读书之于我，像吃饭一样是一种需要——一种精神的需要。"这就是说，吴非老师对读书产生了兴趣，也养成了习惯，读书的长久动力也就有了。

四川省成都市武侯实验中学的李镇西校长也是干了一辈子教育工作，退休以后，他到朱永新教授主导的新教育实验研究院担任院长，最近这段时间我在读李镇西校长的《幸福比优秀更重要》一书，他的女儿包括周围了解李镇西校长的人们对他的评价是"一生都在奋斗"，但是李镇西校长说："我觉得奋斗对我来说并不准确，我不是在奋斗，而是在享受。"李镇西把工作的过程、读书的过程、学习的过程看作一种享受，这肯定是有兴趣、有动力在里面的。李镇西校长一生写了60多本书，这要读多少书才能有这么多的思考，才可以写出来呢？这是不可想象的。

李镇西校长写了几十本书，书中多次谈到他自己的读书方式，谈到教师的读书需求。他认为，阅读应该是一个人近乎本能的内在需求，因为我们是人，人就有精神世界，而精神世界一刻也不可能没有情感和思想的滋养，这些养料主要来自阅读书籍。但毋庸讳言，现在的确有一些老师不读书，究其原因大概有以下理由：

第一，太忙，没有时间；

第二，感觉不到读书的好处；

第三，有好多书读不懂；

第四，年纪大了，记性不好，读了书也记不住；

第五，那么多书，不知道读哪本好。

李镇西校长帮助我们分析了一下上述理由是否站得住脚，他说：

第一，太忙，没有时间。其实有没有时间关键看你是否把读书当作内在需要并养成习惯。任何一件事，只要是你的内在需要，并养成了习惯，再忙都有时间去做，或者说永远都会有时间做。比如热恋中的小伙子，再忙都有时间去约会，因为这是他们的内在需要。再比如我们再忙都不能总不吃饭，因为人体需要养分。读书也是这样。我酷爱读书，而且养成了手不释卷的习惯，但是我不喜欢别人说我勤奋，我觉得这是我的兴趣、我的习惯，关勤奋什么事呢？一个人只要对什么有了兴趣并养成了习惯，那就和勤奋没关系了。比如成都有许多人喜欢打麻将，有人甚至从早打到晚，为什么？因为他们对麻将有着浓厚的兴趣。你能赞美他"你真勤奋"吗？

老师们一定要养成读书的兴趣习惯，这样一来，即使没有人规定你必须读书，你也会情不自禁地读书。你读的书越多，你就越相信这句话："和老一代大师相比，我们连学者都谈不上。"

第二，感觉不到读书的用处。读书学以致用是对的，比如我们备课遇到难题了，做班主任工作遇到难题了，都可以从相关的书籍中找到智慧，怎么能说没有用呢？

这就是我常说的，带着问题读书。

但是，从另一方面讲，我们不要指望读每一本书都有立竿见影的效果。我们需要进行一些非功利性的阅读。教师作为人类文明的传承者，除了认真阅读教育教学专业书，还可以读一些与教育教学无关的政治、哲学、经济、历史、文学等方面的书。

我们为什么要读书？学以致用当然是一个原因，但还有一个更重要的原因是我们是"人"。如果从生物学角度而言，人和动物是没有区别的，但人是"会思想的芦苇"，于是人便成了自然界万物之灵长。人之为人在精神，而通过阅读我们可以较完整完美地建构我们作为一个人应有的精神世界。正如培根所说：读史使人明智，读诗使人灵秀，数学使人周密，科学使人深刻，伦理使人庄重，逻辑修辞使人善辩。茫茫宇宙，匆匆人生，我是谁？我从哪里来？我要到哪里去？对自己生命的追问，需要我们徜徉于人类精神文明的长廊，在触摸历史的同时憧憬未来，在叩问心灵的同时感悟世界。

第三，有好多书读不懂。我一直认为，读书应该是一件让人快乐的事，当然，这里的快乐，不是简单的开心，也包括思考的幸福。但有的书就是让读者看不明白，你怎么思考脑子里都是糨糊，你怎么读也读不懂，那怎么办？很简单，不读就是。

建议老师们读教育经典名著，因为真正的经典名著不但有思想，而且好懂，比起当今一些喜欢玩时髦术语、晦涩理论的伪学术著作，真正的教育经典名著真是平易近人。

第四，年纪大了，记性不好，读了书也记不住。这个理由真是有趣，我要问的是：谁让你记了呢？难道你每读一本书都要参加考试吗？你记住它干什么呢？读了书还必须记住，这是自己苛求自己。我们不必刻意去记书里的每一句话、每一个字，所以记不住是很正常的。

但是，记不住难道就白读了吗？请问：1997年4月23日早晨你吃的什么？能告诉我吗？2015年8月31日中午你吃的什么？你能记住吗？2022年7月28日晚上你吃的什么？你还能想得起来吗？我估计你通通说不上来。但是难道这些饭你都白吃了吗？每顿饭吃什么你记不住，但每顿饭的营养都已经变成了你的血肉。同样，虽然你记不住每本书的内容，但你并没有白读，因为每一本书的内容已经化作你的精神、你的灵魂，我们怎么能因为记不住而放弃读书呢？

第五，那么多书，不知道读哪本好。我们的时间有限，读书时的确应该有所选择。给大家推荐四类读物：一是教育报刊，二是人文书籍，三是学生喜欢读的书，四是教育经典，特别推荐苏霍姆林斯基、陶行知的著作，读他们的书我们会读到我们的教育，读到我们自己。

李镇西校长说得很实在，很好，所以我们要端正读书目的，培养读书兴趣，像吴非老师、李镇西校长那样，把读书当作享受，把工作当作享受，更把生活当作享受，过一种幸福完整的教育生活。

我在长期的读书学习中总结了读书成长七步骤：勤奋读书——深入思考——勇于实践——不断积累——善于研究——坚持写作——实现升华。在这七个步骤之中，读书是第一步，也是后面六步的基础。

2. 解决读书学习的时间问题

有的老师会说，我们的教学、管理任务已经很重了，几乎把时间都占用了，哪有时间读书？

我们读书学习的时间从哪里来？我给出一个答案，看看大家认同不认同：从兴趣中来！你对读书学习有了兴趣，时间的问题就好解决了。

举一个例子：我们教师经常看到上午最后一节课快下课的时候，大多数学生的心思已跑到餐厅里去了，下课铃声一响，老师一说下课，他们就争先恐后地往餐厅跑，因为他要去买他最喜欢吃的饭菜。可是班里有几个学生特别喜欢打篮球，最后一节课快下课的时候，他们早就把篮球放在脚底下，老师一说下课，他们抱起篮球就往篮球场跑，他们宁可不去买自己喜欢吃的饭菜，也要到篮球场去打上 20 分钟的篮球。是什么原因让他们对篮球这样着迷？也是兴趣啊。

3. 逐步养成读书学习的习惯

前段时间我在微信上读到江苏锡山高中校长唐江澎的《形成阅读习惯》一文，唐校长在文中谈了教师读书的问题。他认为知识分子是教师的社会角色，是教师的专业身份。自古以来人们就将教师称作读书人，教师与此身份相匹配的基本生活习惯就应该是读书。我们经常说武者拳不离手，这是武者的专业生活习惯，而曲不离口是歌者的专业生活习惯，我们知道好多歌者早上都要练嗓子的；我们是教师，是读书人，读书人手不释卷也应该是自己的专业生活习惯。按理说我们应做到手不释卷，但是，我们扪心自问，有多少教师做到了手不释卷？读书人不读书而能教好学，还能促进自己的专业发展，自古及今，闻之未闻！

要让读书成为教师的专业生活方式。什么是专业生活方式？是否可以这样界定：从事某一专业的人员受其专业影响而形成的具有专业特征的生活习惯与行事方式。这样说来，读书学习旨在养成教师的专业生活习惯，让教师拥有知识分子的生活品位；课程与教学研究旨在形成教师的专业生活方式，让教师享有专业人员的专业品

质。这些都是教师的专业生活方式。

读书是一种习惯，这种习惯的养成要靠氛围，大家都读书，一个人不读书就有点尴尬，慢慢也会读起来。学校要主动营造读书氛围，让读书成为教师自觉的精神追求，从而奠定教师厚重的精神底色和优良的智慧品格。在学校营造读书氛围很重要，首先要从学校干部做起，然后带动教师，最后惠及学生，直至使全校师生都沉浸在氤氲书香之中。

我在单县职业中专和单县一中担任校长期间，一直致力于培养教职员工读书学习的习惯，致力于形成教职员工读书学习的氛围，两个学校都用不同的方式推进学校全员读书学习活动，收到了很好的效果。

按照马斯洛的需要层次理论，人的最高层次的需求是实现自我价值。随着社会经济的发展和进步，教师的经济地位和社会地位日益提高，教师又是一个知识分子群体，相对于其他群体来讲，在基本的物质条件满足后，教师更侧重于追求精神上的富足。所以，作为教师，学习不仅是为了更好地工作，而且是为了更好地生活，要让读书学习成为一种工作状态，成为一种生活方式，使我们的生活更加精彩、更有意义。

我始终记得北京师范大学一位教授讲过的一句话：一个人若能永远保持学生的状态，他的人生就不会枯竭。保持学生的状态就是不断地读书学习，只要不断地读书学习，我们的人生就不会枯竭，我们的教育生涯就不会枯竭。

我经常说要时时处处保持一种学习的态度，时时刻刻用心找到自己需要学习的机会，时时刻刻找到自己需要学习的东西，只有这样，才能让学习成为自己的一种习惯。

有这样一个例子也很有意思。某校有一位生理卫生老师，新学期的第一天他给学生上生理卫生课时，就在后面的墙上挂了一幅人体解剖图，图上标明了人体重要的骨骼、肌肉的名称和部位。整个学期，那幅图都挂在那里。

到了期末考试时间，这一天要考生理卫生课，学生们一走进教室，却发现那幅解剖图被收起来了，而他们的试卷上只有一道试题："列举人体各主要骨骼的名称和部位。"

学生们几乎异口同声地提出抗议："我们从来没有学过。"

"这不是理由，"老师微笑着说，"那些知识已经挂在墙上好几个月了。"学生们勉强回答了一会儿以后，老师便把试卷收上来，然后撕得粉碎，"永远记住，"他忠告大家，"学习不仅是学别人告诉你的东西。"

平常上生理卫生课时教师有意无意地提示学生要掌握人体各主要骨骼的名称和部位，但是基本没有学生理会这句话，所以基本上没人能够回答出试卷上的问题。尽管生理卫生课是一门选修课，是一门只记等级不记分数的课，也是一门老师可以不在及格不及格上难为学生的课，但是，这个小故事的意义还是很大的。它告诉我们，在任何环境下都要抱着一种学习的心态，都要去寻找自己需要学习的东西，只有这样才会使自己养成时时处处学习的习惯，也才会使自己终身受益。

相传陶渊明归隐后，一天，有个少年向他求教："先生，我十分敬佩你渊博的学识，很想知道你少年时读书的妙法，敬请传授，晚辈不胜感激。"陶渊明听后，大笑道："天下哪有什么学习妙法？只有笨法，全靠下苦功夫。"

陶渊明见少年不懂他的意思，便拉着他来到稻田旁，指着一棵禾苗说："你蹲在这儿，仔细看看，告诉我它是否在长高？"少年注视良久，不见禾苗往上长，便说："没见长啊！"陶渊明反问道："真的没见长吗？那么，矮小的禾苗是怎样变高的呢？"

陶渊明见少年低头不语，便进一步引导说："其实，它时刻都在生长，只是我们肉眼看不到罢了。读书求学也是一样的道理。"接着，陶渊明又指着溪边的一块磨刀石问少年："那块磨刀石为何有像马鞍一样的凹面呢？""是磨成这样的。"少年答道。"那它究竟是哪一天磨成这样的呢？"少年摇摇头。陶渊明说："这是因为我们大家天天在它上面磨刀、磨镰，日积月累，年复一年，它才成为这样的。学习也是如此。如果不坚持读书，每天都会有所亏欠啊。"

少年恍然大悟，向陶渊明行了个大礼说："多谢先生指教，学生再也不去求什么妙法了。请先生为我留几句话，我当时时刻刻记在心上。"陶渊明欣然命笔，写道："勤学如春起之苗，不见其增，日有所长；辍学如磨刀之石，不见其损，日有所亏。"

4. 读书学习要与积累相伴

我们读书学习时必须与积累为伴，没有积累，就没有读书学习的效率，就没有读书学习的成果，也就达不到读书学习的最终目的。

关于积累，古人以及一些名人都有不少经典语言值得我们借鉴、应用。

荀子说：不积跬步，无以至千里；不积小流，无以成江海。

华罗庚说：天才在于积累，聪明在于勤奋。勤能补拙是良训，一分辛劳一分才。

邓拓说：古今中外有学问的人，有成绩的人，总是十分留意积累的。知识就是积累起来的。

很多成功的人士，也是在不断学习、不断积累的过程中成长起来的。

作为一名教师，作为一名教育工作者，我们在课堂上的表现，就是我们的价值的体现，就是我们的尊严的体现。一位教师在讲台上一站，就要显示出他饱读诗书的自信和魅力，并由此得到学生的尊敬和爱戴。这种自信和魅力从哪里来？就是从读书学习和不断积累上来。我们经常要求教师在课堂上要做到举一反三，要做到触类旁通，这种能力从哪里来？还是从读书学习和不断积累上来。由此可见教师读书学习、不断积累的重要性。

二、关于思考

（一）什么是思考

思考是始终伴随我们的工作、学习、生活甚至休闲等一切活动的一种行为。可以这样说，只要是一个正常的人，从睁开眼睛那一刻起，就进入思考状态，这种状态一直伴随我们到每天入眠。

思考是人的一项重要活动，是人的一个重要行为，并且是对人的成长、对人的发展起着重要作用的行为，是与我们所从事的事业有着重要联系的活动，它决定着我们所从事的事业的成与败，所以值得我们认真对待和深入研究。

什么是思考？思考是由大脑、意识、思维以及思考对象构成的，在思维的"定向"作用下，对思考对象的属性（时间属性、空间属性等）进行的思维活动。

我们在一般情况下的思考是大脑的一种主动行为，这时，我们知道自己在思考，而不管思考的结果如何。但是还有一种思考是我们自己感受不到的，这就是潜意识思考。

潜意识里蕴藏着我们一生有意无意感知认知的信息，又能自动地排列组合分类，并产生一些新意念，所以我们可以给它指令，把我们渴望成功的梦想、所碰到的难题化成清晰的指令经由意识传达给它，然后放松自己等待它的答案。

有不少人苦思冥想某一问题，结果却在梦中，或是在早晨醒来，或在洗澡时，或在走路时突然蹦出了答案或灵感。所以我们要随时准备纸和笔，备一本记事簿，一旦灵感从潜意识中萌发，便立刻记下来。

主动思考和潜意识思考都能帮助我们认识问题和解决问题，所以对两种思考形式我们都要有意运用。

（二）什么是思考力

所谓思考力，有两方面的含义，一是思考的能力；二是思考所产生的力量。思考力和学习力、执行力、决策力、营销力、判断力、文化力等一样，都是人们的重要能力之一。

思考是思维的一种活动，思考力则是在思维过程中产生的一种作用力。在物理学上，力具有三个基本要素：大小、方向、作用点。事实上，思考力同样离不开三个最基本的要素：大小、方向、作用点。

首先，思考力取决于思考者掌握的关于思考对象相关知识和相关信息量的多少（大小），如果没有相关的知识和信息量，就不可能产生相关的思考活动。

其次，思考的方向取决于思考的价值目标以及围绕目标形成的思路，也就是说，思考要有目的性，漫无目的地思考难以产生强有力的思考力。

第三，思考必须找准作用点，必须把思考活动集中在特定的思考对象上，并把握其关键，只有这样的思考活动才会势如破竹。如果找不准思考的着力点，就会精力分散、思维紊乱，出现胡思乱想、东一榔头西一棒子的现象，思考就会停留在事物的表面，无法深刻认识和把握事物的本质。

思考力是一个内涵十分丰富的概念，它一般包括知识力、分析力、概括力、结构力、创新力和呈现力等若干因素。要想提高自己的思考力，首先就要在以上几个因素上下功夫，比如要尽可能多地掌握与思考对象相关的知识量，掌握与思考对象相关的最新信息，要提高自己的分析能力，要提高自己的语言概括能力，要养成善于分析思考对象结构的能力，要提高自己的创新能力，还要能够很好地将自己的思考过程、思考结果予以呈现。

人在职业生涯中所需要的最重要的能力就是思考力。当一个人的思考力高于自己的职业需要时，他做工作就能游刃有余，否则，就会自顾不暇。

（三）思考的重要性

关于思考的重要性，石油大王洛克菲勒曾多次告诫他的员工："请你们不要忘了思考，就像不要忘了吃饭一样。"从石油大王洛克菲勒这句话可以看出他所理解的思考力是多么重要！

17世纪数学家、哲学家笛卡儿说过这样一句话："我思故我在。"他把"思"作为人存在的根本价值。

思考和知识经验是不同的，思考是对知识和经验的再整合、再加工、再创造、再提升。从这个意义上说，一个人的知识和经验是有限的，只有经过深度思考，才能使知识和经验发挥更好的作用。

思考是创新的源泉，思考是进步的引擎。如果我们养成了思考的习惯，拥有了思考力，那么遇到任何问题都可以做到从容以对。

善用思考解决小事，我们说他有点子，"点子"是做事情的技巧。

善用思考解决中事，我们说他有想法，"想法"体现发现和解决问题的能力。

善用思考解决大事，我们说他有思想，"思想"是对客观规律的把握和发展趋势的判断。

人们都知道学习是一件苦差事，你只要想通过学习实现自己的梦想，那你就要经历一个漫长而又艰苦的过程。自古以来出现过很多有志者"头悬梁，锥刺股""凿壁取光"的事例，这就足以说明学习的艰苦程度。但是，思考或许是比学习还要艰苦的事情，而且，思考的艰苦不会轻易地显示出来。所以，要养成思考的习惯，要形成自己的思考力，需要艰苦的劳动，需要长时间坚守。

由于思考是件苦差事，所以一些人在功成名就之后，首先丧失的就是思考力和对思考的兴趣，其次才是学习力和学习习惯。

（四）思考的类型

1. 功利性思考与非功利性思考

人的思考有很强的目的性。从人思考的目的性来区分，一般可以分为功利性思考和追求性思考两大类。

功利性思考一般是指为了达到近期的和一定的功利目标而进行的思考，而追求性思考，是为了追求自己的远大目标而进行的思考。

其实，我们进行的思考大部分是功利性的思考。比如，要考取一个证书所需要的一系列思考是功利性思考；男孩谈恋爱的时候为了博得未来岳父母的喜欢而进行的一系列思考是功利性思考；班主任为了使自己的班级夺得一个学校活动的好名次而进行的一系列思考大概也是功利性思考；等等。我们还能举出很多这样的例子。而追求性思考就没有那么多了。比如，一个人为了实现自己远大的人生目标而进行的一系列长期的思考是追求性思考；一位校长为了实现学校的愿景而做出的一系列深度思考是追求性思考；等等。

功利性思考的特点是一旦目标达成，思考就会中断；只有那些基于个人兴趣或者远大目标的思考，即追求性思考才能持久。

2. 战略思考与战术思考

思考对于我们教育工作者来讲，有战略思考和战术思考两大类。

什么是战略？战略一般用在军事上，也称"军事战略"，即对军事斗争全局的策划和指导，是战略指导者基于对军事斗争的主客观条件及其发展变化的规律性认识，全面规划、部署、指导军事力量的建设和运用，以有效达成既定政治目的的策略。毛泽东在《中国革命战争的战略问题》中指出："战略问题是研究战争全局的规律的东西。"关乎战争全局的东西如战略措施、战略方针、战略计划等都是战略思考的结果。这些都是能够决定军事全局的因素，所以冠以"战略"二字。

同理，一些关乎学校发展全局的因素我们也可以拿到战略的高度去认识、去思考。比如有关学校的战略思考有学校长远发展规划、学校愿景、学校文化建设、课程改革规划、德育机制建设等。

与战略思考相对的是战术思考，战术思考主要是指对一些具体工作的细化思考。就学校而言，比如策划组织一次家长会、举办一次文艺或体育活动、做一个科研课题等，对这些活动的思考就是战术思考。

前面我们提过善用思考解决小事，说明我们有点子，"点子"是做事情的技巧；善用思考解决中事，说明我们有想法，"想法"体现发现和解决问题的能力；善用思考解决大事，说明我们有思想，"思想"是对客观规律的把握和发展趋势的判断。其中"有点子"和"有想法"都属于战术思考，"有思想"则属于战略思考。

一般来讲，战略思考是深度思考的一种形式。我们不仅要强调战术思考的正确性，更要强调战略思考的正确性。有句话说得好：人们最大的失误就是认为战略短板可以用战术的长板来弥补。

我有一名学生，他大学毕业后在几家企业做了近十年的工作，经不住市场大潮的诱惑，按捺不住自己的心潮澎湃，决定不再打工了，自己创业当老板去。他拿出自己准备结婚买房的钱，又向亲朋好友借了一部分，一共凑了近百万元，开了一家小型饭店。

装修好试营业之际，他打电话请我过去体验一下，顺便提一提意见。他安排厨师把饭店的拿手菜都奉献出来，搞得还很隆重。吃完之后，他要我说说我的看法，尤其是对饭店今后的发展给点建议。

我在吃饭前比较详细地了解了他的具体情况，包括饭店所在的地段、饭店的定位、厨师的水平、饭店的管理方式等。自己的学生嘛，必须实话实说，我就说装修很到位，准备很充分，具备了开业的条件，但是你有两个战略上的问题需要考虑：一个是地段比较偏僻，另一个是菜品定位有点高。地段偏僻，不利于招揽顾客，酒香也怕巷子深啊；菜品定位高，普通人消费不起，对高端客人来说，你的规模、服务水平、服务范围又不一定跟得上，不一定能满足客人的要求。

学生听了以后，就跟我解释，他说这地段是偏了点，但租金便宜，他可以把省下来的钱用来做广告，搞宣传，打响牌子，还是很合算的。在接待较高端的客人方面，他计划加强管理，在厨师中贯彻工匠精神，要精益求精创一流菜品。

我听了他的解释之后就没多说什么，只是就他的管理方案给了一些完善措施。

后来听说他在广告与促销上做了很大努力，如电台广告、微信宣传、店内有奖促销、发放优惠券、派人在路口发广告传单、到附近小区与写字楼贴广告等，可以说，凡营销教科书上提到的促销招数他都几乎用了一遍，但最终依然效果不佳，半年后便关门歇业了。

在这件事情上，地段和定位两个方面都是战略问题，其他的如加强管理、积极营销都是战术问题，在战略上存在明显的短板，你用战术上的长板无论如何也弥补不了。不少人就是有一个盲目的自信，以为战略上的短板，可以用增加战术资源投入来弥补、来挽救，最终还是失败了。

还有一种说法，就是用战术上的勤奋来掩盖战略上的懒惰，和上面的意思差不多。战术上你很勤奋，实际上却刻意回避了真正困难却更有价值的部分——战略思维与战略决策。而这种战略思维懒惰的行为，最终会导致你战略决策失误，结果可能是一败涂地。

人生最大的悲哀莫过于将一辈子的聪明都耗费在战术上。当你抬头一看才知道，你煞费苦心地在做的事情其实已经过时，或者它的社会价值与个人价值都很低微。教育部的新课改规定了课堂教学的三维目标：知识与技能，过程与方法，情感、态度与价值观，有的学者把认知层面、情感层面和行为层面作为课堂教学的三维目标。这两种目标就体现了课堂教学的战略层面和战术层面。

我认为在一所完全中学，学校应该在低年级就开始加大课堂教学三维目标的教育，加强情感、态度与价值观的教育，加强责任教育，让学生认识到学习是他自己的责任，而不是老师、学校和家长的责任。教师要树立"价值塑造第一、能力培养第二、知识传授第三"的教育教学思想，不要急功近利，不要拔苗助长，要有教育的慢智慧，要有教育的慢动作，要有静待花开的耐心。

有句话说得好："磨刀不误砍柴工。"在这句话里，磨刀是战略问题，砍柴是战术问题。对学生价值观的塑造，对学生能力的培养，对学生进行的情感、态度与价值观的教育都是战略问题；对学生进行的知识与技能、过程与方法的教育培养，对学生的知识传授等则是战术问题。

还有专家指出，课堂教学的主要目的就是给学生增加动力值、方法值、数量值和意义值。我们从这四个值里也可以明显地看出有的是战略问题，有的是战术问题。

从思考力角度说，"深谋远虑"实质是深度思维，体现的是战略思维能力。我们强调思考认为思考比勤奋重要，深度思考比勤奋更重要。

什么是深度？深度是触及事物本质的深层次，深入了解事物本质是深，只了解事物表面是浅。所以深度思考就是不断逼近问题本质的思考。

著名商业咨询顾问刘润曾说："所谓洞察本质，就是会打比方。"我们只有在洞察事物的本质后，才会联系到大家熟知的事物，从而打出精妙的比方。刘润老师举例称，小米生态链负责人刘德跟他说小米生态链中为什么会有很多既不"高科技"也不"智能"的产品？原因是这些生意对于小米而言是"烤红薯"生意。

什么是"烤红薯"生意？小米发展到今天，已经有3亿用户，其中2.5亿是活跃用户，他们除了需要小米手机、充电宝、手环等科技产品外，也需要毛巾、床垫等高品质日用品。所以，与其让这些流量白白耗掉，不如利用这些流量来转化一些营业额。就像一个火热的炉子，它的热气散就散了，不如借助余热顺便来烤一些红薯。

这个"烤红薯"生意，就是因为洞察了这种生意的本质深度思考的结果。

在学校工作中我们需要思考，我们更需要深度思考，所以我们不仅要养成思考的习惯，还要养成深度思考的习惯；我们要提高思考的能力，更要提高深度思考的能力。

同一个班级里的同学，他们的老师、教材、作业几乎都是一样的，但是最后的成绩有高低之分；在同一个家庭环境下，一母生九子，九子却各不相同。产生这种差别的原因固然很多，而思维方式的不同应该是最重要的原因，即有的人进行的是浅层次思考，而另外一些人进行的是深度思考。

学校干部和教职员工的日常思考也存在着深度思考和一般思考之间的差别。

如果你在平常的工作中只是用浅薄的思考来应付大量的事务性工作，把自己忙得天昏地暗，到头来还是业绩平平，没有特点，更谈不上鲜花和掌声，这说明你远离了深度思考，你的工作是低效率的。我们可以把这类人称为"低效勤奋者"。

"低效勤奋者"的主要特征是缺乏深度思考，只是在事情的表面做文章、下力气，不去做深入、系统的思考和研究，对工作采取兵来将挡、水来土掩的办法，所以就会出现焦头烂额的状况，还达不到理想的工作效果。

譬如一位学校的教导主任，他的工作的确头绪很多，工作量也很大，如果陷入

"低效勤奋者"的局面，就会出现焦头烂额、首尾不顾、顾此失彼的工作状况。解决的办法就是系统、深入地思考自己的工作，找出高效、有序的工作方法和工作程序。

至少，他应该想到以下两个方面：

第一，建立部门管理的长效机制。长效机制建立起来之后，就会有效地避免工作的随意性和短期行为。

制度管理是管理的一种长效机制，我们要建设好部门制度，一切工作都按照部门的规章制度来运行，当然，规章制度要齐全完善，要体现以人为本，要符合学校或部门的价值理念，要使本部门员工把所有的制度尤其是核心制度内化于心，只有这样，才算建立了自己的部门制度，才能使部门的工作沿着健康的方向发展。

我们还要致力于建设本部门的文化。部门文化也和学校文化一样，它一定是部门管理的长效机制。上面说的制度文化实际上属于部门文化的一个部分。只是部门文化的建立需要较长的时间，一年半载是做不到的。但是，部门文化一旦建立，就会有较强的生命力，就会长期影响部门的工作和部门的发展。建议部门干部要在日常管理中坚持部门的文化管理，逐步走到部门文化管理的道路上来，最后形成自己的部门文化。

第二，要在调动本部门员工的积极性上下功夫。中层干部要确定好自己的角色，也就是要有很强的角色意识，要时刻牢记自己是一名干部，自己的责任是带领本部门员工一起努力。工作永远不是你自己干，而是和大家一起干，每个人多出两分力，整个部门就多几十分力，而你一个人就是多五分力，其他员工没有多干，整个部门也就是多了五分力，这个账相信大家都会算。所以要坚持在调动员工工作积极性上下功夫。

3. 深度思考的多层次

有的学者把思考分为若干层次，分别是第一层次思考、第二层次思考甚至更多层次的思考。我认为，第二层次思考及其以上的思考就属于深度思考。下面举几个例子。

孩子要去上学了，别人问他你要做什么去啊，孩子会说：我要去上学。上学是第一层次的思考。如果孩子说"我要去读书"，这就是第二层次的思考了。读书和上学为什么不同？为什么上学和读书不在一个层次上呢？上学是被动的活动，至少是被动的成分多而主动的成分少；而读书是主动的活动，至少是主动的成分多而被动的成分少。因此，"去读书"是第二层次的思考。

员工要去上班了，别人问他你要做什么去啊？员工会说"我要去上班"，上班是第一层次的思考。如果员工说"我要去工作"，这就是第二层次的思考了。上班和工作为什么不同？上班和工作为什么不在一个层次上呢？上班是被动的活动，至少是被动的成分多而主动的成分少；而工作是主动的活动，至少是主动的成分多而被动的成分少。因此，"去工作"是第二层次的思考。

把自己的工作看作职业，这是第一层次的思考；如果把自己的工作看作事业，这就是第二层次的思考了。把自己的工作看作职业是一种应付的态度，至少你的工作目的、工作目标、工作价值观不够全面；而把自己的工作看作事业，那就不一样了，这时你的工作价值观就是全面、正确的了。这两个层次的思考带来的结果也是完全不一样的。

喝茶和品茶也是不一样的，喝茶是第一层次的思考，品茶是第二层次的思考。喝茶的层次比较低，品茶的层次比较高。

还有，我们在讨论读书的收获时，有人说读书是为了获取知识，有人说读书是为了获得智慧。其实知识和智慧之间有着千丝万缕的联系，但是知识不是智慧。知识是读书获取的第一层次的东西，智慧是读书获取的第二层次的东西。知识是最基本的东西，现在的任何知识任何人都可以得到，但是，获取知识不是读书的根本目的，把通过读书获得的知识变成智慧才是目的。所以，我们读书，要把读书的目的设定在第二层次，即通过读书获得智慧。

还有个例子说到了思考的第三层次，比如说有一个群体，如果这个群体具有一定的组织形式，拥有一定的活动范围，有共同的经济基础、思想基础、政治目的和共同的社会利益，它就构成了一个集体。这个集体再拥有共同的价值观，拥有共同的愿景，拥有共同的奋斗目标，拥有共同的文化，就成了一个团队。这就是说，第一层次是群体，第二层次是集体，第三层次是团队。我们的工作目标就是要把学校建设成为一个坚强、有力的团队，而不只是一个群体、一个集体。

我在给老师们讲课的时候，多次要求老师们要达到听课的第三个层次。下面我把三个层次解释一下：

第一个层次是听到。专家在讲，一般还有课件展示，听众在听在看，只要思想不开小差，就能做到听到（包括看到）。

第二个层次是知道。做到知道有两点：首先要记，记下你认为重要的、需要记的部分，不要都记，尤其是课件上显示的内容不要记，因为我已经把课件留给学校了，大家课后可以看到；其次是听讲的同时要进行思考，结合自己的理解，结合自己的实际工作情况进行思考，想想哪些对自己有所启发。

第三个层次是得到。得到就是把讲座内容变成自己的东西。要达到这个层次必须注意两点：首先，听完课后一天之内要做一次复盘，做一次反思，否则很快就忘掉了；其次，要在工作中应用，只有经过应用，才能进一步理解并达到内化，逐步转化为自己的精神财富。

从听到到知道，再从知道到得到，得到是最重要的，也是我们听课的目的。这也相当于思考的第三个层次。

我们还可以把自己的本职工作分为四个层次，第一层次是谋生，第二层次是职业，第三层次是事业，第四层次是使命。

4. 深度思考的多种结论

我们以勤俭节约为例来说明深度思考的多种结论。

我们知道，勤俭节约是美德，但是在一些年轻人的心目中，关于勤俭节约的概念已经被颠覆了。

勤俭节约的思想流行于物质缺乏的时代，这是毋庸置疑的。但是即使到了物质丰富的年代，勤俭节约还是应该大力提倡和积极褒扬的，其原因不仅在于节约多少东西、节约多少钱，更重要的是勤俭节约思想给人类提供的精神财富以及对于后代的影响。

当今，党中央也是大力提倡勤俭节约的，在全社会提倡"光盘运动"就是一个很好的例子。

我们来看对于勤俭节约的思考的几个结论：

节约的第一个有益之处是节省了自己的钱财和物质，这是最显而易见的，无须多言。

节约的第二个有益之处是节约不仅关乎我们自己，而且关乎全社会，甚至关乎全人类。节约不仅是自己的事，不是我们很有钱就可以浪费，须知，你浪费的资源好像是你掏过钱的，好像是你自己的事情，实际上不是这样的，资源是大家的，是全社会、全人类的，不管是谁掏了钱，浪费的资源也是全社会、全人类的。

节约的第三个有益之处是节约是一种美德，能提升我们的品质。有这样一个故事，古代有一个皇帝，有一个寺庙的方丈和这个皇帝私交很好，所以方丈经常进宫和皇帝谈经论道。一天，方丈又进宫来和皇帝聊天，但是方丈的脸上明显带有忧伤的表情，皇帝也看出来了，就问方丈为何事担忧，起初方丈不说，在皇帝的一再追问下，方丈才极不情愿地说道："皇帝您的阳寿到了，还有三天时间。"皇帝听后，大吃一惊。

第二天中午皇帝用膳的时候，自然是闷闷不乐。他一不小心把一个米团掉在了地上，以往皇帝是不在乎这个的，但是今天皇帝很在乎，就俯身捡起来吃掉了。

过了三天，皇帝竟然安然无恙。于是，皇帝召方丈进宫，问道："你不是说我的阳寿到了吗？我这不是好好的吗？"方丈说道："你昨天吃饭的时候掉了一个米团，是不是捡起来吃掉了？"皇帝说："是啊，怎么了？"方丈说："上天看到你怜惜粮食，体贴农人，又给了你十年的阳寿。"

不管这个故事是真是假，它的教育意义是显而易见的。

节约的第四个有益之处是能够影响他人以及我们的子孙后代。从我们的身上，子孙后代能够学习到勤俭节约之美德，进而也容易做到勤俭节约，而子孙后代勤俭节约的美德对于成就他们自己无疑会有意想不到的作用；他人也可以从我们的身上学习到勤俭节约的美德，从而改善社会风气。

5. 深度思考的多个角度

面对一个事物，我们要进行多角度的思考，只有这样，才能对这个事物有更清晰、更全面的认识。请看以下几个例子。

比如说，高三数学老师想多占自习时间让学生学数学，目的就是提高数学单科的高考成绩，但是在自习课上和课余时间，学生想要的是什么？是利用自习或课余时间补一下弱科，所以学生想要提高的是高考总分。这就是站位不同，思考的角度也不同。

再比如说，妈妈要去参加一个很重要的聚会，三岁的儿子不想让妈妈去，就开始哭闹，妈妈就很生气，认为孩子不听话，双方就闹得不愉快。

在这个例子里，少年儿童首先要的是安全，3岁的孩子认为妈妈离开后自己会不安全，所以就不愿意妈妈去；而妈妈首先要的是孩子听话，孩子不听话妈妈就生气。妈妈越生气，孩子越感到不安全，局面就会越尴尬。

妈妈要的是孩子听话，孩子要的是安全，这是对妈妈参加聚会这一个问题思考的两个角度，妈妈只是从自己的角度思考问题，才使得问题得不到很好解决。

其实妈妈首先要搞清楚孩子要什么，只要满足了孩子的要求，孩子就不会再哭闹了。妈妈可以告诉孩子，姥姥是妈妈的妈妈，在家里和姥姥在一起是很安全的，妈妈很快就会回来。这样就消除了孩子对安全的担忧和恐惧，一般情况下问题就会

得到解决。

很多问题就是这样，我们要经常想想对方想要的是什么，要尽量满足对方的需要，不要只想着自己想要什么。

网上流传着这样一个小白兔钓鱼的幽默故事：

第一天，小白兔去钓鱼，一无所获。第二天，它又去钓鱼，还是如此。第三天它刚到，一条大鱼就从河里跳出来，大叫道：你要是再敢用胡萝卜当鱼饵，我就打死你。

胡萝卜是小白兔自己喜欢吃的，而不是鱼喜欢吃的，既然不是鱼喜欢吃的，那么用胡萝卜来钓鱼就是徒劳。

再举一个古老的例子。

很久以前，人类都是光着双脚走路的。

有一个国王到一个偏远的乡间旅行，因为路面上有很多碎石头，刺得他的脚又痛又麻，他回到王宫后便命令把所有的房间都铺上了牛皮。国王踩在牛皮地毯上，感觉双脚舒服极了。他为了让自己无论走到哪里都感到舒服，他还命令众臣把全国的路都铺上牛皮。

众大臣听了国王的话后，十分吃惊：这把全国的牛都杀掉也不能够把全国的路都铺上牛皮啊！于是众大臣纷纷劝说国王不要这样做。

国王因此很生气，说道："如有违抗命令者，一律就地正法。"众大臣一筹莫展，窃窃私语，这时，一位大臣提出了自己的想法："国王，您可以把自己的脚用牛皮包起来，这样，无论走到哪里，您的脚都不会再遭受痛苦了。"

国王一听喜出望外，马上听从了他的建议。这位聪明的大臣换了一个方式解决问题，不仅挽救了其他官员的性命，而且成功地发明了皮鞋。

下面一个例子是很多人看到过的：

先来看这样一组等式：1＋1＝1；1＋2＝1；3＋4＝1；5＋7＝1；6＋18＝1。

当你看到这组等式时，直觉会瞬间告诉你：这根本不可能。

但如果你在每个数字的后面加上单位名称，就变成了如下等式：

1 里＋1 里＝1 公里；

1 个月＋2 个月＝1 个季度；

3 天＋4 天＝1 周；

5 个月＋7 个月＝1 年；

6 小时＋18 小时＝1 天。

这样一来，这组等式就完全成立了。

本来不成立的几个等式，加上单位名称以后就完全成立了，这就说明认为等式不成立是一种常用的思考角度，加上单位名称是另一种思考角度。

下面再举一个例子。

国家实施二孩政策以来，围绕要不要二孩，各层次的人们都有不同的想法。数据显示：经济比较发达的地区，生育二孩的积极性比较低；而经济欠发达的地区，生育二孩的积极性反而高。这是出乎人们的想象的。

对于生不生二孩，是不是只有抚养成本一个问题呢？当然，抚养成本是一个主要问题。但是，是不是就这一个指标呢？显然不是。

关于生二孩的深度思考有以下五个角度：

第一个角度是感情的公平问题。两个孩子，不管男女，在父母那里就会出现一个公平问题，如果一个孩子认为父母爱的不是他，而是他的兄弟姐妹，或者他认为父母给兄弟或姐妹的爱多一些，不管这是真的还是假的，他都会产生一种强烈的不满情绪，甚至会产生不健康的精神问题等，这个问题解决起来比较困难。

第二个角度是财产物品分配的公平问题。从孩子们小时候开始，父母给孩子分配东西就是一个小难题，父母以为分配公平了，但是孩子认为不公平，这就是一个小难题吗？有一次我把这个话题说给几个朋友听，马上有一位朋友接过话头说，这还真是一个现实问题，我的孙子和孙女之间就经常出现这种纠纷，不是说给这个买东西多了，就是说给那个买东西少了；还有谁的生日是在酒店过的，谁的生日是在家里过的；甚至给孙子买了一把玩具枪，孙女就问为什么不给她也买一把玩具枪。凡此种种，问题实在太多。

这还是比较小的事情，到成年以后还会发生财产分配不公的问题。家庭财产不光是现金，如果是两套房子，肯定房子的面积、地段、楼层、质量等都不一样，分给两个孩子时虽然可以再用其他措施使之尽量平衡，但是，父母感觉公平了，孩子不一定感到公平。

有句话说得好：财产之争，财尽为止；宠爱之争，人死为止。当然，有不少家庭处理这类事情还是没有问题的，兄弟姐妹之间互尊互让，和和睦睦地一起生活，在财产上也不是多么计较，但是有争执的家庭不在少数。

第三个角度是同胞之间是否能够互相帮助、和睦相处。

第四个角度是生二孩是否会降低生活质量。生了二孩后，父母要带两个孩子，要分散很多精力，很多社交活动也不能参加，旅游的机会显著减少等，这是当今许

多年轻父母不希望看到的。

第五个角度是经济负担问题。这个问题的负担程度由各地的房价、教育付出、结婚花费等来确定，但都不轻松。

以上就是对生育二孩的多角度思考。

下面再举一个例子。

古时候有一个人拜师学习武术，学了几年后，本领大增，周围已经没有人能够战胜他了。有一天，外地来了一个武士和他较量，结果他失败了。他找到自己的师傅，把这个武士的招数一五一十地展示给师傅看，问师傅怎样才能战胜他。

他的师傅在地上画了一条线，问他："你用什么办法在不改变这条线的长度的情况下让它看起来更短？"

徒弟百思不得其解，只好再问师傅。师傅在这条线的旁边又画了一条比这条线更长的线，问徒弟："与这条更长的线相比较，是不是原来的短了？你不要只研究如何战胜别人，你主要应该研究怎样提高自己，你自己提高了，战胜别人就是轻而易举的事了。"

这里思考的第一个角度是只研究怎样战胜别人，第二个角度是研究如何提高自己。

我们无论做什么事，固守惯性思维，一路直撞南墙，成功的可能性往往很小。当你感到自己走进死胡同时，一定要转换思考的角度，看看旁边有没有出口。只有随势而变，学会换一个角度去思考问题，方可游刃有余地解决问题。

6. 深度思考之换位思考

换位思考是学校领导经常使用的一种思考方式。

换位思考，就是设身处地为他人着想。人与人之间要互相理解、信任，首先要学会换位思考，多去站在别人的角度思考，这是人与人之间交往的基础。

换位思考是一条基本的道德教谕。古往今来，纵贯中西，从孔子的"己所不欲，勿施于人"到《马太福音》的"你们愿意别人怎样待你，你们也要怎样待人"，都体现了换位思考的理念。

换位思考是融洽人与人之间关系的最佳润滑剂。人们都有这样一个特点，即总是站在自己的角度去思考问题。假如我们能换一个角度，能够站在他人的立场上思考问题，会得出怎样的结果呢？那肯定就是多了一些理解和宽容，改善和拉近了人与人之间的关系。

生活中的很多矛盾都是没有换位思考造成的，最常见的例子就是，丈夫觉得自己一天在外挣钱很累，妻子在家带孩子做家务，没压力很轻松；妻子则觉得自己日复一日地在家做家务带孩子很枯燥很累，出去上班自己挣钱自己花才不受气，才活得有意思。其实真要换过来，都会发现对方不容易。所以，我们在生活中要多一些换位思考，多一些理解，这样人与人之间就会多一些幸福快乐。

拿破仑·希尔有一年需要聘请一位秘书，于是在几家报纸上刊登了招聘广告。应聘的信件如雪片般飞来，但这些信件大多如出一辙，比如几乎都是这样开头："我看到您在报纸上刊登了招聘秘书的广告，我希望自己可以得到这个职位。我今年××岁，毕业于××学校，我如果能荣幸被您选中，一定兢兢业业。"

拿破仑·希尔对此很失望，正琢磨着是否放弃这次招聘计划时，一封信给了他全新的希望，认定秘书人选非写信者莫属。

这封信是这样写的：敬启者：您所刊登的广告一定会引来成百乃至上千封求职信，而我相信您的工作一定特别繁忙，根本没有足够的时间来认真阅读。因此，您只需轻轻拨一下这个电话，我就很乐意过来帮助您整理信件，以节省您宝贵的时间。您丝毫不必怀疑我的工作能力与工作质量，因为我已经有十五年的秘书工作经验。"

后来，拿破仑·希尔说："懂得换位思考，能真正站在他人的立场上看待问题、考虑问题，并能切实帮助他人解决问题，这个世界就是你的。"

换位思考，我们知道却难做到。这是因为，我们习惯了从自己的角度看问题，为自己谋取利益。

很多人都有这样的思维：

你有一个女儿时，你希望她的婆家多给彩礼；

你有一个儿子时，却不希望亲家要的彩礼太多；

你有一个儿媳时，你嫌儿媳不听话，不懂事；

你有一个女儿时，你却希望她掌管婆家大权；

你开车时，你讨厌行人；

你走路时，你讨厌车；

你打工时，你觉得老板太强势、太抠门；

你当老板后，你觉得员工太没责任心，太没执行力；

你是顾客，你认为商家太暴利；

你是商人，你觉得顾客太挑剔。

············

只站在自己的位置上看别人、看事物，所得出的结论永远都是最糟糕的。只有换位思考，将心比心，设身处地考虑对方的感受，才能创造良好的人际关系。

做人，要懂得换位思考，作为校长，要善待自己的教职员工。能感受教职员工的难处，是学校领导的情怀；能帮助教职员工解决困难，是学校领导的善良；能体谅教职员工的不易，是学校领导的宽厚；能宽恕教职员工的错误，是学校领导的大度；能接纳教职员工的不足，是学校领导的胸怀。赠人玫瑰，手有余香。爱出者爱返，福往者福来。

作为校长，我们在工作的方方面面和一般员工相比有一定的优势，比如优先获得信息的优势、信息占有量大的优势、权威的优势、占有资源多的优势等，所以，我们往往会站在一个个制高点上，经常给员工以居高临下的感觉，这非常不利于干群关系的和谐，不利于我们和员工的沟通，进而影响学校工作的质量和效益。换位思考则能有效地解决这些问题。

换位思考用在一些工作中，比如制定各种制度时，要做到严之有理、严之有度、严之有情；要考虑制度的合理性、合情性和员工的可接受性。只有这样，教职员工才容易接受并愿意执行，制度才会起到应有的作用。

我从网上看到这样一个小故事：

一个年轻人向一位老者请教："先生，我已经来到世上快三十年了，可还是没有学会与人打交道。无论是作为孩童，还是成年以后，无论是与朋友、亲人、同学、同事，还是刚认识的人，总是把握不好交往分寸，最后不是伤了对方，就是伤了自己。您是智者，您可以告诉我人这一生到底该如何与人打交道吗？"

老者沉默了一会儿，开口说了四句话："把自己当别人，把别人当自己，把别人当别人，把自己当自己。"

寥寥数言，看似在玩文字游戏，却囊括了为人处世的所有哲理。

天下熙熙攘攘，其实只有两类人，一是自己，二是别人。人世间的所有矛盾，也无非是这二者排列组合后形成的四种类型的矛盾。只要厘清二者之间的关系，懂得不断地变换自己的思考方式，很多矛盾和困难都会迎刃而解。老者的这四句话中，"把别人当自己"就是指换位思考。学会换位思考，许多看似无解的局面就可能别开生面。

作家刘润分享过这样一个故事。

他有一次乘坐飞机，看到一位老奶奶占着别人的靠窗位子，位子被占的乘客是个年轻人，他手里拿着机票，一直在跟老奶奶理论，让她把位置让出来。在他看来，按照机票对号入座是天经地义的事情，可哪怕他说得面红耳赤，老奶奶就是不走，还指责他不懂得体恤老人，非要抢一个靠窗的位置。眼看事情要闹到喊乘务员的地步，刘润上前对那老奶奶说："阿姨，你知道吗，如果飞机出事，航空公司是按照座位号来收骨灰的。您坐这里，到时真要出什么事，您的孩子以后可就成天祭拜别人了。"老奶奶听了，二话不说，立刻坐回自己的位置上。

生活中的许多事情何尝不是如此。当你站在旁观者的角度，就会发现许多问题都不必争论输赢，只要循着对方的思路去考虑，看似无解的问题便会轻而易举地解决掉。

有一个正在上幼儿园的小女孩喜欢画画，有一天，她的一幅画被她那做教师的妈妈看到了。当时，她的妈妈一下子怔住了：孩子总是充满了想象，孩子的世界也应该是一个充满想象的世界，可是，在她女儿的一幅《陪妈妈逛街》的画中，既没有高楼大厦，也没有车水马龙，更没有琳琅满目的商品，有的只是数不清的大人们的腿……

奇怪！她拿着女儿的画沉思了很久，终于解开了疑惑。原来，她的孩子只有几岁，身高还不及大人的腰部，走在大街上，川流不息的人群将孩子的视线遮掩着，孩子除了能看到大人们的腿，还能看到什么呢？

教师妈妈如梦初醒。是啊，孩子们上街看到的不是高楼大厦和车水马龙，而是大人们的腿，这是他们的身高决定的；学生对很多问题疑惑不解，这是由他们的年龄、智力和见识决定的。

我们可以继续设想：企业员工看到的只是自己的工资待遇和发展前途，而不是公司的整体运行和未来发展，这是由他们所处的位置和环境决定的；学校的教职员工只看到自己的工资、职称和未来，很少看到学校的教育质量、社会影响和发展愿景，这也是由于他们所处的位置和地位决定的……

对于孩子而言，他们不太可能和大人有相同的视角来看待社会；对于学生来讲，并不是每个学生都有非凡的接受能力和认知能力；对于教职员工来讲，并不是每个教职员工都能和校长一样站在学校的全局看待问题、分析问题和处理问题……

所以，我们平常对老师备课的要求之一是备学生，这个备学生实际上就是要求老师换位思考；我们学校领导也要在思考学校工作时备员工，这个备员工就是学校领导和员工之间的一个换位思考。

对于一个学校管理者来讲，换位思考是形成凝聚力和向心力的重要因素，你是校长，你的换位思考会形成学校员工的凝聚力和向心力；你是部门主任，你的换位思考就会形成部门员工的凝聚力和向心力。你的换位思考做得越好，你在学校或部门的管理效果就会越好。

所以学校领导在工作中要养成换位思考的习惯，凡事首先要站在教职员工的位置上来考虑。尤其是在制定学校或是部门的一些规章制度的时候，一定要设身处地地站在教职员工的立场上去审视这些规章制度的合理性和合情性，审视这些制度对于教职员工的可接受性。

当然，学校领导也要经常提醒教职员工进行换位思考，教职员工也要经常站在学校领导的位置上来思考问题，体谅学校领导的难处，了解学校领导的一些苦衷，这样才更有利于干群关系的和谐。

7. 深度思考之"借脑"思考

我们党取得若干胜利的一条宝贵经验就是坚持党的群众路线。坚持党的群众路线实际上就是团结群众、依靠群众，就是问计于民，就是向群众"借脑"。

1943年6月，毛泽东在《关于领导方法的若干问题》一文中，科学地阐述了群众路线的基本内容，分析了"从群众中来，到群众中去"的全过程及各个环节，提出了"一般号召和个别指导相结合""领导骨干和广大群众相结合"等领导方法和工作方法的重要原则，把群众路线的领导方法和工作方法系统化、条理化，得出了英明的结论："在我党的一切实际工作中，凡属正确的领导，必须是从群众中来，到群众中去。这就是说，将群众的意见集中起来，又到群众中去做宣传解释，化为群众的意见，使群众坚持下去，见之于行动，并在群众行动中考验这些意见是否正确。然后再从群众中集中起来，再到群众中坚持下去。如此无限循环，一次比一次更正确、更生动、更丰富。这就是马克思主义的认识论。"

习近平总书记提出了"以民为本"的执政新理念。党的十八届四中全会通过的《中共中央关于全面推进依法治国若干重大问题的决定》指出："要恪守以民为本、立法为民理念，贯彻社会主义核心价值观，使每一项立法都符合宪法精神、反映人民意志、得到人民拥护。"

习近平总书记强调指出，"要自觉拜师人民、尊重人民、依靠人民"，"要始终坚持问政于民、问计于民、问需于民"。这就告诉我们，只有发自内心地尊重群众的智慧和创造，才能真正体会群众工作的真谛，赢得群众的理解与支持。

学校工作也应如此。学校领导也要始终坚持"问政于民、问计于民、问需于民"，因为这样才能做到不脱离群众，才能做到民主治校，才能做到以人为本，才能使学校工作不断发展，才能收到事半功倍的效果。

在具体的学校工作中，较小的事情一般不用经过太多的思考，凭借经验再加上自己比较系统的思考即可。但是，学校的一些大事情，校长必须进行深入思考，而且不仅校长一个人要思考，副校长、中层干部甚至教职员工也要思考，这叫集体思考。比如，学校发展的重大决策、学校的文化建设工作、学校的招生工作、学校的校庆工作等，这些事情都需要全校员工积极思考，只有集思广益，群策群力，才能做好这些工作。有时候，我们甚至要借助学校以外的智慧，也就是请校外的领导、同行或者专家帮助我们进行思考。

向本校的教职员工征求意见建议，问计于本校教职员工这是对内"借脑"；向校外同行、专家、学者征求意见，这是对外"借脑"。

单县职业中专2015年举办了隆重的建校二十周年庆典。对于这次校庆工作，学校召开过多次咨询会，如学校离退休教职员工会议、兄弟学校校长咨询会、相关领导咨询会等，这就是让大家帮助我们思考，这就是"借脑"思考。

对外"借脑"是学校管理的一种十分便捷的方法，外校同行以及专家学者的理论和经验未必完全适合我们学校的实际情况，但是总有一些理论和经验是值得我们借鉴的，是可以经过筛选、修订以后供我们使用的，这种方式远比我们闭门造车快捷和迅速，也比我们自己想出来的东西要全面得多、完善得多，毕竟这是人家经过深思熟虑、经过多年实践形成的。

向内"借脑"的一种重要形式是召开学校教职员工代表大会。我们学校每年召开一次教代会，教代会是民主治校的重要形式之一，通过教代会，充分发动教职员工为学校发展献计献策，充分代表教职员工发表意见和建议，达到教职员工民主治校的目的。实际上，召开教代会就是"借脑"思考的一个典型事例，就是借全校教职员工的脑来思考学校发展大计。

为了更好地达到"借脑"的目的，我们会针对每一届的教代会预先确定一个主题，让全校教职员工围绕主题进行思考，围绕主题提出意见和建议，这样就会更加聚焦学校发展的主要问题，使大家提出的意见和建议更加集中，目标更加精准，更好地提高"借脑"思考的质量和效益。

学校的一些重大活动，也可以通过"借脑"进行决策。比如学校的开学典礼，不要拘泥于一种形式，完全可以在突出主题的前提下进行创新。记得李希贵就是这样做的。他们学校先制定了开学典礼的宗旨，提出举办开学典礼的几个必需条件，然后在此框架下向全校各部门、班级、师生征集方案。大家按时向学校提出自己的开学典礼实施方案，学校权衡后，采用其中的一个方案，其他方案的有益部分也可以作为主方案的补充。在方案确定以后，方案主要策划者就可以主办学校的这次开学典礼，这样对该部门或是该班级都是一个极好的锻炼、展示机会，学校还可以在某些考核上给予加分奖励。这种方式既锻炼了师生，又使开学典礼耳目一新，还激发了全校师生的创新意识，可谓一举多得。

学校的其他重大活动，如成人仪式、拜师仪式、毕业典礼等都可以采取这样的向内"借脑"的形式。

最近我在读李希贵校长的《学生第一》一书，书中列举了很多"借脑"于老师尤其是"借脑"于学生的例子。譬如上述通过向师生"借脑"改革学校开学典礼这件事，又引出了以"开学护照"为主题的开学系列活动，这也是他们通过向师生"借脑"产生的：

半个小时的开学典礼结束后，就是持续一周的开学活动，学生可按照"开学护照"上的指示自行参与。活动包括：填写校长和部分老师的手机号并记住它，便于在自己需要帮助的时候能够找到想找的老师，由此可得到一枚红色的开学纪念章；至少收集10位老师的签名，由此可得到一枚黑色的"老师见证"纪念章；至少收集20位同学的签名，由此可得到一枚绿色的"同学见证"纪念章；请家长写下新学期祝福，由此可得到一枚黄色的"家长见证"纪念章；写下自己新学期的目标和规划，由此可得到一枚蓝色的"班主任见证"纪念章。完成这些活动后，学生可到指定地点领取新学期的小礼物，并盖上红色的开学纪念章。

好的关系会带来好的教育。多彩的开学活动带来了校园内外师生交往、生生交往、家校互动的热潮，增加了师生相处、师生交流的机会，增加了学生之间传达感情的机会，增加了家长与孩子沟通的机会。

在《学生第一》一书中，李希贵校长还列举了学校开展的"金点子"征集活动，这个活动就是向教职员工"借脑"，帮助学校解决日常工作中的一些问题。一般而言，多数学校大都在教代会期间集中解决老师们的大量提案，但如此做法存在两个问题：一是有的提案涉及的问题，等到教代会召开时已经错过解决的最佳时机；二是民主参与管理面小，没有真正突出表现教职员工的全员参与。为了解决这些问题，根据教职员工提议，北京十一学校试行每月"金点子"征集活动，即将每月的5～10日定为学校的"金点子"征集时间，征集、解决教职员工关心和关注的问题和学校发展中的问题。

每月征集"金点子"，从时效性上看，有利于及时解决问题和推进工作。北京十一学校通过"主要解决问题""建议及措施""提案人""落实措施/部门"等几项内容收集教职员工的提案，由工会汇总后及时通报相关职能部门提出解决方案，月底前将提案办理意见通报全体教职员工。提案不局限于教代会代表，教职员工人人均可参与。这样一来，大家有了当家做主人的感受，更愿意为学校的发展贡献智慧了。

在落实"金点子"的过程中，要公开透明，并对未采用的金点子提出人给予及时的单独解释工作。另外，在活动实施过程中要注意以下几个环节：

其一，明确"金点子"提案的标准。"金点子"提案要具有创新性和时效性，能对完善、改进学校工作产生重大效能。

其二，做好提案的分类、通报工作。提案的结果有三种：未被采纳、被采纳、被采纳并被评选为"金点子"。学校刚开始只通报被采纳并被评选为"金点子"的提案，其他单独回复；后改为通报被采纳的和被采纳并被评选为"金点子"的提案，单独回复未被采纳的提案；后来发现，有的未被采纳的意见总有不同的人反复提出，因此，学校便对所有提案做出通报，但注明是否被采纳的办理意见。

其三，要特别关注提案的落实情况。教职员工对自己提案的落实状况是非常关心的，因此，每月通报"金点子"征集情况时，总会附录上月"金点子"的落实情况。

关注学校的发展，解决身边的问题，是教职员工参与民主管理的最好方式。每月征集"金点子"活动，增强了教职员工热爱学校、建设家园的责任感和使命感，促进了学校的民主建设，也提高了学校的管理水平。

"金点子"征集活动显然是十分典型的向全校教职员工"借脑"的案例。

8. 深度思考与创新

党的二十大报告指出："教育、科技、人才是全面建设社会主义现代化国家的基础性、战略性支撑。必须坚持科技是第一生产力、人才是第一资源、创新是第一动力，深入实施科教兴国战略、人才强国战略、创新驱动发展战略，开辟发展新领域新赛道，不断塑造发展新动能新优势。""完善科技创新体系，坚持创新在我国现代化建设全局中的核心地位。完善党中央对科技工作统一领导的体制，健全新型举国体制，强化国家战略科技力量，优化配置创新资源。""加快实现高水平科技自立自强。以国家战略需求为导向，集聚力量进行原创性引领性科技攻关，坚决打赢关键核心技术攻坚战，加快实施一批具有战略性全局性前瞻性的国家重大科技项目，增强自主创新能力。""完善人才战略布局，坚持各方面人才一起抓，建设规模宏大、

结构合理、素质优良的人才队伍。加快建设世界重要人才中心和创新高地，促进人才区域合理布局和协调发展，着力形成人才国际竞争的比较优势。"

早在 2016 年 4 月 26 日，习近平在安徽合肥主持召开知识分子、劳动模范、青年代表座谈会时就指出：面对日益激烈的国际竞争，我们必须把创新摆在国家发展全局的核心位置，不断推进理论创新、制度创新、科技创新、文化创新等各方面创新。

2018 年 3 月 7 日，习近平参加十三届全国人大一次会议广东代表团的审议时指出：发展是第一要务，人才是第一资源，创新是第一动力。中国如果不走创新驱动道路，新旧动能不能顺利转换，是不可能真正强大起来的，只能是大而不强。

从以上内容可以看出，党和国家对于创新高度重视，号召我们把创新当作各项工作的重点和重心，以创新引领社会事业和经济的发展，以创新实现各项工作的突破。

人类的每一次发展都是以创新为前提的，无论是早期的钻木取火、制造劳动工具、发明蒸汽机，以及电的发明和我国古代四大发明，还是近现代人类在哲学、物理、算法、信息技术、大数据等方面的重大突破，无不都是创新的行为和结果。可以说，没有创新就没有人类的进步与发展。

学校工作也是如此。我们必须把创新摆在第一位，通过创新提升学校发展的速度，提升学校发展的效率和质量。

学校创新的一个重要表现形式是做课题研究。

首先，课题研究内容涉及教育、教学以及学校管理的方方面面，几乎无所不包；其次，课题研究方向可大可小，大方向可以做成大课题，中方向可以做成中课题，小方向可以做成小课题。做成一个课题，就是在这一方面实现了创新，课题研究的结果就是创新的成果。

我经常说的一句话是"在研究的过程中工作，在工作的过程中研究"。就是说我们要把研究和工作结合在一起，使工作离不开研究，使研究离不开工作。

研究就是着力创新，研究就是运用创新，研究就是实现创新。我们研究每一个课题的目的都是解决一个问题，是为了实现一项工作的创新，这个道理大家都懂。但是在一所学校里，要真正形成研究的氛围还是很难的，这与学习氛围的营造有关，与深度思考氛围的营造有关。

因为不少人认为读书学习是一件很艰苦的事情，深度思考更是一件艰苦的事情，这就给创新造成了障碍。

下面一个故事充分说明了深度思考与创新的关系。

拿破仑·希尔有一次去见一个专门以出售创意为职业的教授，结果被教授的秘书挡了驾。拿破仑·希尔很奇怪："像我这样有名望的人来见他，也要被拒之门外吗?"

秘书回答："很抱歉，即使美国总统这时候来，也要等两个小时。"

拿破仑·希尔很忙，他犹豫了一下，但仍决定在接待室等待。两小时后，教授出来了，拿破仑·希尔迫不及待地问："阁下为什么要让我等这么久?"

教授告诉拿破仑·希尔，他有一个特制的房间，里面漆黑一片，空空荡荡，只有一张躺椅，他每天都要躺在椅子上默想两个小时，在冥思苦想时，很多别具匠心的创意都会来到脑海当中。这是他创新能力最强的两小时，所以，这他时谁也不见。

拿破仑·希尔听着教授的讲述，内心突然涌出一个想法：善于思考才是人生成功的要诀。由此。他写下了《思考致富》这一著作。

在美国，拿破仑·希尔的名字家喻户晓，由于他创造性地建立了全新的成功学，他成为世界上伟大的励志成功大师之一，他创建的成功哲学和十七项成功原则，以及他永远如火如荼的热情，鼓舞了千百万人，因此他被称为"百万富翁的创造者"。

拿破仑·希尔的著作《成功规律》《人人都能成功》《思考致富》等被译成 26 种文字，在 34 个国家和地区出版发行，畅销 8000 多万册，是所有追求成功者必读的书，数以万计的政界要员、商贾富豪都是他著作的受益者。

（五）怎样提高自己的思考力

思考是一种能力，更是一种习惯。所以，我们一要注意养成思考的习惯，二要不断提高思考的能力。

1. 注意养成思考的习惯

渴望提高生存能力和竞争能力是芸芸众生的共同愿望，现存的事实却是人与人之间的生存能力和竞争能力有很大的差别。那么，是什么原因造成生存能力和竞争能力的高低与强弱呢? 原因可能很多，但主要原因可能是思考的能力不同。

人类社会一切伟大的成果都是经过反复思考、探索、实践而完成的，我们拉开历史发展的帷幕就会发现，古今中外凡是有能力创造重大成就的人，都经过了一番艰苦的思考。

爱因斯坦狭义相对论的建立，就经过了十年的思考。他说："学习知识需要思考、思考、再思考，我就是靠这个学习方法成为科学家的。"

黑格尔在著书立说之前，曾缄默六年，不露锋芒。在这六年中，他以思为主，专研哲学。哲学史学家认为，这平静的六年，其实是黑格尔一生中最富有成效的思考时刻。

牛顿从苹果落地导出了万有引力，有人问他有什么诀窍，他回答说："我并没有什么方法，只是对于一件事情作长时间的思考罢了。"他还说："我的成功归功于精微的思索。"

拿破仑·希尔曾经做过美国总统罗斯福的首席顾问，其代表作就是《思考致富》。这本书"彻底改变了美国人的思想观念，激发了所有美国人的潜能"。拿破仑·希尔写这本书，是受了美国钢铁大王安德鲁·卡内基的启发和帮助的。卡内基告诉了希尔自己成功的秘诀，并希望他能在 20 年内告诉全世界。希尔做到了。成功的秘诀就是"无形的意念会带来财富，心想才能事成"，"凡你心里所想，并且相信的，终必能够实现"。

倘若我们仔细研究一下我们周围的成功者，就会发现他们无一不是善于思考者。但也有一些人，要么整天忙忙碌碌地干这干那，要么无所事事地东游西逛，个别处在领导岗位上的人，每天搞检查、做指示、赶饭局、跑会场、忙迎送，就是不给自己留下一点思考的时间，也从来不注意培养自己良好的思维习惯和思维方法。到头来，时间用没了，精力耗费了，工作却没有多大起色。

思考是创新的第一步，是一座掘之不尽的能力宝库，没有思考能力就缺乏行动能力，就谈不上创新，谈不上创造性工作。

思考的价值是发现和解决问题，思考的剩余价值是联想和启发，思考的利润是突破和创新。

勤于思考的人，会把思考作为一种习惯，这习惯带给人的变化是持续的、深刻的、内在的，尤其体现在心灵的成长上。长年坚持思考的人，情绪稳定，很少大喜大悲。生活中的"阴、晴、圆、缺"皆可通过思考之路化作自己的精神财富。勤于思考的人，会渐渐具备坚强、自信、睿智、豁达、谦卑、责任等人类优秀品质。

思考从来都不是停留在事物的表面，思考需要付出，需要勇气，需要角度，需要深入，需要热情，当然还需要理想和抱负。我们要把思考贯穿于工作和生活的全过程中，围绕见到的每一个对象或是现象展开思考，养成良好的思考习惯。

有一次我和我们学校的几位领导到一所学校学习交流，该校校长带领我们参观校园，办公楼是新的，走廊很宽，地板拖得很干净，一尘不染，我说卫生做得不错，校长很自豪，说，这个楼的走廊我们承包给了几个家庭困难的学生，也给他们一点报酬，以解决他们学习、生活上的困难。他们一天打扫两次，晚上下晚自习后打扫一次，早上上早操前再打扫一次，所以地面很干净。

你听出问题来了吗？

我说，你不是一天打扫两次，而是一天打扫一次。

校长愕然，问：不是两次吗？

我说，晚上下晚自习后这里不会再有人来了，第二天早操前也不会有人来，所以，晚自习后的一次和早操前的一次形成了重复，实际上就是一次，不对吗？

有一次学校召开新生纪律教育会议，政教主任和体育教师在轮流整队，让学生带着自己的凳子向前看齐，向右看齐，折腾了一刻钟，队伍也没有排列整齐。

我观察了一下，新生所在的广场是用 60×60 的正方形大理石铺的，场地也足够大，只要隔一块大理石坐一名学生，就能非常整齐了，何必整队？并且，新生相互之间有 60 厘米的距离，这样不至于挤在一起，杜绝了相互之间说话的现象。

再比如，我们经常遇到一些对碎片化学习的利与弊的讨论，这也引发了我的思考，经过比较深入的思考，我形成了自己的观点：

现在很多人自觉不自觉地在进行碎片化学习，这也是时代使然。有人对碎片化学习有不少质疑，我的看法是，碎片化学习应该是一种符合新时代规律的学习方式。至少可从以下四个方面来说明：

（1）生活节奏的改变。古代人的生活节奏很慢，现代人的生活节奏很快，现代人在工作和生活的很多方面都是快餐化、简约化、碎片化、社会化，所以学习也是一样，碎片化学习也是加快学习节奏的一种方式。

（2）以前的书籍，以经典、大部头为主，知识碎片化的东西本身就很少，所以人们只能去读那些大部头的书籍，根本参与不到简约的学习中去，现在碎片化的学习内容越来越多，环境迫使人们参与到碎片化的学习中去。

（3）现代人趋于追求知识的广度，而追求深度的人越来越少，知识的广度要靠碎片化、简约化来呈现，所以，人们自然要选择碎片化、简约化的学习方式。

（4）人们的学习需要线索，碎片化知识实际上给人们提供了一个线索，具有科普性质，碎片化知识可以作为线索引导人们走向更深、更广。

学习有道也有术，有深也有浅，有整也有碎，碎怎么就不对了呢？古代人的工作、生活节奏是想快快不了，现代人的工作生活节奏是想慢慢不了，不同的时代有不同的学习方式，所以碎片化学习也是顺应时代变化的结果，无可厚非。

2. 不断提高思考的能力

我们来看一看日本学者大千研一的电车思维训练方式。

　　大千研一是麦肯锡公司的一位顾问，他每天研究企业案例，每天都是搭乘晚上10点48分的电车回家，从公司到家的车程是28分钟，他就在这每天的两个28分钟里，练就了极强的思考力。

　　例如，他在路上看到一个番茄酱广告，他就会设想一系列问题："如何扩大番茄酱的市场？""这样的广告是否能增加销路？"等等。他总是设法在下车之前把这些问题解答完毕。

　　长达一年的"电车思维训练"，使得他后来只要客户一提出问题和要求，立即就能在脑海里形成解决问题的方案。

　　我们在日常的工作中，要有意识地调动自己的思考积极性，不断地加强思考，逐步养成积极思考的习惯，逐步提高思考的能力。

第五讲

关于执行力的思考

"执行力"显然是我们这个时代的一个热词，各行各业都在讲执行力的问题，都在强调执行力的作用，都在追求落实执行力的最佳结果。事实上，在每一项工作的每一个环节，都存在着落实执行力的程度问题。我们每一个人、每一件事都与执行力有关，执行力已经走进了我们工作、生活的每一个细节，走进了我们工作、生活的整个过程。

一、执行力问题是怎样引起重视的

现在，几乎所有的企业、事业单位甚至政府机关都在研究、探讨走向成功的最佳途径。首先，大家都会研究一个单位（这里我们把企业、事业单位和党政机关都称作单位）一把手的作用，很多非常重要且上级领导非常重视的工作经常被称为"一把手工程"。比如安全是一把手工程、环保是一把手工程等。在教育系统，若干年来就流传着这样一句耳熟能详的话——"一个好校长就是一所好学校"，这也充分说明了学校一把手的重要性。

尽管大家都承认单位一把手的重要性，但是大家又发现，一个单位仅凭借一把手的努力是不够的，至少，一把手要通过一个团队来落实他的意图和打算，这里又显示出团队的重要性，于是大家开始重点研究团队问题。

研究团队问题之后，我们又得出了这样的结论：团队作用要靠一个看不见、摸不着的东西来推动，而这个东西就是单位文化。对于企业来讲，就是企业文化，对于学校来讲，就是学校文化。

在研究单位文化时，我们又认识到，单位文化的关键部分是精神文化，精神文化的核心是价值理念，当一个单位的精神文化真正建立并运行起来的时候，我们才可以说该单位文化建设成功了。

从以上分析可以看出，一个单位的发展最终还是要落脚到执行力上。

就企业而言，若干实例证明，一些普通企业和成功企业的差距不在战略上，也不在规章制度上，而是在执行力上。

同一个行业的一些企业，它们初始条件都差不多，有几乎相同的产品、几乎相同的市场、几乎相同的原材料，甚至有几乎相同的技术，并且采取了几乎相同的战略，但是几年、十几年过去之后，结果却相去甚远，甚至是严重的两极分化，有的企业成功了，有的企业却失败了。问题在哪里？不是方向问题，也不是战略问题，是执行力的问题。

学校何尝不是这样，一个区、县之内，平行的学校不少，它们都在一个教育局的领导之下，战略当然不会出现差别和问题，这些学校的师资队伍、生源质量、办学条件等都差不多，尤其是近几年国家大力推行均衡教育，初中学校是划片招生，师资和教育教学器材都是均衡配备，所以各所学校发展之初的条件差距不大。但是几年过去之后，这些平行学校就会出现较大的差距，甚至出现两极分化：一些学校脱颖而出，成为优秀的学校，成为学生争相要去的学校；一些学校却被甩在后头，得不到学生、家长和社会的认可。

那么，问题出在哪里呢？原因固然很多，但是我认为主要问题出在执行力上！

台湾著名学者汤明哲指出：一家企业的成功，30％靠战略，40％靠执行力，30％靠运气。由此可见执行力在企业发展中的重要性。

据美国著名杂志《财富》报道：在一般企业当中，只有10％的有效建立起来的战略得到了有效的执行。70％的企业失败的原因不是缺乏好的战略，而是缺乏有效的执行力。

执行力不佳，会导致企业核心竞争力的缺失。换句话说，没有执行力，就没有核心竞争力。

一般来讲，操作链越长的工作，执行力就越差。

作为一名教育干部，或者一名校长，一定要看到执行力的重要作用。要知道学校的工作安排到每一个部门、每一名员工那里，到底能执行多少，执行的速度有多快。

二、执行力的概念

我们大家都熟知生产力的概念，它是政治经济学里的一个基本概念。现在，又相继出现了文化力、经济力、信息力、营销力、形象力、创新力、决策力、企业力、执行力等，这些都是一些新概念，并且是一些发展的概念，是一些与时俱进的概念，它们的内涵在不断变化、不断扩充。也就是说，这些概念还没有统一的、科学的、精确的定义，有的只是一些描述性的定义。

我们来看一下关于执行力的定义。有学者认为，执行力指的是一个人或者一个团队贯彻战略意图，完成预定目标的操作能力。是把企业战略、规划转化成为效益、成果的关键。执行力包含完成任务的意愿、完成任务的能力、完成任务的程度等。

美国戴尔集团董事长麦克尔·戴尔说：执行力就是在每一阶段、每一环节都力求完美，切实执行。

还有学者说：执行力就是员工贯彻落实领导决策、及时有效地解决问题的能力，是企业管理过程中原则性和灵活性相结合的重要体现。

对个人而言，执行力就是办事能力；对团队而言，执行力就是战斗力；对企业而言，执行力就是生产和经营能力。而衡量执行力的标准，对个人而言，是按时按质按量完成自己的工作任务；对企业而言，就是在预定的时间内完成企业的战略目标。

综上所述，执行力的内涵应当包含三个方面：一是对所执行的上级意图的理解水平，二是落实、执行的能力，三是落实、执行的程度。

从以上对执行力内涵的阐述我们可以看出，良好的执行力包括工作的主动性和创造性。

关于主动性和创造性的工作，有一个很好的案例，那就是阿诺德和布鲁诺的故事。

一个小镇上有两个同龄人，一个叫阿诺德，一个叫布鲁诺，他们同时受雇于一家菜店，拿着同样的薪水。一段时间后，叫阿诺德的小伙子薪水提高得很快，叫布鲁诺的小伙子却在原地踏步。布鲁诺很不满意老板的不公正待遇。终于有一天早上，他到老板那儿发牢骚了。

老板一边耐心地听着他的抱怨，一边在心里盘算着怎样向他解释清楚他和阿诺德之间的差别。

"布鲁诺先生，"老板终于开口说话了，"请您现在到集市上去一下，看看今天早上有什么卖的。"

布鲁诺从集市上回来后向老板汇报说，今早集市上只有一个农民在卖一车土豆。

"有多少？"老板问。

布鲁诺赶快又跑到集市上，然后回来告诉老板一共有 40 口袋土豆。

"价格是多少？"

布鲁诺又跑到集市上问了价钱。

"好吧，"老板对他说，"现在请您坐到这把椅子上，一句话也不要说，看看阿诺德是怎么做的。"

阿诺德很快就从集市上回来了，他汇报说，到现在为止只有一个农民在卖土豆，一共有 40 口袋土豆，价格是每千克 2 元，土豆质量不错，他带回来一个让老板看看。并说他回来的路上又看到有一位农民拉来了几箱西红柿，据他看价格非常公道。昨天他们铺子里的西红柿卖得很快，库存已经不多了。他想这么便宜的西红柿老板肯定会进一些的，所以他不仅带回了一个西红柿做样品，而且把那个农民领来了，那个农民现在正在外面等回话呢。

此时老板转向布鲁诺，说："现在您肯定知道为什么阿诺德的薪水比您高了吧？"

从以上例子可以看出，阿诺德具有创造性思维，并且有较强的工作能力和执行力，所以他创造性地完成了工作任务。布鲁诺却没有创造性思维，也就不可能做到创造性地工作，所以他的执行力也就大打折扣了。

我的一个学生大学毕业后在某大型企业工作，已经工作 15 年了，还是一个工会副主席，这基本上是一个闲差。我的这个学生人品不错，人缘很好，很适合做工会副主席，董事长也真的是知人善任。这个学生的缺点也十分明显，就是不爱学习，不追求进步，做事有点拖沓，执行力不强。工作 15 年了，和他一起进公司的同事，有的已经是副总经理了，还有的在重要的中层岗位上任正职，只有他在工会副主席这样一个中层副职上，所以他感到很委屈，有点不甘心。他知道我与该企业的董事长很熟，就希望我和董事长沟通一下，一是了解一下他没有被提拔的原因，二是希望董事长照顾一下，至少能引起董事长的重视。他在跟我说这些事的时候，还表现出很委屈的样子，说自己有 15 年的工作经历，已经在中层岗位上积累了很多经验，对自己很自信，表示在任何一个中层正职的位置上都能干好。

我专程去了一趟这家企业，找到董事长，和董事长说明了情况，董事长对我说，你也应该了解这个学生，他对人热心，乐于助人，所以人缘很好，这种人缘好也使他认不清自己，总是认为自己很有能力，群众对他评价很高，这样他就失去了自知之明。而且他的缺点很明显，不爱学习，对工作钻研不够，满足于表面完成任务，执行力严重不足。几年前曾把他调到一个重要部门出任正职，在此期间，该部门承担的任务能勉强完成就不错了，基本没有创新，没有变化，动力不够，执行拖拉，所以过了一年就把他换掉了。我说他工作 15 年了，应该有 15 年的工作经验了，我的意思还没有表达完,董事长就打断了我的话,他说,你的学生不是有15年的工作经验,而是一个经验用了15年。这句话真的是说到点子上去了。

在职场上,总有那么一些人,每天做着同样的工作,每月领着同样的薪水,每年保持着同样的水平,一个经验用十几年甚至几十年,毫无进取心,执行力严重不足,自己还没有自知之明,浑浑噩噩地过日子,到头来一事无成。

这就是说,对于个人而言,执行力不够,不仅在职场上做不出成绩,更重要的是自己得不到提升,最后使自己的人生价值得不到应有的体现;对于单位来讲,则是得不到发展,最终逐渐衰落。

三、为什么要研究、强化执行力

对于企业来讲,执行力是其核心竞争力,执行力决定着一个企业、一个团队的前途和命运。

改革开放之前,东北地区是我国经济相对发达的地区,也是我国最重要的工业基地。改革开放以后,东北老工业地区的发展却相对慢了一些。有家国有大型企业因为经营不善破产了,破产之后工人每个月只能领几百元的生活费,有些工人只好再去找一份临时的工作,挣一点工资补贴家用。这样的生活过了三年之后,这家企业被日本的一家财团收购。

这时,企业员工都翘首盼望日本企业能带来一些先进的企业管理办法,或者改革企业的产品,推出适合市场需求的新产品,以此扭转企业的命运。但出乎人们意料的是,日本企业只派来几个管理、财务、技术等要害部门的高级管理人员,其他的几乎没有任何变动——制度没变,人员没变,机器设备没变,产品没变,市场也基本上没有变化,日方只提出了一个要求:把以前制定的制度和标准坚定不移地执行下去。

结果不到一年,这家企业就扭亏为盈了。

这家企业的绝招是什么?就是强调执行力。

我们来看一个数学模型:

如果一个企业彻底执行的标准是1,而在实际执行中只能达到0.9的水平,也就是:

$0.9 \times 0.9 = 0.81$;

$0.9 \times 0.9 \times 0.9 = 0.729$;

$0.9 \times 0.9 \times 0.9 \times 0.9 = 0.6561$;

·········

于是，久而久之，企业效益越来越差，经营效果每况愈下，最后只能倒闭。

反之，如果一个企业的彻底执行标准是1，而在实际执行中却能达到1.1的水平，也就是：

$1.1×1.1＝1.21$

$1.1×1.1×1.1＝1.331$

$1.1×1.1×1.1×1.1＝1.4641$

………

久而久之，这家企业就会蒸蒸日上，迅速发展，越做越大。

这个数学模型也可以用到对于我们学校员工执行力的衡量上。比如现在大部分职业学校的招生还存在一定困难，如果我们学校的执行力好，表现在招生工作上，去年招生1000人，今年通过努力招到了1100人，增长了10％，明年再通过努力增长10％，一直这样做下去，不出三年时间就会使学校发展壮大起来。

反之也是一样，如果每年的招生数量按10％递减，过不了几年，学校规模就会越来越小，学校效益就会越来越差，学校就会走下坡路。

我从单县职业中专调到单县一中后，当年就提出了"双一流、重本、本科上线均提高10％"的目标，当时大家都认为这个目标有点高，实现起来有困难，都感到压力很大。但是，负责高三教学的都德华校长执行到位，带领全体高三师生苦战、善战，高考结果是各项目标均提升了30％。

麦当劳遍布全球六大洲120多个国家和地区，拥有约32000多家分店。麦当劳的发展速度很快，每年以近2000家分公司的速度在扩张，平均几小时就有一家新店诞生，位置都在都市最繁华的地方。为什么麦当劳能有如此强大的生命力呢？我认为关键在于它的团队执行到位。

麦当劳全体员工之所以有高度的团队执行力，主要在于他们有高度统一的标准和管理方式。所有的麦当劳分店都采用统一的店名、统一的装修风格、统一的进货和配送、统一的价格、统一的员工服饰、统一的服务标准、统一的操作规程、统一的质量要求、统一的运营理念、统一的问候语……这样，每个分店都以一个几乎统一的团队形象出现，给人们造成了强烈的视觉冲击。

麦当劳的团队执行力强，还在于它的规章制度的可量化和可操作性：面包厚度17厘米，烤面包时间为55秒，煎肉饼时间为1分45秒，可乐和芬达的温度为4℃，牛肉饼一律47.32克，其直径为9.85厘米，厚度为6.65毫米……

有人说麦当劳的特点是三流的员工素质，二流的管理水平，一流的执行力。这话有一定道理。

我们学校员工中有不少转业军人，他们在谈到部队生活时，总是对部队培养的执行力意识赞不绝口，比如说部队首长一声令下，所有指战员都会毫不犹豫地执行，没有一个人不服从。这就是部队的执行力，这就是部队能打胜仗的关键。

一个人如果愿意做一件事情，做好这件事情就会有千万种办法；他如果不愿意做一件事情，做不好这件事情则会有无数个借口。从强化执行力的角度讲，接受了任务就意味着做出了承诺，而兑现不了自己的承诺是不应该找任何借口的。

巴顿将军是美国军界的一个传奇式人物，他参加过第一、第二次世界大战，是美军中最著名的强硬派指挥官之一，他由于在第二次世界大战中的辉煌战绩而晋升为四星级上将。他特别重视军官和士兵的执行力，他在《我所知道的战争：巴顿回忆录》一书中曾经写过这样一个细节：

我要提拔人时常常把所有的候选人排到一起，给他们提一个我想要解决的问题。有一次，我对所有的候选人说："伙计们，我要在仓库后面挖一条战壕，8英尺长，3英尺宽，6英寸深。"我就告诉他们那么多。

仓库有窗户和大节孔，候选人检查工具时，我走近仓库，通过窗户和大节孔观察他们。我看到他们把锹和镐放到了仓库后面的地上，就开始议论我为什么要他们挖这么浅的战壕。他们有的说这么浅的战壕根本不能当火炮掩体，有的说这样的战壕不挡风、不遮太阳，冬天太冷，夏天太热；还有的军官抱怨他们不该干这样的普通的体力劳动。

最后，有个年轻军官说：我们挖好战壕后赶快离开这里，该干什么干什么去吧，至于他想用战壕干什么与我们没有什么关系！

后来，那个年轻军官得到了提拔。我必须挑选不找任何借口完成任务的人。

四、怎样提升执行力

（一）全力打造学校的执行文化

单县一中有一支执行力很强的教职员工队伍，2022年4月，菏泽市的新冠肺炎疫情十分严重，全市几乎所有的学校都改为线上教学。为了保证教学质量，单县一中党委一班人认为，我们有能力防控疫情，我们要坚持线下教学，这也是对孩子们负责，即使师生全部封在学校，我们也要克服困难坚持正常上课。学校一声令下，师生全部封闭在学校16天。800多名教职员工的住宿问题很难解决，我们就借了创

新路学校的全部校舍。大家吃住在学校，克服重重困难坚持上课。这次行动赢得了上级领导的认可，得到了社会的尊重，带来了学生成绩的提升。

淄博工业学校的朱校长做了十年的学校文化建设工作，他提出了一系列的价值理念，其中就包含执行文化，具体内容如下：

执行前：快速反应，准确理解，立即行动；执行中：决心之下定成败，认真之下用聪明，主动之下要创造，力度之下抓细节，速度之下论完美，锁定目标，专注重复；执行后：效率就是能力，效益就是水平，业绩就是评价。

执行文化理念提出来以后，还要持续不断地在教职员工队伍中进行解读、灌输和培植，使执行文化在教职员工队伍中内化于心、固化于制、外化于行。

这些都给单县职业中专落实执行文化、强化执行力提供了很好的借鉴素材。

我在单县职业中专任校长期间，也带领学校一班人提出了自己的学校文化，譬如，学校的管理原则是"以人为本，展人文情怀；精细规范，达执行之效"。我们在对学校管理原则的解读中强调了执行力的重要性，提出了严格的要求，让全校教职员工都知道执行力的重要性，以实现学校各项工作良好开展。

我还组织教职员工开展读书活动，如2021年集中阅读《请给我结果》一书，在大家共读的过程中，我安排了一些分享读书成果的活动。在分享的时候，我把学校干部的名单都编上号，学校党委书记拿着干部的名单以及编号，我负责叫号，叫到哪一个号，书记就把这个号对应的干部姓名喊出来，这位干部就上台进行分享。这种做法的好处就是让大家都要做准备，都要用心，是真正意义上的全员参与。

《请给我结果》一书提出了四十八字的执行"真经"，即：认真第一，聪明第二；结果提前，自我退后；锁定目标，专注重复；决心第一，成败第二；速度第一，完美第二；结果第一，理由第二。我们通过对这四十八字的解读和分享，增强了教职员工的执行能力和执行水平。

为了在单县一中更准确地解读、灌输和培植执行文化，提高教职员工的执行力，我要求全体教职员工牢固树立"今天再晚也是早，明天再早也是晚"的效率意识，全面形成了"任务一布置，马上抓落实；工作一部署，马上去推动；工作一完成，马上就反馈"的行动意识。

俗话说："没有等出来的辉煌，只有干出来的精彩。"学校全体教职员工只有具备敢想敢干的思想，具备说干就干的意识，才能使学校获得健康、持续、快速的发展。

（二）努力提高学校教职员工的执行能力

执行能力就是每一个教职员工做好本职工作的能力，这些能力因岗位不同而异。所以，我们首先要全面提升学校教职员工的执行能力。校级干部的决策、领导能力，中层干部的组织管理能力，教师的课堂教学能力，班主任的学生管理能力，专业教师的技能大赛辅导能力，职教高考辅导教师辅导学生高考的能力，普通高中高三老师辅导学生高考的能力，全体教师的教科研能力等都是其执行能力的具体体现。我们每一个教职员工都要努力做好本职工作，提高执行能力。其次，要分别制定以上各个层面的人员提高执行能力的制度办法，采取不同的方式方法，扎扎实实地一步一个脚印地提升全员的执行能力。

（三）培育学校教职员工百折不挠、执行到底的毅力

百折不挠、执行到底的毅力，我管它叫韧性品质。韧性品质，即顽强持久的精神、坚忍不拔的意志。执行到底的毅力很重要，要具备很好的执行力，首先要具备这种韧性品质。一件事情，我们有时自己感觉做得差不多了，就想画句号，实际上我们还没做彻底，还有潜力可挖。

有一个例子是很能说明这个问题的——你能喝几罐饮料？

罐装饮料2元一罐，2个空罐可以换1罐饮料，现在给你6元钱，你最多能喝几罐饮料？

一般人都说最多能喝5罐饮料，实际上却能喝6罐饮料，就看你怎样执行到底。

执行到底的过程应该是这样的：你先用6元钱买来3罐饮料，喝完后你的手里有3个空罐，你再用其中的2个空罐换1罐饮料，喝完后手里又有2个空罐，再用这2个空罐换来1罐饮料，喝完后手里还有1个空罐，这时你已经喝了5罐饮料，但是，你的手里只有1个空罐了，已经换不了1罐饮料了。有不少人做到这一步就认为自己不可能再喝到饮料了。其实这时你可以这样做，先向老板借1个空罐，然后用你手里的2个空罐再换1罐饮料，喝完后把空罐还给老板，这样你就喝到了6罐饮料。

很多人往往在喝到第5罐饮料后，认为手里只有1个空罐了，换不到1罐饮料了，认为已经执行到底了，实际上并没有执行到底。

工作韧性是一个人的基本素质之一，是一种优秀品质，至少是一种良好的工作习惯。所以我们要刻意追求，要注意养成。

在竞争激烈的当今时代，我们其实比别人高明不了多少，比别人聪明不了多少，

比别人强不了多少，在很多情况下，我们和别人比的就是谁能坚持到最后，这就需要韧劲。

比如说：和对方谈判，谈判高手有很多办法，有时故意消耗你的体力和精力，直到你快坚持不住了，这时你就会在谈判桌上做出让步。

又比如说营销员在工作中经常碰壁，有时候不是碰一次壁，但是优秀的营销员有顽强的韧性品质，一次次失败，一次次坚持，最后就会圆满完成营销任务。

我听一位培训师讲过一个例子，他说一位营销员去做一家企业老板的工作，希望他能参加或派人参加培训，一开始这位老板很烦，很不友好地拒绝了这位营销员的推销，这位营销员就锲而不舍地到这家企业去做老板的工作，他都去了第九趟了，老板还是不答应，这位营销员就说，如果您的员工能像我这样，做一件事情，第九次还不成功，还要坚持第十次，那么您的企业一定能够无往而不胜，而我们的培训能够提高您的员工这方面的素质。老板一听，很有道理，当即答应参加这次培训，并且多要了几张票，安排他的几位副总也参加了培训。

我们学校的很多事情离开工作韧性也是做不好的。譬如说，我们单县的临界生转化工作，每一所高中都在努力去做，但是效果不一定很理想。但我们单县一中借鉴东辰教育集团的"集中补弱"和"11351个别辅导"相结合的事例，天天抓落实，就像培训公司的那位营销员一样，不达目的不罢休，最后高考取得了很好的成绩。

在具备韧性品质上，我找到了一个非常好的榜样，这就是我国著名摄影家邓伟。

邓伟出生在一个经济状况一般的家庭，在他很小的时候，他的父亲就去世了，母亲还有病。1978年邓伟考上了北京电影学院，毕业后留校任教，后转入清华大学任教。1990年，他得到了一个到英国伦敦讲学的邀请。他打定主意，讲完学后就留在伦敦，靠打工挣学费，在英国继续进修，在进修的同时实现自己的人生愿望：出版一本世界名人画册。经过向学校领导汇报得到同意后，邓伟踏上了英国之途。

很多人都把这看成一件"不可能完成的任务"。著名作家钱锺书先生和邓伟是朋友，当时钱锺书先生是不赞成他这么做的，他担心邓伟既没有雄厚的资金，又没有过硬的关系，一个人在海外，语言也不通，困难太大了。钱锺书先生形容邓伟的做法"就像漂浮在大海上的一叶扁舟，船上甚至没有桨，只能借双手向前划行"。然而执拗的邓伟已经做出了决定，任何人都无法改变他，这也是他的韧性品质的表现。即将赴英国前，他去钱先生家辞行，那天先生的话不多，临别前，钱先生让夫人杨绛将400元钱塞给邓伟，并嘱咐他说："穷家富路，这是我们的一点心意，既然你非去不可，我们希望你一切顺利。"

在伦敦完成讲学任务后，邓伟就搬到了城郊，其身份也从教授变成了打工仔。他的打工生涯十分艰苦。他在一家制衣公司做工，既没有技术，不会设计服装，也不会裁剪，只好做一些粗活。他几乎每天手握沉重的蒸汽熨斗连续工作十几个小时，甚至连上厕所的时间都没有，所以，他吃饭时不敢多喝水。他的右手累得握拳就疼。终于，他积攒了一些费用。这时，他开始给一些世界名人写信，说明自己的意思，要求给他们拍照。

正如钱锺书先生所担心的，邓伟选择的环球拍摄世界名人之旅，荆棘满路。邓伟后来回忆说："我从不愿把世界名人形容成高山，我们无须仰视他们，但我不得不承认，每一次设法走近他们的过程都十分艰难。"

邓伟约请世界名人的方法很传统，就是写信。从 1986 年发出第一封拍摄邀请信开始，他就陆续向世界各地发出邀请信。1990 年来到英国后，在牛津大学的世界名人传记中心他可以查到比较确切的联络地址，便加大了发信量，基本上一年会发出超过 100 封信。在最初的 5 年里，他没有收到过一封同意拍摄的回信。

邓伟记得，他从 1986 年开始给当时的美国总统里根发拍摄邀请信，之后每一年都会发出同样的邀请信。8 年后，也就是 1994 年，他终于得到了里根的同意。"我是一个普通人，没有雄厚的资金，更没有任何背景。我唯一的资本是执着，我相信真诚的力量能叩开紧闭的大门。"他就是这样把最宝贵的青春交给漫长的等待，才艰难地换到一次次短暂的拍摄机会。

尽管发出去的信几乎全部退回，他却从不灰心，而是坚持和这些名人联系。他给新加坡前总理李光耀写过几次信，都没有得到应允。他就到李光耀的官邸，直接去找他。经过和几层警卫的交涉，他靠着自己的诚意，终于感动了一位警卫，答应给他联系。终于，他敲开了这位世界名人的大门。

在联系以色列前总理拉宾希望给其拍照时，邓伟连续写了三封信，都没有结果。第四次，也许是邓伟寄来的李光耀的照片发挥了作用，拉宾接受了他的请求。

给李光耀拍照以后，邓伟的局面渐渐打开，美国前总统福特、里根、布什，以色列前总理拉宾，美国前国务卿基辛格等世界名人先后走入他的镜头，邓伟给这些世界名人拍摄了大量的照片。从 1991 年拍摄新加坡前总理李光耀算起，他自费环球拍摄世界名人 8 年时间，终于实现了自己出版世界名人画册的愿望。

邓伟有句名言：一件事情，只要有千分之一的希望，我就要做百分之百的努力！这句话非常准确地刻画了邓伟的韧性品质。

（四）尝试建立评价执行力水平的标准

对于执行力水平的评价，目前还没有什么模型或者是制度可供借鉴，人们只是用一些模糊的评价方式进行评价。

2002 年，我从《中外企业家》杂志上看到了一个关于执行力的案例，我把这个案例当作一种对执行力的评估方式运用到我们学校的工作中。在学校里，我经常用这个评估方式对学校教职员工的执行力水平进行模拟测试：你作为秘书处在第几段？

如：总经理让秘书次日九点安排一个会议，要求通知到每一个参会人员，秘书自己也要参加会议并做好服务。

一段秘书的做法：发通知。用微信群或电子邮件或告示的方式发出会议通知，准备好会议用品，并参加会议。

二段秘书的做法：抓落实。发出通知后，给应当参会的人员逐一打电话落实，确保每个人被及时通知到。

三段秘书的做法：重检查。通知发出，并落实到人后，第二天在会前 30 分钟再提醒一次应当参会的人员及时参会，并了解有没有变动，如有变动，及时向总经理汇报，保证总经理在会前知悉会议缺席情况，也给总经理确定缺席人员是否必须参会留下时间。

四段秘书的做法：勤准备。发通知，落实到人，会前通知后，去测试可能用到的投影仪、电脑等工具是否工作正常，并在会议室的门上贴上小条，说明此会议室明天几点到几点有会议。

五段秘书的做法：细准备。除完成以上任务以外，还会事先了解这个会的性质是什么，主要议题是什么，然后给参会者发出与这个议题有关的资料，供他们参考。

六段秘书的做法：做记录。除完成以上任务以外，在会议进行过程中还详细做了会议记录。并在允许的情况下，做了一个录音备份。

七段秘书的做法：发记录。除完成以上任务以外，会后还会整理好会议记录（录音）给总经理，然后，请示总经理是否发给参会人员或其他人员。

八段秘书的做法：定责任。除完成以上任务以外，还会将会议上确定的各项任务一一落实到相关责任人，经当事人确认后，形成书面备忘录，交给总经理和当事人一人一份，定期跟踪各项任务的完成情况，并及时向总经理汇报。

九段秘书的做法：做流程。把上述过程做成标准化的会议流程，让任何一个秘书都可以根据这个流程把会议服务的结果做到九段，形成不依赖任何人的会议服务体系。

我们可以追问：一段秘书完成总经理交办的任务了没有？答曰：完成了。但是，一段秘书离九段秘书甚至八段秘书、七段秘书完成任务的差距又是多少呢？差距简直太大了！

有一次，我们学校承接了一个省级有关专业建设的会议，这个活动由学校教务处负责，我参加了本次活动的协调会议。表面看上去，准备工作的各个环节都没有问题，这个会议我也全程参加了，从会议召开的过程中我却看出了一些不完美的地方。可是活动的预案是完美的，为什么还会出现一些不完美的地方呢？很明显，问题就出在执行层面上。若是这样，主要责任就要由教务主任承担了。会后，我把教务主任叫到了我的办公室，我先让他简单地把活动的执行过程汇报了一遍，然后问他：你说这次活动你做到了几段秘书的水平？教务主任看出来我不满意了，但他实在说不出自己到底做到了几段秘书的水平，涨红着脸不说话。我就说了，我说你最多做到了三段秘书的水平！自己回去好好复盘，认真找一下原因在哪里，写一个情况说明交给我。

学校的一些重要工作、一些大型活动，一般都有规则流程，至于最终完成得怎样，一方面需要对照预案进行检查，另一方面就是用九段秘书的标准做执行水平的评估。

重要的执行行动一般都有流程，也就是说，学校的一些重要工作都应该实行流程管理。

什么是流程？流程的定义有很多，最简单的如下：流程就是事物进行中的次序或顺序的布置和安排。我们要针对学校的一些重要的、重大的、复杂的工作制作流程表，以使得这些工作能够稳定、有序、高效、无缺陷地开展。

其实，上级经常要求学校对一些突发性事件做出应急预案，如火灾应急预案、地震应急预案、歹徒伤害学生应急预案等，以应对突出事件，保证学校工作正常进行，保证学生安全。

地方政府遇到重大事件，都会针对这个事件启动相应的预案，这个预案就是一个工作流程。所有的流程都是为了使工作能够稳定、有序、高效、无缺陷地开展。

针对学校的一些重要工作，也要做出相应预案。如新生入学及军训工作：从编班、安排班主任、安排教室、印发入学须知、公寓物品准备、入学后的公寓物品领取、校服的准备、校服的领取、饭卡的领取、向班主任报到、建立班级组织、安排教室宿舍、高考班的组成、军训教官的准备、军训、军训期间穿插的入学教育（校史教育、纪律教育、对职业学校的认知教育、专业认知教育、生活习惯教育、学习

习惯教育等)、军训汇报表演、新生家长会等,直到军训汇报表演结束,新生放几天假休息,回来正式上课,这些工作都必须事先安排好。

还有,寒暑假前后学校工作量大、密度大,工作较为复杂,也需要做一个工作流程安排,即做好学生的各类考试、优秀班级评选、优秀学生评选、班级考核、优秀班级评选、教职员工考核评优、召开教代会、学生放假大会、离退休教职员工走访、读书沙龙评比以及论坛召开、教职员工放假大会、假期学校安全保卫、春节后开学安排等工作。

再如:针对教代会、学校文化艺术节、教职员工读书沙龙、学校干部读书会、教职员工趣味运动会、学校秋季运动会、学校秋季远足活动、开学典礼、毕业典礼、招生工作、学校承接的各级活动、开学准备等工作,都要制定出相应的工作流程。

总之,我们的学校工作都可以做成流程表,然后按照流程去做,我们的工作就会有条不紊,良性发展。

(五)学校执行文化的延伸

1. 环节责任制

我在单县职业中专做校长的时候,推行过环节责任制,就是把一项工作分解为若干个环节,每一个环节的责任都规定清楚,负责这项工作的干部要把每个环节的任务、责任弄清楚,然后把每个环节的任务分配给相应的员工,并把任务和责任交代清楚。如果某个环节的工作没有做好,我们首先要检查这个环节的任务和责任这个干部给员工讲清楚了没有,如果讲清楚了,那就是相应员工的责任;如果没有讲清楚,那就是这位干部的责任。

我看过纪录片《大国重器》之后,才知道我国在动车组制造过程中每个环节的质量要求都是非常严格的,正是这种对质量的严格要求保证了动车组的运行安全。如:接线员每接完一组线,都要在这组线上绑上自己的记名签,这个记名签要和这组线永远绑在一起,直到动车组退役;制动检测员每检测完一个制动设备,都要在制动设备上盖上自己的印章,每一个印章都代表着一种责任。

2. 只允许越级汇报,不允许越级请示

中等职业学校和同学段的普通高中相比,中层部门要多一些,这是因为中等职业学校的教育多元、类型多样,譬如中等职业学校比普通高中多了若干专业部,专业部就是分专业设的教育教学管理部门,还多出了实训、招生、就业、校企合作、

技能大赛等管理部门，所以中等职业学校一般设有十几个中层部门。如果学校规模大，中层部门还会更多。

学校部门多了，从扁平化管理的角度看，校长管理的幅度就大，需要管理的事情就会多。为了保证有足够的时间来思考学校管理工作，思考学校发展大计，我做出了"只允许越级汇报，不允许越级请示"的规定。

不管是谁，副校长也好，中层干部也好，普通员工也好，都可以直接向我汇报工作、汇报思想。当然，汇报的形式是多种多样的，比如会议汇报、信件汇报、邮箱汇报、校长信箱汇报、电话汇报、校园网汇报、短信汇报等，不一定非要跑到办公室当面汇报。只有接受所有人的汇报，才能全面掌握学校的真实情况，才能避免偏听偏信，保证学校决策符合校情，符合广大员工的愿望。

如果不允许越级汇报，就会堵塞言路，校长就听不到员工的声音，拿不到学校的一手资料，影响决策的正确性。

"不允许越级请示"是要求学校教职员工养成逐级请示的良好习惯，改变部分学校干部不动脑子、事事推诿的不良习惯。如果学校的所有干部有事都直接找校长请示，时间长了后果将不堪设想：一是把校长用于管理学校的时间都耗费在若干小事上，使校长没有时间考虑学校发展的大事；二是让若干副校长、中层主任的大脑闲了下来，该他管的事情都让校长管了，他不就闲下来了吗？长此以往，不利于各级干部的成长；三是应该由副校长、中层主任做的事情，校长替他做了，还会影响副校长、中层主任的工作积极性；四是学校所有事情都由校长来管，难免会出现不全面、不正确甚至是错误的决策，因为对学校基层的情况，校长未必比副校长和中层干部了解得透彻、周全。

我通常在办公室看书、学习、办公一段时间后，就会到各办公室走走，一则让大脑也休息一下，二则顺便了解、观察一下学校的情况。

有时我在校园里会遇到学校的中层干部，譬如说是一位副主任，他会向我汇报一些情况，顺便会问我这件事情怎么办，这时我基本上是不会给他答案的，我会说去问你的主任去。按照我的规定，这位副主任连副校长都不能问，问副校长这件事情怎么办也是越级请示。

我在读程凤春教授主编的《学校管理的50个典型案例》一书时，看到了一个关于校长不分层次越级指挥的案例，这个案例中的事实，在不少学校都不同形式地存在着。我把这个案例介绍给大家，供大家在工作中做参考。

那是一所规模不算太大的初中学校，它的校长负责全面工作，其下有两名副校

长，分别主管教育教学工作和后勤工作。副校长之下又有若干名主任协助其开展工作，其中教育教学副校长之下设有政教主任、教务主任，后勤副校长之下设有总务主任。

近日，学校校长在参加市教育局召开的德育工作会议之后，根据会议精神，打算在学校成立"学校、家庭、社会"教育委员会。校行政办公会经过研究，一致同意了校长的设想。

会后，校长通知政教主任，让他提供一份参加筹备会议的人员名单。政教主任拟出名单以后，前去征求教育教学副校长的意见。他对副校长说："这是校长要求我提供的，请您看看行不行。"教育教学副校长听后心里不禁犯起嘀咕，心想：校长为什么不先找我？不过他并没有说什么，而是接过名单，仔细看后提了一些修改意见。主任按教学副校长的意见做了修改后交给了校长。

之后不久，校长想了解一下学生违纪违法和学校对个别学生实行"三级管理"的情况，便请政教主任向其汇报工作。政教主任也有些为难，不过仍然先写了一份情况汇报，然后去找教育教学副校长询问意见，依然说是校长吩咐做的。教育教学副校长照样提了修改、补充意见，由政教主任修改后交给校长。此时，教学副校长心里的疑惑有增无减。

这一天，教育教学副校长终于鼓足勇气找校长谈话。下面是他们的对话：

副校长：我认为咱们学校领导之间的关系应该是直线关系，目前形成的三角关系不利于工作。

校长：从领导层面上说，应该是直线关系，但从工作联系上说，不是直线联系，也不是单线联系。我认为三角关系是有利于工作的正常联系方式。

副校长：现在有些工作您直接找政教主任，他拿不定主意，又来找我，我又不知道您的意图，跟他讲的难免和您的想法不一致，我很为难，政教主任也为难。

校长：学校管理决策在校长，这就要求校长必须各项工作都做到位。主管副校长的主要责任是组织实施校长的决策。在这过程中，校长能否过问？下一步我还要越过政教主任去找年级组长、班主任，这些是否都要单线进行？

副校长一时也说不清楚这个道理，只是觉得别扭，不利于协调工作。但面对校长的"高论"，他只好解释说："我并不想抓权，其实直线领导更加重了我的负担。"他走出校长办公室，心里总感觉堵得慌。

我们可以依据此案例思考以下几个问题：

1. 如果你是案例中的教育教学副校长，你会如何处理政教主任的咨询？如何与校长沟通？

2. 请站在局外人的角度评价校长、副校长和政教主任的做法。

3. 你觉得造成工作联系和日常生活中的人际联系一样吗？应如何划清界限？

4. 你认为三角联系和直线联系哪个更有利于工作？

5. 你觉得造成案例中这一现象的深层次原因是什么呢？

下面我们对这个案例进行分析。

案例中存在的主要问题是校长与教育教学副校长之间的矛盾，即校长没有按照组织结构设计的管理层次来进行管理，而是错误地把工作联系混同于日常生活中的人际联系。实际上，这两者有着明确的不同。工作联系应遵循自上而下的金字塔模式，层层分工明确；日常生活中的人际关系则较为随意，没有严格规定。在工作中如果不明确职责分工，就会造成混乱的局面，而且使原本和睦的人际关系遭到破坏。作为校长，如果不能使学校拥有强大的凝聚力，也就不能有效地领导众多教职员工朝同一个目标努力。

该案例涉及组织结构设计的问题。所谓组织结构，就是组织中正式确定的使工作任务得以分解、组合和协调的框架体系。组织结构设计对于一个组织来说至关重要，因为它明确了需要完成的工作是什么，并且将工作进行了合理划分，以避免重复、浪费、冲突和资源的滥用；它规定了工作的合理流程，建立了沟通渠道，提供了协调机制，并且强化了计划和控制，有利于工作的顺利开展。案例中存在的最大问题就是该校的组织结构设计不明晰，且现有的设计方案没有得到很好的贯彻执行。究其原因，是校长缺乏组织结构设计方面以及管理权限划分方面的理论知识，管理混乱。

无论是在企业还是在学校，任何一个领导者都不可能做到事事亲力亲为，而是要遵循职、责、权原则，将任务逐级布置下去，由下属完成。只有在特殊情况下（如：下级拒绝指挥时、下级确实没有能力完成任务时、有紧急情况时），才可以越级指挥，否则日常管理工作都应该按照事先设计的组织结构进行。只有这样，才能发挥管理的最大效率。如果领导无论大小事情都直接过问，则会分散个人精力，导致管理不力，最终会妨碍组织的发展。具体到学校工作中，校长应负责的是学校整体发展的规划和规章制度的制定，其决策是方向性的而非细节性的，具体工作应由下属去完成。比如，上述案例中学校打算成立教育委员会一事，校长决定之后就该交由其直属下级——教育教学副校长安排处理，教育教学副校长将决策细化之后再将实质性工作交由政教主任办理，这样才符合管理的层级指挥原则。如果校长没有按照此原则进行管理，而是越级指挥，那么，一是容易引起中间管理人员的不满，

认为自己被架空，没有得到应有的重视；二是容易使越级指挥的对象处于尴尬境地，不知道该听从谁的指挥。这两点都不利于学校管理工作的顺利开展。

另外，案例中的校长在处理学校不同层次的人际关系方面，能力也比较欠缺。在学校领导班子里，校长是法人，对外代表学校，对内全面主持工作。校长的职能和责任是制定学校发展规划，加强机构建设，实行科学管理，编制规章制度，领导教育改革，主要负有政治责任、法律责任和工作责任。除了一个正职校长以外，学校一般还有几位副校长。副校长在领导班子里也占据重要位置，是校长的助手和参谋。他们既是领导者，又是执行者。副校长的职能主要是使用好分管权，一方面要参与工作决策当好参谋，另一方面要完成好自己管辖范围内的工作。正副校长的组合构成了学校行政领导班子的核心。由于每个人的经历、知识、能力、品德存在差异，具体工作所处的环境和主客观条件不同，为了搞好工作，正副校长之间需要不断在认识上和做法上进行沟通、整合，将这种关系协调好对于领导班子的团结和稳定、提高领导集体的战斗力是十分重要的，必须认真对待，努力抓好。要处理好正副职之间的关系，应当做好以下三个方面的工作。

第一，加深了解，增进互信。正副职之间只有建立起亲密无间的关系，才会心往一处想，劲往一处使，而不至于各吹各的号，步调不统一，进而影响工作效率甚至目标的实现。首先，正职要处理好自己与副职的关系，要通过工作交往观察了解副职的思想、品德、性格、知识、能力和家庭等各方面情况。其次，正职要经常与副职交流思想。正职对当前工作有什么新想法，下一步准备干什么，在下面听到什么反馈意见等，一般都应及时与副职沟通。只有这样，才有利于增进彼此的信任，消除戒心，共同搞好工作。

第二，敢于放权，又不失控。正职要放给副职两个方面的权力：一是协助正职考虑全面工作的权力；二是分管工作的权力。正职要使副职有职有责，有权有威，对分管的工作能说了算，让副职感到手中的权力不是虚空的，位子不是多余的。有些正职习惯于大权独揽，不管大事小事，都要自己说了算。这样做常常使自己忙得不亦乐乎，却使副职处于欲干不能、欲罢不忍的境地，有劲使不上。正职放权，就是要尊重副职的分管工作权，不过多插手干预，使其能独当一面干好工作。不过，放权也不是完全撒手不管，应做到放而不乱，管而不死。既放手，又不失控，充分调动副职的工作积极性。

第三，一视同仁，互相学习。正职要敢于正视自己与副职之间的矛盾，分清是非，秉公处理。对于副职的工作评价要客观公正，赏罚分明，不搞亲疏有别。在具体工作中，当每个副职碰到困难时都应给予鼓励支持；遇到紧急情况，副职对重要问题的处理来不及报告时要谅解。对副职做出的决定、处理的工作，只要不违反原则一般不要轻易否定。在副职做出成绩的时候要不吝啬肯定和表扬。总之，正职与副职要优势互补，扬长避短。

现在许多学校的校长相当于一级行政领导，在一定程度上具有"言出法随"的权力。根据权责相一致的道理，很多校长认为自己背负着无限的责任。这也是可以理解的，毕竟学校工作出了问题，需要由校长来承担责任。因此校长必须学会"减负"，充分利用下属才干，明确责任，懂得放权。全新的管理理念认为"管理最少的政府是最好的政府"，这句话运用到学校工作中也同样适用——管理最少的校长才是最好的校长。校长作为一名领导者，不可能事必躬亲，必须将一定的权力交给相应的下属，必须敢于放权，懂得授权，学会通过下属来完成工作目标。在这个过程中，校长还要考虑到各个下属的分工，不仅增强其责任感，也要给予其发挥才能的空间，唯有这样，才能使下属有序地分担任务。

我在任单县一中教育集团校长较短的时间内就领导教职员工形成了班子团结、教职员工积极工作的良好局面，这与我简政放权、实行校区负责制不无关系。

3. 请示工作时要带着自己的工作方案

在学校规模比较大的情况下，校长往往比较忙，所以在处理任何事情的时候，时间观念一定是最重要的，我们千万不要把宝贵的时间浪费在一些小事情上，浪费在一些没有价值的事情上，浪费在替下属思考工作上。

在校长的领导下，一些下属形成了一种对领导的依赖意识，甚至还有不敢担责的思想。表现在向领导请示、汇报工作时，往往习惯向领导要方案、要办法、要措施。

我的要求是，下属按照规定向领导汇报、请示工作时，要带着 A、B、C 三个方案，你向领导汇报完工作，需要拿出工作方案的时候，不应该向领导要方案，而应该把自己的几个方案简明扼要地说明以后，征求领导意见，看哪一个方案更完善一些，更好一些；或者请领导综合几个方案的优点，确定一个更好、更完善的方案。这才是向领导汇报、请示工作的正确做法。

这样要求的好处，首先是充分调动了下属的工作积极性，使下属养成了积极动脑的习惯，也强化了下属的执行意识；二是经过下属的积极思考，加上领导的综合研判，使得工作方案更加完善；三是节约了领导的宝贵时间。

第六讲

漫谈学校"家文化"建设

　　家是中国人心中的根，家是中国人梦中的魂，"家文化"是中华民族传统文化中的重要内容，但凡中国人，言之必有家，想之必是家，归之还是家，甚至很多中华传统文化的出发点和落脚点也是家，我们处处能感受到"家"的无限关怀，时时能触觉到"家"的浪漫温馨。所以，"家"的概念对于中国人来说太重要了。

　　从一个国家而言，中国是我们每个中国人的"大家"，在这个"大家"之中，家长、子女等实际家庭中的元素都有相应的体现。譬如，孙中山曾被称为"国父"，宋庆龄就曾被称为"国母"。又如，中国人民解放军被称为人民"子弟兵"，各行政区域或工作单位之间被称作"兄弟省份""兄弟地市""兄弟单位""兄弟学校"等，这些都带有实际家庭中的各种称呼。由此可以看出，家的概念、家的文化在各种社会现象中根深蒂固。

　　有一首歌的名字叫"国家"，其中前半部的歌词是：一玉口中国，一瓦顶成家，都说国很大，其实一个家。一心装满国，一手撑起家，家是最小国，国是千万家。在世界的国，在天地的家，有了强的国，才有富的家……从这首脍炙人口的歌的歌词来看，中国人对于国的概念的理解蕴含着家的层次，因而家的概念的外延也就有了很大的扩展。

一、家以及"家文化"的概念

（一）家的概念

　　什么是家？我们来看一个描述性的定义：家是寄托温情的港湾，是存在家长权威和相互宽容的组织，是扶助成长和老有所养的依靠。

　　《现代汉语词典》对家的主要解释是"家庭；人家""家庭的住所"等。通过对"家"的概念的不断理解，通过日常生活中对"家"的感悟，我对"家"有了一种比较深刻的认识："家"是一束温暖的阳光，可以融化掉我们心中的冰雪寒霜；"家"是一盏明灯，可以照亮我们晚归的路程；"家"是一个温馨的港湾，可以帮助我们躲避人生中的风风雨雨；"家"是一潭清澈的溪水，能够洗涤掉繁杂世事带给我们的烦恼；"家"是一阵清风，可以拂去我们心中的怨恨和忧伤；"家"更是那一缕情丝，连接着我们人生的每一个角落……"家"是宁静的，"家"是温暖的，"家"是甜蜜的，"家"也是安定的。那点点滴滴的幸福、实实在在的欢乐，把"家"装扮得暖意融融。

家是港湾，家是归属。千百年来，人们的心中都有着一个固定的归属，这个归属就是家。从"少小离家老大回，乡音无改鬓毛衰"，到"春风又绿江南岸，明月何时照我还"，乡愁是不灭的明灯；从"樽前慈母在，浪子不觉寒"，到"独在异乡为异客，每逢佳节倍思亲"，亲情是绵远的牵挂；从"烽火连三月，家书抵万金"，到"不闻爷娘唤女声，但闻燕山胡骑鸣啾啾"，家国是永恒的话题。中国人对家的精神依赖浸润在血脉中，融入文化里，成为中华民族的文化基因。

从以上对家的描述来看，家有两方面的含义：一方面是精神的，另一方面是物质的。显然，几乎所有的人都强调和重视家的精神性，认为家的核心内涵是精神方面的东西。所以，大家都认可这样的观念："爹娘在，则家在"，"没有了爹娘，媳妇（老公）就是家"；"父母在，兄弟姐妹是一家人，父母不在了，兄弟姐妹是亲戚"；等等。如果夫妻之间没有了感情，双方都会认为自己原来的家已经不叫家了。

有一句话用来说明夫妻与家的关系很恰当：两只鸟落在一条树枝上，那条树枝就是一条树枝；两只恩爱的鸟落在一条树枝上，那条树枝就是家！

（二）"家文化"的概念

什么是"家文化"？简单来说，"家文化"是以"家"为核心内容而形成的文化。中国的传统文化，基本上是以"家"为出发点的文化，而西方的文化多是以个体的"人"为出发点的文化，这两者之间有很大的差别。

"家文化"的形成最早可以追溯到远古时期。在原始社会，人们必须依靠群体生活才能生存下来，最早的组织是依血缘关系组成的氏族部落，这便是"家"的雏形。后来出现了以女性为主的母系氏族、以男性为主的父系氏族社会，这种以血缘关系维持的原始部落存在了很长的时间。

后来黄帝靠家族的力量打败蚩尤，形成了多种部落的联合，成立了国家形式的部落联盟。对于黄帝来说，天下的人都是他的子民，天下人是一家人，他则是大家

长，由他制定家规、家训等，进而形成了最早的"家文化"体系。

"家文化"这一体系对国家体制和黎民百姓都产生了深远的影响。在封建社会，国家的组织结构是皇帝领导的中央政府，皇帝是天子，老百姓是皇帝的子民，皇帝利用天下一家这种家庭自然属性，建立管理制度，确立领导者的合法性。随着社会的发展，随着宗族血缘关系的绵延，小家庭产生了，相应地产生了父子的等级关系。这种父子的等级关系，就是中国国家政治文化管理的思想基础。

"家文化"思想是维系社会秩序和国家凝聚力的精神力量，是中国人的精神源泉和连接纽带，它有效地稳定了中国几千年的社会秩序。

在随后以孔子为代表的儒家学说的兴起过程中，在伦理道德方面，对"天下是一家"的"家文化"思想进行了进一步的细化，对家的管理制度提出了合理的思想理论，并在信仰、思想、行为上给予理论支持，从而丰富了"家文化"思想，所以，儒家学说是对"家文化"的信仰和管理思想的补充。经过几千年的发展，逐渐形成了中国独有的家族文化体系，比如说家规、家教、家训、家道等，并世世代代传承下来。

就在西方国家追求人人享受独立、自由的同时，中国人却受中华传统文化的影响，一直秉承孔孟之道，秉承忠孝、仁义、家和万事兴等儒家理念，依旧延续着家庭生活的习惯，甚至祖孙三代生活同一屋檐下。也正是因为这样，中国几千年的传统文化得以保存和传承下来。

为什么说中国的文化以"家"为出发点？这有它的经济基础。中国文化以家庭为基础，以"家"为单位的经济体是中国经济社会的最小单位，"家"充当着重要的社会角色。家庭对外就是一个政治经济共同体，"家教"在中国也有特殊的含义。

我们常看到文献中介绍，古代大臣犯事后会被"抄没家产"，原因也在于此。那时候抄了这人的"家产"，就相当于现代的所谓"没收个人全部财产"。中国人家中的财产基本都是全家人共同所有，很难分割到每个人，很难分清哪部分是他本人的，哪部分是他继承的。所以，笔者认为，中国是以家为单位的"家有制"经济文化结构。

除了家庭文化以外，中国还有家族文化、家国文化，正如前面提到的歌曲《国家》中的歌词所说：家是最小国，国是千万家……

既然家庭、家族、家国的关系如此密切，以家为出发点的许多伦理、文化也就有其广阔的生存发展空间了。比如"孝"这个原本处理家庭内部关系的观念，扩展到魏晋南北朝时期的"以孝治天下"也就不足为奇了。

直到今天，无论社会文化和人的精神层面发生了怎样的变化，"家"依旧是维系中国人情感的重要思想根源。最为典型的莫过于春节回家过年，"回家过年"牵动着亿万中国人的心，"回家过年"堪称世界上最大规模的迁徙。对于大多数中国人来说，春节家人团聚有着神圣不可动摇的地位。家是中国人春节活动的核心，人们收拾起平时的锐气和倔强，回到家里，贴春联、包饺子、做年夜饭，一家人兴高采烈、其乐融融。

俗话说，国家的事再小，也是大事；个人的事再大，也是小事。这是中国产生英雄人物的重要思想根源。中国古代英雄的壮烈行为都是在维护和保护国家直至小家的基础上产生的，为了国家，为了民族，为了家族的荣誉，中国人不惜贡献生命。

早在 2300 多年以前，孟子曰："人有恒言，皆曰'天下国家'。天下之本在国，国之本在家，家之本在身。"正是因为如此，中华文明在世界四大文明中成为唯一没有中断的文明，这是令中华儿女感到无比自豪的事情。

纵观中国的发展历史，"家"始终是中国人磨灭不掉的印记，它承载着中国人对生活的最终幻想和归属，"家文化"将中国的政治、传统宗教、礼俗与文化生活融为一体，使中国文化具有很大的兼容性，并且超越了民族的局限性。

（三）"家文化"之家训、家风、家教、家规、家道、家法

1. 家训

家训是指一个家庭对子孙立身处世、持家治业的教诲。家训是家庭的重要组成部分，对个人的教养、原则都有着重要的约束作用。

家训在中国历史悠久，是中国传统文化的一部分，对个人、家庭乃至整个社会都有良好的教育作用。比较著名的家训有《颜氏家训》《朱子家训》《陆游家训》《曾国藩家训》等。

我们来看一看《朱子家训》。

《朱子家训》云：黎明即起，洒扫庭除，要内外整洁；既昏便息，关锁门户，必亲自检点。一粥一饭，当思来处不易；半丝半缕，恒念物力维艰。宜未雨而绸缪，毋临渴而掘井。自奉必须俭约，宴客切勿流连。器具质而洁，瓦缶胜金玉；饮食约而精，园蔬愈珍馐。勿营华屋，勿谋良田。三姑六婆，实淫盗之媒；婢美妾娇，非闺房之福。童仆勿用俊美，妻妾切忌艳妆。祖宗虽远，祭祀不可不诚；子孙虽愚，经书不可不读。居身务期质朴，教子要有义方。勿贪意外之财，勿饮过量之酒。与肩挑贸易，毋占便宜；见贫苦亲邻，须加温恤。刻薄成家，理无久享；伦常乖舛，

立见消亡。兄弟叔侄，须分多润寡；长幼内外，宜法肃辞严。听妇言，乖骨肉，岂是丈夫？重资财，薄父母，不成人子。嫁女择佳婿，毋索重聘；娶媳求淑女，毋计厚奁。见富贵而生谄容者，最可耻；遇贫穷而作骄态者，贱莫甚。居家戒争讼，讼则终凶；处世戒多言，言多必失。毋恃势力而凌逼孤寡，毋贪口腹而恣杀牲禽。乖僻自是，悔误必多；颓惰自甘，家道难成。狎昵恶少，久必受其累；屈志老成，急则可相依。轻听发言，安知非人之谮诉？当忍耐三思；因事相争，焉知非我之不是？须平心暗想。施惠勿念，受恩莫忘。凡事当留余地，得意不宜再往。人有喜庆，不可生妒忌心；人有祸患，不可生喜幸心。善欲人见，不是真善；恶恐人知，便是大恶。见色而起淫心，报在妻女；匿怨而用暗箭，祸延子孙。家门和顺，虽饔飧不继，亦有余欢；国课早完，即囊橐无余，自得至乐。读书志在圣贤，非徒科第；为官心存君国，岂计身家。守分安命，顺时听天。为人若此，庶乎近焉。

2. 家风

家风又称"门风"，指的是家庭或家族世代相传的风尚、生活作风，也指一个家庭的风气。

家风是一个家族代代相传沿袭下来的体现家族成员精神风貌、道德品质、审美格调和整体气质的家族文化风格。

一个家族的家风，往往是由于其家族中的某一个人物出类拔萃而为家族其他成员所仰慕，其懿行嘉言便成为家风之源，再经过家族子孙代代接力式恪守，流风余韵，代代不绝，就形成了鲜明的道德风貌和审美风范。

习近平总书记指出："家庭是社会的基本细胞，是人生的第一所学校。不论时代发生多大变化，不论生活格局发生多大变化，我们都要重视家庭建设。"家庭不只是人们身体的住处，更是人们心灵的归宿。家风好，就能家道兴盛、和顺美满；家风差，难免殃及子孙、贻害社会。

习近平总书记在党的十八届中央纪委六次全会上强调："每一位领导干部都要把家风建设摆在重要位置，廉洁修身、廉洁齐家，在管好自己的同时，严格要求配偶、子女和身边工作人员。"所以，我们要注重家风建设，从自己做起，营造一个良好的家风。

3. 家教

家教即家庭教育，是子女在家庭接受的影响和教育，是家长对子女的言传身教，对于每个人的成长有非常显著的影响作用。

好的家教对于子女一生的成长是至关重要的，家教也是我们通常说的原生态家庭在子女身上的印记。

从传统意义上讲，家教还指家庭内的道德、礼节教育，好的家教是每一个个体走向社会、实现社会化非常重要的途径。

习近平在会见第一届全国文明家庭代表时的讲话中指出：家庭是人生的第一个课堂，父母是孩子的第一任老师。孩子们从牙牙学语起就开始接受家教，有什么样的家教，就有什么样的人。家庭教育涉及很多方面，但最重要的是品德教育，是如何做人的教育。也就是古人说的"爱子，教之以义方"，"爱之不以道，适所以害之也"。青少年是家庭的未来和希望，更是国家的未来和希望。古人都知道，养不教，父之过。家长应该担负起教育后代的责任。家长特别是父母对子女的影响很大，往往可以影响一个人的一生。

应当指出的是，家庭教师对子女的教育不能算作家教。

4．家规

家规是一个家庭针对其成员尤其是后代子女的成长制定的一系列的行为规范。"家规"是治家教子、修身处世的重要载体，是中华民族传统文化的重要内容。

5．家道

家道有三层意思，第一层意思是家人相处之道；第二层意思是指家境、家业；第三层意思是指家庭的命运。

《红楼梦》第九十五回有这样一些内容：探春心里明明知道海棠开得怪异，宝玉失得更奇，接连着元妃薨逝，谅家道不祥，日日愁闷，哪有心肠去劝宝玉？这里的"家道不详"指的就是家庭的命运不济。

我们经常说天道酬勤、人道酬善、家道酬和、商道酬信，其中的"家道酬和"则指的是第一层意思，即家人相处之道。

6．家法

家法有三层意思，一是指调整家庭或者家族内部成员人身以及财产关系的一种规范；二是指家长统治本家或本族人的法度；三是指家庭或家族中惩治犯错家庭（或家族）成员的工具。

我们在小说、电影、戏剧等文学作品中经常看到，一个家庭（或家族）的成员违犯了家规或者违犯了社会法规，在祠堂接受族长的惩罚中，族长的一声"请家法"

威严无比，这里的家法就是惩治犯错家庭（或家族）成员的工具。

二、"家文化"在社会组织中的作用

现代管理学之父彼得·德鲁克说："一个好的企业像什么？应该像家。"我们说：一个好的学校像什么？应该像家。现在有不少企业（也有学校）在建设自己的"家文化"，通过建设"家文化"来凝聚人心，来提升员工的凝聚力和向心力，进而提高企业（或学校）的核心竞争力。

辽河石油勘探局是中国石油天然气集团公司所属骨干企业，总部坐落于美丽的新兴沿海开放城市——辽宁省盘锦市。全局有 47 个二级单位，用工总量 8 万余人，资产总额 197 亿元，是一个国有大型企业。辽河石油勘探局通过多年的企业文化探求认识到，只有温馨的氛围才能培育持久的和谐。什么样的氛围是温馨的氛围呢？恐怕只有"家"才够得上温馨。如果职工把企业当成家，职工把彼此当成自己的家人，企业把职工的家事当成企业自己的事……人们处在这种处处是家、人人胜似家人的工作环境中，有谁会不爱这个"家"呢？于是，"家文化"的创建在辽河石油勘探局悄然兴起，并不断走向深入。

辽河石油勘探局"家文化"体系主要包含六个基本要素：以"我是石油人，辽河是我家，我与企业同创业共发展"为主题，以建设"特色突出的具有国际竞争力的油气开发综合服务现代化企业集团"为企业战略，以"关爱职工、关心企业、关注社会"为团队精神，以"构建和谐之家、发展之家、幸福之家"为文化愿景，以"情感建家、民主建家、制度建家、学习建家、品牌建家、平安建家"为基本途径，以"职工满意、上级认可、市场认同、政府支持"为工作标准。

辽河石油勘探局着力构建人企价值共融的情感共同体、人企价值共创的责任共同体、人企价值共享的利益共同体，用文化力推动生产力，用文化管理促进科学管理，进一步增强了干部职工的归属感、荣誉感和责任感，进一步增强了职工队伍的凝聚力、战斗力和创新力，为企业持续、有效、快速、协调发展提供了持久的文化动力。

山东省淄博工业学校的文化建设在山东省职教界有一定影响，因为该校十分重视学校"家文化"的建设，提出了学校的集体观，也就是学校的"家文化"：

学校是每一个员工的命运共同体。这个命运共同体：是经济命运共同体，我们同小康，共富裕；是政治命运共同体，我们同进步，共发展；是精神生活共同体，我们同高兴，共欢乐；是价值教育共同体，我们同理解，共勉励；是学习创新共同体，我们同学习，共提高。

这和辽河石油勘探局提出的人企价值共融的情感共同体、人企价值共创的责任共同体、人企价值共享的利益共同体理念有相似之处。

"共同体"这个词给人的感觉是比较美妙的。共同体是一个温暖而舒适的团体，是一个温馨的"家"。在这个共同体中，我们彼此信任，互相依赖，相互支持；在这个共同体中，我们有一种归属感，有一种信任感，有一种互惠感，有一种分享感。

我们应围绕创建"家文化"或曰共同体文化，持之以恒地做一些推进的工作。通过全体员工的努力，实现把我们的"家"建设好的目标，这个目标就是：把学校办成一个积极的、向上的、和谐的、健康的、精神的、殷实的、受人尊重的、让人向往的"家"。

既然学校是我们的家，我们都是这个家的成员，也是这个家的主人，我们就应该知家底、议家情、管家事。

所谓"知家底"，就是学校员工要了解校情，知道学校的发展趋势，掌握学校的发展方向，明确学校的发展愿景。当然，学校应当及时把校情通过各种形式向全体员工通报，让大家及时了解；所谓"议家情"，就是我们要把学校的事情放在自己的心上，关心学校的发展，关心学校的命运，对学校发展提出自己的建议；所谓"管家事"，就是我们要做学校的主人，学校的事情大家都要管，学校的工作大家都要做，我们要对学校的发展负责，要担当学校的责任，把学校的事情当作自己的事情。

总之，我们要聚情爱家，聚力建家，聚心管家，聚智兴家。

聚情爱家，就是凝聚所有的情感来热爱学校，对学校发展不利的话不说，对学校发展不利的事不做，对外要从正面积极宣传学校，遇到对学校有误解的人要积极做好解释工作；聚力建家，就是要凝聚所有的力量来建设学校、发展学校，要为学校发展添砖加瓦；聚心管家，就是要发扬主人翁精神，增强学校的向心力和凝聚力，大家团结一致服务学校发展；聚智兴家，就是创造性地做好本职工作，为学校发展贡献自己的聪明才智。

学校应以各种形式围绕"家文化"建设做一些解读、培植、灌输和内化的工作，除了校长、副校长以及部门主任在各种会议上进行解读以外，学校还应采取开办"读书沙龙"的形式来对"家文化"进行解读、灌输和培植、内化。

我们学校的"读书沙龙"活动颇有成效。每学期初，学校开会提出本届"读书沙龙"的主题，然后由图书馆负责准备有关"家文化"的图书资料供老师们借阅，信息中心则负责准备网上的有关"家文化"的材料供老师们下载学习，学校领导有

计划地在各种会议上进行解读。经过一个学期的培训、自学，在每学期末每一位教职员工都要写出自己的学习心得，以部门为单位交到校办公室，由校办公室组织阅卷，最后评选出一、二、三等奖，在全校教职员工大会上进行颁奖，同时，由部分获奖者演讲分享。

一般情况下，我们都会把学校的重要价值理念安排在一个学年解读、培植和灌输，这样一来，教职员工内化于心的效果还是比较好的。

学校在每年元旦都会举办文艺会演，所以我们有若干年选定的主题是与建设"家文化"有关的。譬如"家和万事兴""单县职业中专——温暖的家、和谐大家园"等。

苏联教育家马卡连柯说过："如果没有一个团结一致的教师集体，那么所谓正常的学校教育工作是很难想象的。"那么，既然学校是每个员工的命运共同体，我们就要团结一致把学校这个集体建设好，维护好。

苏联教育家苏霍姆林斯基也说过："把集体的全体成员团结起来的主要力量是什么呢？这种力量是人关心人，人对人负责，人对集体和社会负责。"也就是说，只要人关心人，人对人负责，人对集体和社会负有责任感，就能产生使得大家团结起来的力量。

不过，我们也应该看到，尽管很多企业或学校高度重视"家文化"建设，但依然存在这样一个问题，那就是员工对自己"小家"的爱远远超出对企业或学校这个"大家"的爱，在一些人身上主要体现为：家里的事必须得办，单位的事不得不办；家里的事不遗余力，单位的事应付了事；家里的钱能省就省，单位的钱能花就花；在家很少想单位的事，上班时常惦记家里的事……

这些现象有其存在的合理性，这是因为这是人性自私的体现，这种现象是不容易根除的。我们只希望大部分人能够做到"君子爱财，取之有道"，对工作认真负责，努力完成自己的工作任务。

三、社会组织型"家"中的几个关系

下面我谈一谈学校这个社会组织型"家"中的几个关系。一般来讲，学校集体中有四种关系：个体与集体（团体）之间的关系，个体与个体之间的关系，正式团体和正式团体之间的关系，正式团体和非正式团体之间的关系。

但是，作为社会组织类型的"家"，其内部关系会比实际意义上的"家"中的关系复杂得多。现分述如下。

(一）个体与集体（团体）之间的关系

1. 集体对个体

这里的集体对个体是指学校对每一个教职员工。集体对个体要关心、要尊重、要爱护、要信任、要理解、要帮助，集体对个体的尊重、关心，首先体现在管理方式上，也就是说在管理方式上一定要实行人本管理，人本管理就是在学校管理中始终要把人放在根本的位置上。

我在单县职业中专担任校长期间，就积极推行人本管理，取得了良好的成效。我把人本管理分为三个层次：

第一层次：学校领导（部门领导）要关心教职员工、理解教职员工、相信教职员工、尊重教职员工。

第二层次：学校要为教职员工创设一个公正、公平、公开的工作环境、生活环境和竞争环境。

第三层次：学校要为教职员工提供良好的发展条件和发展空间，让教职员工在生活、工作和竞争中得到完善和提高。

在这三个层次中，第一个层次是基础，第二、第三个层次是提高、是升华。

学校不仅要关心教职员工的工作和奉献，还要关心教职员工的生活、健康等其他方面。很多人说，健康好比数字"1"，事业、地位、钱财、美貌、家庭等都是"0"，如果没有健康的身体，其他的都没有任何意义，所以身体健康对每一个人来讲都是极其重要的。我们的领袖都说"身体是革命的本钱""不会休息就不会工作"，而我经常说的一句话是"身体是自己的，知识是自己的，朋友是自己的。要么读书，要么走路，要么交友，身体、灵魂和情感必须有一个在路上"。

我在单县职业中专当校长期间，非常关心教职员工的身体健康，开展了好多活动，如每年健康体检一次，开展戒烟运动，每年举行一次的趣味运动会、学校运动会都设有教职员工项目等。

我们还很关心教职员工的学习提升情况，不定期邀请有关专家到校讲学，对教职员工进行有针对性的培训，经常组织老师到外地外校参加培训学习，努力争取更多的省级、市级教研活动和评课活动在我校举行，给老师们创造学习的机会。我们还积极争取各级课题，让老师们在参与课题研究的过程中获得锻炼提高。每年我们都举行一次校园文化艺术节，举行一次迎新年文艺会演，举行一次教职员工摄影大赛等，还针对班子成员每年举行一次暑假读书会。

我们很注重集体中的人际关系教育，我提出了这样一个要求：把一切关系处理成朋友关系。就是要把所有和我们有工作关系的单位和个人处理成朋友关系，我们甚至把这个范围扩展到我们的竞争对手，所以我们不拒绝任何学校的来访交流。

对于来校交流的同仁，我的态度是毫不保留地向他们展示学校的风采，对方要什么材料就给什么材料，要什么帮助就给什么帮助，敞开心扉接待朋友。我认为，别人好了我们才能好，如果没有了竞争对手，我们就离垮掉不远了。

2. 个体对集体

这里的个体对集体是指教职员工对自己的学校。教职员工对自己的学校要支持、要理解、要珍惜、要维护、要奉献，要把集体的事当成自己的事，要有强烈的主人翁意识。

学校是我们赖以发展的平台，每一位员工都要支持学校的决策，支持学校的发展，要按照学校的要求去做；要理解学校的处境，理解学校的难处，理解校长的苦衷；要珍惜自己的工作，珍惜自己的成长机遇，珍惜学校这个平台；要维护学校的声誉，维护学校的地位，对于不利于学校发展的言行要及时劝阻和解释，对于有害于学校的舆论要加以引导；要为学校奉献自己的才智，奉献自己的力量。

我们来看下面这个寓言：

山上的寺院里有一头驴，它每天都在磨坊里辛苦拉磨，天长日久，驴渐渐厌倦了这种平淡的生活。它每天都在想：要是能出去见见外面的世界，不用拉磨，那该多好啊！

不久之后，机会终于来了，有个僧人带着驴下山去驮佛像，驴兴奋不已。

来到山下，僧人把佛像放在驴背上，然后就返回了寺院。令驴没有想到的是，路上行人看到它时，都虔诚地跪在两旁，对它顶礼膜拜。

一开始，驴大惑不解，不知道人们为何要对自己叩头跪拜，慌忙躲闪。可一路上都是如此，驴不禁飘飘然起来："啊，原来人们如此崇拜我。"于是，当它再看见有人路过时，就会趾高气扬地停在马路中间，心安理得地接受人们的跪拜。

回到寺院后，驴认为自己身份高贵，再也不肯拉磨了。僧人无奈，只好放它下山。

驴刚要下山，却远远看见一伙人敲锣打鼓迎面而来，心想，一定是人们前来欢迎我了，于是大摇大摆地站在马路中间。原来，那是一支迎亲的队伍，人们发现自己被一头驴拦住了去路，愤怒不已，便棍棒交加……驴仓皇逃回寺院，却已奄奄一息，临死前，它愤恨地告诉僧人："人心险恶啊！第一次下山时，人们对我顶礼膜拜，可是今天，他们竟对我狠下毒手。"

僧人叹息了一声：说"果真是一头蠢驴！那天，人们跪拜的，是你背上驮的佛像啊！"

人生最大的不幸，就是一辈子也认识不清自己。有些人错把平台的功劳当成自己的本事，你取得的许多成绩都有平台给你的帮助，千万不要认为只是自己的努力，只是自己的本事，任何人离开了平台，往往什么都不是。

既然我们的大部分时间是在工作岗位上度过的，我们就要在工作过程中寻找生活的乐趣，共同把集体创造成一个温馨的精神家园。只有这样的集体才能够回报给我们以欢乐，回报给我们以幸福，回报给我们以精神寄托。

可是，怎样做才算处理好自己和集体的关系呢？我说过，如果你感觉离开这个集体，集体会感到可惜，就可以说你与集体的关系处理好了。

还有一句话也是我经常说的：尽管学校取得的成绩离不开每一位教职员工的奉献，但是任何人都不能有"学校离开了我不行"的想法。地球离开了谁都会继续转，学校离开一个人也不会有太大的影响，正所谓"森林不缺一棵树，大海不缺一滴水，单位不缺一个人"。

集体和个体是一个矛盾的两个方面，我们不能只强调一个方面而忽略另一个方面。比如，我们只强调大家要热爱集体，那么，这个集体值得你去热爱吗？有句话说得好："今天我以学校为荣，明天学校以我为荣。"第一句话是说学校要把应该做到的做好，也就是说，要使学校值得老师、学生去爱。第二句话是要求老师、学生做到的。这两句话也从另一个角度体现了个体与集体的关系。

集体和个体既然是一个矛盾的两个方面，那么就会有一些不和谐的内容，我们应该尽最大努力使其和谐。

关于如何处理好集体与个体的关系，有一个非常典型的例子：

1928—1929年，美国发生经济大恐慌，也影响到了日本松下电器公司。当时，公司的产品堆满仓库，卖不出去。于是，公司管理层拟订了一个"生产减半，员工减半"的方案提交给董事长松下幸之助。当时，松下幸之助正卧病在床，但他还是毅然做出如下决定：生产减半，但员工不解雇，工资照发。公司员工大为感动，许多人放弃半天的休假时间，自觉组成销售小组，全力推销库存产品。结果，两个月内，他们就把库存的产品销售一空，工厂恢复了全天生产。松下电器公司是最快也是最早度过那次经济危机的日本企业。

这个例子非常典型，松下幸之助很好地解决了集体对个体的关系，换来了个体对集体的回报。这个例子对于帮助我们处理好集体和个体之间的关系很有借鉴意义。

（二）个体与个体之间的关系

个体与个体之间的关系在很长一段时间内没有受到管理者应有的重视，直到近几年才引起部分管理者的注意。这种关系之所以没有引起大部分管理者的重视，是因为有些管理者认为只要员工做好自己的工作就可以了，至于他们之间有什么矛盾、有什么隔阂无所谓，其实这个看法是不对的。学校中个人和个人之间的关系在学校发展中占有很重要的地位。试想，若学校中人与人之间的关系非常紧张，首先会影响到全体员工的工作情绪，如果大家的工作情绪不高，怎么能提高工作效率？其次会影响到员工工作过程中的配合，大家在工作中不能很好地配合怎么能提高工作效率？第三会影响大家的身体健康，人们之间的关系紧张必然导致情绪低落，情绪低落一定对身体健康不利。从这些分析中可以看出，学校中人与人之间的关系处理不好对学校发展十分不利。

处理好个体与个体之间的关系要做好以下几点。

1. 与人为善，仁德其首

中国特色社会主义核心价值观中对公民层面是这样要求的：爱国、敬业、诚信、友善。也就是说，"友善"是中国特色社会主义道德规范中的重要内容。

"善"是佛教教义的重要内容，譬如佛教主张引人向善，说一个人要经常做善事，要当慈善家，佛教用语中最常用的就是"善哉善哉"。

对于"善"的理解，《辞海》有 11 种解释，我们这里所说的"与人为善"应该取这几种意思：一是善良、美好；二是友好、亲善；三是从伦理学理论来看，"善"是伦理学的基本概念，是马克思主义伦理学的中心范畴。凡是符合一定社会的道德原则和规范的行为，就是善；反之，就是恶。

所以，"与人为善"就是做人要善良、美好；待人要友好、亲善；自己的言行举止要符合中国特色社会主义道德规范。

我们倡导的人际关系是人关心人，人爱护人，人理解人，人帮助人；而不是人伤害人，人提防人，人诽谤人，人嫉妒人。

古人云："天时不如地利，地利不如人和，圣人所贵，人事而已。"这句话出自《孟子》，意思是在天时、地利、人和三者中，人和是最重要的，圣贤之人最为重视的就是善于用人、发挥人的作用和处理好人与人之间的关系。在学校工作中，如果把人与人之间的关系处理好了，就达到了"人和"的目的。

明代文学家陈继儒说过："闻人善则疑之，闻人恶则信之，此满腹杀机也。"这句话的字面意思并不复杂，就是听到别人做了好事，总是有所怀疑；听到别人做了坏事，却会深信不疑，这表明内心充满敌意和怨恨。有的人在评论自己和别人的时候习惯用双重标准，即严于律人，宽于待己。如果自己犯了过失，总能找到千万条理由为自己开脱，最后就会认为，自己犯错是有原因的，是可以理解的。如果是别人犯了错误，那就一定是真正的错误，是别人的人品、能力有问题，没有任何理由。

比如学校组织考试，如果自己教的班或是学科考试成绩不理想，有些老师就会找出很多理由说服自己，或者是因为学生马虎大意，大意失荆州，或者是因为学生的状态不好，没有正常发挥，总认为自己教的没问题。但如果是别人教的班或是学科考试成绩不好，就会认为别人确实教学水平不高，不会指导学生复习，学生的学习习惯很差，这就是他的正常水平，他们本来就考不好。

其实这就是心态的问题，只有心中充满怨恨和嫉妒的人，才会有这种心态。

某些人有时候关心他人的事情胜过关心自己的事情，尤其是在无所事事的时候，究其原因，就是心态不正，嫉贤妒能。所谓"闲人生是非"就是这个意思。这些心态不平的人，往往会用恶意来揣摩别人。如果我们经常在网上看新闻，看看底下的评论，就会发现，现在这种人不在少数。

一个心态平和、心中充满善念的人，看到别人做善事，他会替别人高兴，他会给予鼓励和支持；看到别人犯错、作恶，他不会人云亦云，他会仔细地去考察，看是否属实，即使那个人真的犯了错，他也不会开口大骂、落井下石，而会以良言相劝，希望他能够改过从善。所以我们应该时时观照自己的心，如果我们也是"闻人善则疑，闻人恶则信"，就说明我们的心态已经不正了，要及时调整。

做善事，它的意义不只是帮助别人，更重要的是通过做善事净化自己的灵魂，升华自己，这正是帮助别人，快乐自己。

曾经看过一个材料，就是说这个意思的：美国新墨西哥州政府 1998 年 11 月 6 日出台了一个法案，要把居住在新墨西哥州富瓦社区已经 13 年的 3 名流浪汉驱逐出新墨西哥州。理由是这 3 名流浪汉已在这个城市居住了 13 年，通过 13 年的乞讨，已经很富裕了。于是，这 3 名流浪汉不得不搬到另一个城市——佛罗里达。

但是，富瓦社区的萨姆神父强烈反对这个法案。

他讲了一个故事。他说："40 年来，我在富瓦等 6 个社区担任神父，这 6 个社区的人口富裕程度都差不多，可是有一个社区找我解决心灵问题的人很少。经过调查得知，原来这个社区有一个孤儿收养中心，不少人经常去救济孤儿，去做善事。做了善事后，人们的心理安宁、平衡，心灵得到了慰藉，所以，就不会出心理问题了。实际上是孤儿收养中心给人们提供了做善事的机会，给人们提供了净化心灵的场所。富瓦社区有这3个流浪汉，恰好给我们提供了一个做善事、净化心灵的机会。现在把他们赶走了，富瓦社区的人们想通过布施获得心灵安慰和满足的机会就没有了。作为一名神父，我能接受这样的法案吗？"

其实，我们也有很多做善事的机会，我们也应通过做这些善事净化自己的心灵，去升华自己。

但是，现在社会上有一些人在欺骗人们的善心，企图利用人们的善心、怜悯之心达到自己发财的目的。如：在车站抱着小孩要钱的现象；说自己的父母有病，要钱给父母看病的现象；等等。这些现象有的是有组织的，是骗人的，我们要提高警惕。

所以，我们要深刻理解行善行为，再行善，也得遇上善良的人；再付出，也得遇上感恩的人。再真诚，也得遇上有心的人。再谦让，也得遇上珍惜你的人！

那些家里有病人的家庭是值得怜悯、值得同情，我们可以帮助他，但是，我们也要学会辨别真伪。有一座寺庙里有一位方丈，他带领几个徒弟在寺庙巡视，看到寺庙山门外的池塘边有好多人在放生，徒弟们就问方丈："这些放生的人是在行善吗？"方丈回答："不是，这是伪善。"徒弟们不解，方丈解释道："这些放生的人是从别人手里买来鱼鳖然后放生的。市场有了这种需求后，就会有人去捉鱼捉鳖来卖，如果大家都不买来放生，至少这些被放生的鱼鳖不会遭到捕获和买卖，这才是真善。"

有一句广告词说得好："没有买卖，就没有伤害。"

一般情况下，我们做不了很大的善事，但是，我们可以做一些举手之劳的善事。譬如：我们吃自助餐时把盛到盘子里的饭菜吃得干干净净，那种感觉很好；我们吃完饭后把饭桌上收拾得干干净净，那种感觉很好；我们用文明语言去和服务员或其他陌生人谈话，那种感觉很好；我们尽自己的微薄之力去帮助一个弱者或是一个需要帮助的人，那种感觉很好；我们去对老人尽孝时，感觉很好；我们发自内心地去赞美一个自己不认识的小孩时，感觉很好；我们真诚地谦让别人时，感觉很好；我们用自己的言行获得别人的真诚友谊时，感觉很好；我们通过真诚的解释取得别人的谅解时，感觉很好；等等。

那么，既然是感觉很好的事情，我们为什么不去做呢？

2. 礼遇世界，和谐同行

大家熟知的季羡林先生可谓个人文明的典范，他说过以下几段话：

"如果一个人孤身住在深山老林中，你愿意怎样都行。可我们是处在社会中，这就要讲究点人际关系。人必自爱而后人爱之。没有礼貌是目中无人的一种表现，是自私自利的一种表现，如果这样的人多了，必然产生与社会不协调的后果。千万不要认为这是个人小事而掉以轻心。"

"人类是社会动物。一个人在社会上不可能没有朋友。任何人的一生都是一场搏斗。在这一场搏斗中，如果没有朋友，则形单影只，鲜有不失败者。如果有了朋友，则众志成城，鲜有不胜利者。"

这两段话都说明，当今社会不是单打独斗的社会，而是相互合作、相互协作的社会，我们要有伙伴，我们要有同行者，我们要依靠合作、协作去完成工作任务。

我曾在一些场合讲过北大一名新生入学时请季羡林先生帮他看行李的例子：

20世纪70年代，一位新生到北京大学报到，那时新生报到基本上都是自己一个人去学校，也没有人帮助自己办理报到事宜，不像现在这样，有父母甚至其他亲属三四个人送行，帮助办理入学事宜。这位新生是第一次到北京，第一次到北大，人地生疏，有点胆怯。由于行李太多，他不便提着行李去办理报到事宜。他正在未名湖旁犯愁时，看到一位穿着洗得褪色的中山装、戴着北大红校徽的老人，这位新生断定这个人是学校的老校工，就主动向老人打招呼说："大爷，请帮我照看一下行李好吗？我要去办理新生报到适宜。"老人爽快地回答道："行！不过你要快点回来哦。"于是，那位新生手忙脚乱地把行李托付给老人，就急匆匆地走了。

新生东奔西走，待忙完一切，已时过正午，突然想起托"老校工"照看的行李，赶快找了过去，只见烈日下那位"老校工"仍站立路旁，手捧书本，一边看书，一边悉心照看着自己的行李。那位新生对"老校工"千恩万谢，庆幸头一次出远门，就碰上好人。

在次日的开学典礼上，那位新生看见昨天帮自己看管行李的那位"老校工"竟也端坐主席台上，他赶忙找人一问，竟然大吃一惊，原来"老校工"就是鼎鼎大名的北京大学副校长季羡林。

虽然这个小故事有点像电视小品，但是其情其景是生动而真实的。央视某栏目主持人曾当面向季羡林先生核实过此事，季羡林幽默地回答："是有这么一档子事！但其中的称谓得更正一下。那个新生当时不是称呼我'大爷'，而是称呼我'老师

傅'！"

礼遇世界，和谐同行，我们首先应该处理好自己和同事的关系。我们在和同事相处的过程中，免不了陷入谈论别人和被别人谈论的环境中，有句话说"谁人不被别人说，谁在背后不说人"，不过我还是一直倡导不要随便议论他人。记得《增广贤文》中有这样一句话："奉劝君子，各宜守己；只此程式，万无一失。"这里的守己，指的是对自己一些底线的坚守。源于此，我在全体教职员工大会上提出了学校员工"六守"准则，这"六守"准则是"守口如瓶，守时如钟，守身如玉，守信如命，守诺如山，守心如镜"。

（1）守口如瓶

有一种尊重叫守口如瓶！守口如瓶是对别人的尊重。汪国真说过："如果别人把自己内心深处的秘密向你披露，这是一种莫大的信任；即使出自善良的动机把别人的秘密示人，也不够妥当。因为这样既容易伤害友人，也容易伤害友情。"懂得尊重别人的人，终将赢得别人的尊重。无论何时，保守秘密的人既能赢得他人的信任，也会受到单位的重用。所以在工作和生活中，我们不仅要保守好自己的秘密，也要尊重他人的秘密。

有些人心性不稳定，受人盛情款待时，常会把心里话倾吐殆尽，特别是酒醉饭饱之后，最易吐真言："咱们朋友一场，以你我多年的交情，今天我什么都没保留，全跟你说了，你可千万不要跟别人说！"但是俗话说："秘密若从口里出来，就已出了大门，以后会跑遍全世界。"所以，过了两三天后，这个朋友又会在别人面前上演同一出戏……如此岂能保守秘密？只会令信任自己的人彻底失望。因此，我们对于别人的秘密，务必要守口如瓶。

世界上有多少人，就有多少秘密。当别人向你倾诉秘密的时候，说明他信任你，并且认可你的人格。面对倾诉者时最应该做到的就是保密，哪怕是不堪的隐私，我们只要倾听、理解、劝慰，然后就是忘却——忘却他说过的隐私。

我始终认为，倾听秘密然后忘却秘密，是做人的基本要求，也是准则。所以，我们要时刻警醒自己：谨言慎行，低调做人，管住自己的嘴巴，做到以下几点：

①事情在没得到确认前，先不说，好比钱没到账就不是你的，万一有变数你会尴尬；

②任何秘密，就地消化，到你为止；

③说话别夸张，为了一时效果惊人，你会付出不靠谱的代价；

④口无遮拦者都是只管自己说得痛快，不管别人心情的人，我们不能做这样

的人；

⑤背后不说别人的是非长短，不通过表象猜测而给别人下结论，因为猜测的都不真实；

⑥你总认为你说的话别人不会知道，其实都会让人知道。

除了个人秘密之外，还有一种秘密是单位秘密，很多单位都有自己的秘密，如商业秘密、财务秘密、技术秘密、战略秘密等。有些公司在新人入职时会要求其签订保密协议；重要的国家机关都有关于保密方面的严格要求。

我们要注意保守个人的秘密，要做到守口如瓶，我们更要保守集体的秘密，做到守口如瓶。下面这个案例很有意义。

曾有一个人去一家跨国企业应聘，来求职的人很多。通过一轮面试之后，进入笔试环节。

笔试题对他来说都不难，他快速写着，却被最后一道题难住了。题目是这样的："请写下你之前所任职公司的秘密，越多越好。"

他看看周围，发现其他的人都在奋笔疾书。他想了想，拿着试卷走到考官面前说："对不起，这道题我不能答，即使是我的前公司，我也有义务保守秘密。"

说完，他就离开了考场。

第二天，他收到了这个企业的录用通知书，老板在通知书的末尾写道："有良好职业操守、懂得保守秘密的人，正是我们需要的人。"

可见，懂得尊重别人的人，终将赢得别人的尊重，也能赢得他人的信任。即使是学校，尽管没有多少需要严格保密的东西，但每一个教职员工都要有一定的保密意识，要做到守口如瓶。另外，有些事情即使不是秘密，但为了自己和他人，也应当尽量不去扩张，以下几个掩藏值得我们遵守：

①掩藏自己之贡献

自己纵然对学校或企业有很多贡献，也不能在别人面前夸夸其谈，炫耀自己如何了不起。自己的业绩，自己的贡献，让别人去说，让大家去评判，尽量不要自吹自擂，不要"表扬与自我表扬相结合"。倘若自己宣传自己的业绩和贡献，会让人们对你产生一种不好的看法。

②掩藏自己之锋芒

在当今社会激烈竞争的现实下，我们适当掩藏自己的锋芒是很有必要的，这不是不求上进，不是要"躺平"，而是要打牢自己的事业基础，在适当的时候"一鸣惊人"。

过于显露自己的锋芒，一是会让同事不舒服，他们会感到自己有威胁，自己的生存环境不够安全，如果遇到不讲原则、心胸狭窄的同事，他甚至会设绊子，会在你前行的道路上挖坑，这样显然对你的事业、你的成长很不利；二是会让你的某些领导不高兴，要知道在领导层面也有不少心胸不够开阔的领导，甚至有的领导有武大郎开店的思想，就是不用比自己水平高的人，如果在这样的领导面前锋芒毕露，你的工作、你的事业、你的环境、你的升迁都会受到影响。

③掩藏自己之聪明

聪明固然是好事、是优点，是自己的良好资源，但是，不要把自己的聪明到处张扬，因为这样不仅不会得到大家尤其是领导的赏识，有时候甚至会给自己带来一些麻烦，在自己成长的道路上设置一些障碍。

建安二十四年（219年），就在曹操和蜀军僵持不下之时，曹军主簿杨修却因一根"鸡肋"掉了性命。在此之后，他便成了"聪明反被聪明误"的代表人物。

对于杨修的死，《三国演义》中解释为"原来杨修为人恃才放旷，数犯曹操之忌"，这就一针见血地指出了杨修之死与他的"恃才放旷"和"犯曹操之忌"有关。《三国志》中也写有"太祖既虑终始有变，以杨修颇有才策，而又袁氏之甥也，于是以罪诛修"的内容。这里虽然说杨修那"袁氏之甥"的身份是其被杀的原因之一，但也承认杨修之死和他的才华有关。于是这又出现了另一个问题：若论才华，曹操手下有才华的人真是数不胜数，郭嘉、程昱、荀彧、贾诩，哪一个不是才华横溢？为什么他们就没有因为才华招来曹操的忌妒呢？难道真是杨修的才华犯了曹操的忌讳吗？众所周知，曹操这个人并不是一个小气之人。就拿张绣来说，当年发动兵变杀了曹操的儿子和爱将典韦，后来又投降曹操，却受到了曹操的礼遇。曹操连杀子之仇都可以谅解，为什么就不可以原谅杨修对自己的冒犯呢？

那么，是不是杨修有什么特殊之"才"，让大度的曹操也无法容忍，而一定要将他除之而后快呢？《三国演义》中，杨修的才华主要是通过以下事件来体现的：

阔门事件。曹操让人造了一座花园，造好后，曹操去看了一下，然后在门上写了个"活"字就走了，"人皆不晓其意"，杨修却说："'门'内添'活'字，乃阔字也。丞相嫌园门阔耳。"大家都不明白曹操在想什么，只有杨修看明白了门上的字的含意。并且很得意地把它告诉了别人。曹操知道后，心中便对杨修有"忌"了。

梦中杀人事件。曹操为了防止别人暗害自己，便对别人说自己梦中好杀人，让大家不要在自己睡着时接近自己，并装模作样地杀死了一个替自己盖被子的近侍。结果是"人皆以为操果梦中杀人"，只有杨修了解曹操的意图，并对别人说"丞相非在梦中，君乃在梦中耳"，曹操知道后更是"恶之"。

曹操暗试曹丕、曹植事件。曹操想考查一下曹丕、曹植的临机处事能力，故意说让两人出城，却在暗中吩咐门吏不让两人出城。结果，曹丕老老实实地退回来了，曹植却在杨修的指点之下，杀了门吏。杨修又一次料到了曹操的意图。而曹操知道此事后已经不是简单的"恶之"，此时的他已是怒火冲天。

从上面的事件中可以看出，杨修的特殊才华其实就是对曹操意图的洞察力。用夏侯惇的话来说，就是"公真知魏王肺腑也"。杨修就像一个高明的心理专家，在"众人皆醉"之时，他却可以"独醒"。他总是可以准确地掌握曹操的心理动态。在杨修面前，曹操就像是被人扒光了衣服一般，所有的秘密都一览无遗。曹操本来就生性多疑，他当然不会愿意自己的部下将自己完全看透。在部下面前，曹操更愿意保持一种神秘感，因为只有这样他才能更好地控制他们。曹操的大部分部下都对曹操的意图无法了解，可曹操的种种小把戏都无法瞒过杨修，而且，杨修把握住曹操的意图也就罢了，却不肯将之藏在心里，屡次把曹操的意图解释给别人听。这样一来，曹操所追求的神秘感便荡然无存，他对部下的控制力无疑也会随之减弱。于是，当杨修再一次从一根"鸡肋"中看出曹操的退兵意图，并毫不顾忌地将之告诉夏侯惇时，曹操终于忍无可忍，他以"乱我军心"为名，将之杀死了。

可怜的杨修看穿了曹操那么多次，却始终没有看出曹操早已经对他起了杀心，还一如既往地四处传播曹操的各种意图，最终导致自己被杀。从这一点来看，杨修并没有完全看透曹操。

所以，我们要想成大器，就要学会在一定的场合隐藏自己的聪明。

④掩藏自己之个性

所谓个性就是个体特有的且与其他个体区别开来的特性，即具有一定倾向性的、稳定的、本质的心理特征的总和。

我们知道，每个人都有自己的个性，每个干部都有自己的工作风格，每一位教师也都有自己的教学风格，只是有些人表现得不那么明显，有些人则表现明显而已。

从严格意义说，个性没有优劣之分，只是人们在性格上的共性之外的一种突出表现。人的个性表现为或倔强，或柔和，或坚韧，或随和，或执着，或沉稳，或外向，或内向，或坦率……我们不能说哪一种个性是好的，哪一种个性是不好的。

但是，个性过于突出、过于张扬，容易和同事产生矛盾。你的个性其他同事未必能接受得了，也就是你的个性未必能有利于与其他同事和谐相处，我们工作中的很多例子都是由于两个人的个性相互容纳不了，很难在工作上做到合作、无法形成

统一的意见，最后不得不被调整工作岗位。

如果大家都把自己过于突出的个性收敛一点、掩藏一点，大家就会在一个部门中形成相互包容、相互关照、相互协作的工作局面，这样既有利于部门和单位的发展，也有利于自己的成长。

⑤掩藏他人之过失

习惯看到别人的短处和缺点，不习惯发现别人的长处和优点，这大概是人的劣根性之一。其实，我们看不惯别人是因为自身修行不够。别人说出我们的短处，我们可能就会闷闷不乐，当面说了不高兴，背后说了更不高兴，甚至两三天都不开心。那么推己及人，自己又为何爱说别人的过失呢？我们应该在适当的时候，用适当的方式当面与本人去说，这样才会让别人感受到你对他的关心和爱护。

但是，作为一名学校干部，有事一定要在当事人面前说，不能背后说三道四。我们一定要具备这样的素质，一定要养成这方面的良好的品行。

⑥掩藏自己之意图

自己的意图、自己的计划在还没有实施之前，就四处宣扬，很容易在实施过程中增加难度，甚至使意图和计划半途夭折。世间一切本是无常，所以，我们做事若没有十拿九稳的把握，最好先不要到处说。

有一位初中校长，他的学校占地面积较小，学校的建筑也很破旧，其他设施也很落后，的确需要另建新校，这是全校师生盼望若干年的事情，这位校长也十分着急。有一次，学校所在区分管教育的副区长到学校视察，了解到这种情况，也现场看到了实际状况，顺便说了一句"学校改造应该提到议事日程上来了"，校长听了十分高兴，自认为学校很快就要实现搬迁愿望了。

这位校长立即召开校委会，研究建设新校的措施和办法，在全体教职员工大会上也多次把这件事情作为学校的头等大事讲给大家，以此来鼓舞大家的工作干劲。甚至联系了多家规划设计单位到学校讨论设计方案。一通折腾之后，这所学校要迁建新校的消息在全区广为散布，自然也就传到了区长的耳朵里。

区长把这位校长叫到自己的办公室，第一句话就问他：谁要给你们建新校了？这位校长说，某某副区长说的。区长说，他说的是区政府的意见还是他自己的意见？这位校长回答不上来了。

要知道，从一个副区长随口一说到区政府形成决议、形成文件，要经过多少环节，需要多长时间啊！对于这一点，这位校长没弄明白。使自己陷入很大的被动之中，接下来，他将怎么对全校教职员工说明白这件事情？他将怎么面对社会上许多人的询问？他将怎么对这件事情做出一个合理的解释呢？至少，人们对他的认识水平、工作能力、社会经验等等都要打上一个很大的问号。

守口如瓶实际上是一个人有"口德"的表现，它属于一个人品质的重要组成部分，但是要很好地做到这一点并不那么容易，需要自己不断修炼。

有这样一段话很有哲理：静坐常思己过，闲谈莫论人非；能受苦乃为志士，肯吃亏不是痴人；敬君子方显有德，怕小人不算无能；退一步天高地阔，让三分心平气和；欲进步须思退步，若着手先虑放手；如得意不宜重往，凡做事应有余步；持黄金也为珍贵，知安乐方值千金；事临头三思为妙，怒上心忍让最高；切勿贪意外之财，知足者人心常乐；若能以此去处事，一生安乐任逍遥。这段话中的"静坐常思己过，闲谈莫论人非"就是告诫我们要做到对他人的秘密守口如瓶。

（2）守时如钟

守时是一个人的美德，并且体现着一个人的诚信，也是对别人的一种尊重。下面这个关于守时的小故事《二十分钟的代价》对我们很有启发：

某公司老板周先生要找一家印刷公司来承担企业的印刷任务，一位朋友向他推荐了一位印刷公司老板。这位老板知道周先生的企业日常在印刷方面花不少钱，很想争取到这单生意。他带来了精美的样本、仔细考虑的价钱方案和热情的许诺，但是他不知什么原因迟到了二十分钟。

尽管这位老板迟到了二十分钟，周先生还是有礼貌地坐着，听他做各种介绍，但他已决定不把生意交给他了。因为对于周先生的公司来讲，准时收到印刷品是十分关键的。周先生公司用的印刷品总是星期三送到，星期四装订，星期五发送到座谈会地点，迟一天就跟迟一年那么糟糕。而且周先生的公司要雇十多名工人用一天的时间来将销售信、小册子与订货单等印刷品叠好塞进信封，如果印刷品没运到，啥事都干不成。

所以，当那位印刷公司老板第一次签约就不能准时出席时，周先生就推断出不能指望这个印刷公司老板把他的工作干好。

迟到了二十分钟，丢掉了一个大订单，没有做到守时的人得到了应有的惩罚。

（3）守身如玉

"守身如玉"以前主要是指女子恪守自己的贞操，现在"守身如玉"的内涵已经有所扩展，这里我们主要指守住自己的底线，譬如廉洁方面的底线、原则方面的底线、人品方面的底线等。在底线面前，我们一定要保持清醒的头脑，譬如说酒驾。前段时间听大家说某大学有一位中层干部，他晚上喝完酒后，夜已经很深了，以为这时不会有警察查酒驾了，便自己驾车到美容店门前接他老婆。他迷迷糊糊地把车停在美容店前便在车里睡着了，因为他停的车挡了人家的车，人家把他叫醒后，他的酒劲上来了，态度不够冷静，和人家发生了口角，结果让人家举报他酒驾。警察来了之后，他承认自己喝了酒，但是他不承认自己酒后开车，说车不是他开来的，他只是在车里睡觉。警察马上调取录像，结果发现就是他自己开的车。到医院抽血化验后，结果被确定为醉驾，后来连公职都没有保住。

所以，我们在底线面前一定要头脑冷静，不能超越底线，要做到守身如玉。

（4）守信如命

守信如命的"信"字有多层意思，一是对别人的信任，二是指自己的诚信。社会主义核心价值观中关于公民层面的要求是这样八个字：爱国、敬业、诚信、友善，也就是说，社会主义核心价值观对我们也提出了诚信的要求。

曾在微信上看到一篇文章，题目是"拿什么填平信任洼地"，文章引用了2013年2月7日《中国青年报》如下消息：中国社会科学院社会学研究所发布《社会心态蓝皮书》称，中国社会的总体信任度再度下降，已经跌破60分的信任底线。7成国人不信任陌生人。

造成社会信任度下降的原因很多，为了扭转这种现象，2016年1月20日，最高人民法院、国家发展改革委等44部门联合发布了《关于对失信被执行人实施联合惩戒的合作备忘录》（以下简称《备忘录》），共提出55项惩戒措施，对失信被执行人设立金融类机构、从事民商事行为、享受优惠政策、担任重要职务等方面全面进行限制，更大范围地惩戒失信被执行人。譬如不准失信被执行人乘坐飞机、高铁，不准失信被执行人的子女进入高档次学校上学，不准失信被执行人到高档场所消费，对失信被执行人的银行贷款实行限制等。尽管这样，失信现象仍然很严重，它在一定程度上影响了社会和谐度，影响了社会经济的正常运行。

作为教师，我们要做到守信，更重要的是我们要教育学生做到守信，教育学生成为一个诚信的人，只有这样，才能堂堂正正地立足于社会，才能获得更多的社会资源，才能实现自己的人生价值。

古时候，吴国的使臣季札去晋国访问，那时的官员都是要佩带宝剑出访的。去晋国会路过徐国，季札便去拜访了徐国国君。徐国国君十分喜欢季札的宝剑，嘴上没有说什么，但脸色透露出想要宝剑的意思。季札因为还有出使晋国的任务，宝剑还有用途，就没有把宝剑献给徐国国君，但是他在心里已经答应给他了。

季札在晋国出使期间，徐君却死在了楚国。出使回来的路上，季札又来到徐国，他见到徐国的新君，便解下宝剑送给继位的徐国国君。随从人员阻止他说："这是吴国的宝物，不能用来作为赠礼。"季札说："我不是赠给他的。前些日子我经过这里，已故的徐国国君观赏过我的宝剑，他嘴上没有说什么，但是我看出来他很想要这把宝剑，我因为还有出使晋国的任务，就没有献给他。但我在心里已经答应给他了。如今如果因为他死了就不把宝剑送给他，我就是在欺骗自己的良心。因为爱惜宝剑而违背自己的良心，正直的人是不会这样做的。"继位的徐国国君说："先君没有留下遗命，我不敢接受宝剑。"于是，季札把宝剑挂在徐国国君坟墓边的树上就离开了。徐国人赞美季札的诚信，歌唱他说："延陵季子兮不忘故，脱千金之剑带丘墓。"

这个故事有两个地方值得我们注意，一是季札和徐国国君并没有达成语言或文字上的契约，只是徐国国君表情上有所表达，季札也只是在心里表示要把宝剑献给徐国国君；二是季札履约的时候，徐国国君已经死了。令我们感慨的是，在这样的两个条件下，季札还是履行自己心中的契约，实在令人感动。

我们要不断积累自己的诚信值，最后形成自己的信誉。我们要十分爱护自己的信誉，因为它是我们的第二张名片。做人，千万不要"透支"自己的信誉。你透支了体力，休息休息总会恢复；你透支了金钱，开源节流总会盈余；可是，你透支了信誉，费再大体力，用再多的金钱，都很难换回别人对你的信任。

（5）守诺如山

"诺"即承诺，守诺如山就是做出的承诺一定要兑现，它应和大山一样可靠。我们在做出承诺之前一定要仔细掂量，要充分考量实现承诺的条件，确保承诺实现的可能性，否则，就不要轻易许诺，也就是我们要尽力做到诺不轻许，许则为之。

（6）守心如镜

一位禅师对众人说："镜子有三个优点，你们是做不到的。"大家请禅师详细解释一下。禅师说道："镜子可以映出物体的像，过后却不留物体的影，你们能做到事来则应、事过即忘吗？镜子反映真实，不分贵贱，你们能做到面对乞丐与国王同样恭敬吗？镜子反映红绿，自不变色，你们能做到随缘不变，不变随缘吗？"

禅师的这段话对我们很有启发，守心如镜就是我们的心要像镜子一样，对任何人任何事都一视同仁，实事求是，红就是红，绿就是绿。

我们在评价别人的时候，很容易只看到别人的缺点，看不到别人的优点。

有这样一个例子，老和尚在墙上做了四道题：$2+2=4$；$4+4=8$；$8+8=16$；$9+9=19$。

做到这里，徒弟们纷纷说道："你算错了一道题。"

老和尚转过身来，慢慢地说道："是的，大家看得很清楚，这道题是算错了。可是前面我算对了三道题，为什么没有人夸奖我，只是看到我算错的一道呢？"

这个例子启示我们，对学生的优点与缺点进行评价的时候，一定要先肯定他们好的方面，对学生的优点和成绩要毫无吝啬地表扬和鼓励，然后再婉转地指出学生的不足。千万不要抓住缺点穷追猛打，对优点却视而不见。

做人也是这样，你对他十次好，也许他忘记了，一次不顺他心，也许就会抹杀所有的好。

我们重视人与人（个体与个体）之间的关系，那么怎样才算处理好自己和同事（个体与个体）之间的关系呢？

当你早上吃过早饭，准备开车或是骑电动车、自行车去上班的时候，心里感觉很愿意、很高兴去上班，感觉很愿意见到你的对桌，很愿意见到你的同事，很愿意和他们在一起，这就说明你和大家的关系处理好了。反之，当你早上吃过早饭，准备去上班的时候，心里感觉很不舒服，不愿意见到同事，这往往说明你没有处理好和同事之间的关系。

3. 调整心态，端正做我

还有一种现象是，我们和同事相处的时候，经常会揣摩别人对自己的看法，有的人还特别重视这种看法，甚至会认为别人对他有看法。看到别人在旁边悄悄说话，就会认为是在说自己，所以每天都会活得很累。

这里我举两个例子。

第一个例子是著名的伤痕实验。

美国的科研人员进行过一项有趣的心理学实验，名曰"伤痕实验"。

他们向参与其中的志愿者宣称，该实验旨在观察人们对身体有缺陷的陌生人做何反应，尤其是面部有伤痕的人。

每位志愿者都被安排在没有镜子的小房间里，由专业化妆师在其左脸上做出一道血肉模糊、触目惊心的伤痕。志愿者最后可以用一面小镜子照照化妆效果。

关键的是最后一步，化妆师表示需要在伤痕表面涂一层粉末，以防止它被不小心擦掉。实际上，这时化妆师用纸巾偷偷抹掉了化妆的痕迹。

对此毫不知情的志愿者，被派往各医院的候诊室，他们的任务就是观察人们对其面部伤痕的反应。

规定返回的时间到了，志愿者竟无一例外地叙述了相同的感受——人们对他们比以往都粗鲁无理、不友好，而且总是盯着他们的脸看！实际上，他们的脸上与往常并无二致，他们之所以得出那样的结论，是因为错误的自我认知影响了他们的判断。

这真是一个发人深省的实验。

这一实验结果使得早有准备的心理学家也吃惊不小：人们关于自身错误的、片面的认识，竟然如此深刻地影响和改变着他们对外界的感知。如我们所知，他们的脸上是干干净净的，没有丝毫的疤痕，他们之所以产生这样的感受，是因为他们将"疤痕"牢牢地刻在了自己心里。心中的"疤痕"在作怪，才使得他们自己的言行、对陌生人的感受与以往大为迥异。

事实上，纵然没有心理学家为我们设置的"疤痕"，我们每个人心中都或多或少会有一些这样那样的"疤痕"。可怕的是，这些心中的"疤痕"会通过自己的言行毫无遮掩地展现出来。比如，如果我们认为自己不够可爱甚至令人生厌、认为自己卑微无用、认为自己有某种缺陷……那么，我们在与外界交往时，一定会在不知不觉间用我们的言行反复佐证，直到让每个人都认定我们确实就是那样的一个人。

这个心理实验真切地告诉我们：一个健康、积极的心态对人生何其重要！

原来，一个人内心怎样看待自己，在外界就能感受到怎样的眼光。这个实验也从一个侧面验证了一句西方格言："别人是以你看待自己的方式看待你。"不是吗？一个从容的人，感受到的多是平和的眼光；一个自卑的人，感受到的多是歧视的眼光；一个和善的人，感受到的多是友好的眼光；一个叛逆的人，感受到的多是挑剔的眼光……

可以说，我们有什么样的内心世界，就有什么样的外界眼光。如此看来，一个人若是长期抱怨自己的处境不公、缺少阳光，那就说明，真正有问题的是他自己的内心世界，是他对自我的认知出现了偏差。这个时候，需要改变的，正是自己的内心；而内心的世界一旦改善，处境必然随之好转。毕竟，在这个世界上，只有你自己才能决定别人看你的眼光。

我们往往花大力气去了解别人、认识别人，却很少花精力去了解自己、认识自己。我们是不能直接看到自己的模样的，只能通过镜子、照片等。同理，我们一般也是透过别人的眼光来认识自己，每一个人眼里的我们都是不一样的。那么真实的我们究竟是什么样的呢？真正的我们又在哪里呢？"伤痕实验"明确地告诉了我们答案——在我们的内心。一个内心烦躁的人纵然身处幽静之地也是狂躁不安的，一个内心清净的人虽然深处闹市，他的世界也是清净的。决定你的外界形象的不是别人，

而是你自己！

第二个例子：小男孩为什么睡不好觉？

一个小男孩和一个小女孩在玩耍。小男孩收集了很多石头，小女孩有很多的糖果。小男孩想用自己的石头交换小女孩的糖果，小女孩同意了。

真要交换时，小男孩却偷偷地把最大和最好看的石头藏了起来，把剩下的给了小女孩，小女孩则如她允诺的那样，把所有的糖果都给了男孩。

那天晚上，小女孩睡得很香，小男孩却彻夜难眠，他始终在想：小女孩是不是也跟他一样，藏起了很多糖果？

其实，如果你不能给予别人百分之百，你总是会怀疑别人是否给予自己百分之百。请拿出你百分之百的诚心对待所有的人和事，然后，睡个安稳觉吧！

4. 把握情绪，利己利人

我们经常说不要把坏情绪带回家中，也不要把坏情绪带给别人，但是做到这一点很不容易。

下面我给大家介绍一下费斯汀格法则。

美国社会心理学家费斯汀格有一个很出名的判断，被人们称为"费斯汀格法则"，即你生活中的 10% 是由发生在你身上的事情组成的，另外的 90% 则是由你对所发生的事情如何反应所决定的。换言之，生活中有 10% 的事情是我们无法掌控的，另外的 90% 却是我们能掌控的。

费斯汀格举了这样一个例子。

卡斯丁早上起床后洗漱时，随手将自己的高档手表放在洗漱台边，妻子怕表被水淋湿，就随手拿过去放在餐桌上。儿子起床后到餐桌上拿面包时，不小心将手表碰到地上摔坏了。

卡斯丁疼爱手表，就照儿子的屁股打了一巴掌，然后黑着脸骂了妻子一通。妻子不服气，说是怕水把手表打湿，卡斯丁却说他的手表是防水的，于是，二人猛烈地争吵起来。一气之下卡斯丁没吃早餐就直接开车去了公司，快到公司时突然想起忘了拿公文包，又立刻掉头回了家。

可是家中没人，妻子上班去了，儿子上学去了，卡斯丁的钥匙在公文包里，他进不了门，只好打电话向妻子要钥匙。

妻子慌慌张张地往家赶时，撞翻了路边的水果摊，摊主拉住她不让她走，要她赔偿，她不得不赔了一笔钱才摆脱。

待拿到公文包后，卡斯丁已迟到了 15 分钟，挨了上司一顿严厉的批评，卡斯丁的心情坏到了极点。下班前又因为一件小事，跟同事吵了一架。

妻子也因早退被扣除当月全勤奖，儿子这天参加棒球赛，原本夺冠有望，却因心情不好发挥不佳，第一局就被淘汰了。

在这个事例中，手表摔坏只占 10％，后面的一系列事情就是另外的 90％。都是由于当事人没有很好地掌控那 10％，这一天才成为"闹心的一天"。

试想，卡斯丁在手表被摔坏后，假如换一种反应，比如，他抚慰儿子："不要紧，儿子，手表摔坏了没事，我拿去修修就好了。"这样儿子高兴，妻子也高兴，他本人心情也好，那么随后的一切就可能不会发生了。

由此可见，你虽然控制不了前面的 10％，但完全可以通过你的心态与行为决定剩余的 90％。

在现实生活中，常听人抱怨：我怎么就这么不走运呢！每天总有一些倒霉的事缠着我，我怎么就不能有个好心情呢？谁能帮帮我？

这就是心态问题。其实能帮助我们的不是他人，而是我们自己。倘若我们了解并能熟练运用费斯汀格法则处事，一切问题就迎刃而解了。

微信上有一段话说得很形象：

今天上班了，明天还想上，这是事业；

今天上班了，明天还得上，这是职业！

今天一起喝酒了，明天还想喝，这是朋友；

今天一起喝酒了，明天还得喝，这是客户！

今天吃过的食物，明天还想吃，这是美食；

今天吃过的食物，明天还得吃，这是饭！

用到和同事之间的关系上，就是：

今天上班了，明天还想上，这是和同事处理好了关系；

今天上班了，明天还得上，这是没有和同事处理好关系！

当然，我们在生活中还会遇到很多不如意之事，对此，我们必须有一个正确的认识。

我想把下面这篇文章介绍给大家。

庆 幸

很庆幸在欢乐之余还有泪水，要不满心忧都不快岂不是无处排解？于是有泪就流。

很庆幸在得意之余还有失落，要不从十六岁到六十岁岂不是平淡无奇？于是接纳失落。

很庆幸在热闹之余还有孤寂，要不纷乱的思绪岂不是难以梳理？于是忍耐孤寂。

很庆幸在理解之余还有误解，要不一切都被知道得那么清楚，自己岂不是成了无味的空虚？于是善待误解。

很庆幸在名著之余还有闲书，要不全是高深莫测岂不是难以呼吸？于是常看闲书。

很庆幸在动口之余还有动手，要不迂腐的字句岂不是灭尽青春的野气？于是偶有动手。

很庆幸在晴天之余还有雨天，要不生活岂不是缺乏浪漫清新？于是深爱雨天。

很庆幸……

很庆幸在庆幸之余还有不尽如人意，要不我的心将只求庆幸而不思进取，于是我珍视不尽如人意。

关于豁达胸怀，有这样一句话：在人生中还有比成功和幸福更重要的东西，那就是凌驾于一切成败祸福之上的豁达胸怀。

有这样一首小诗，我也想推荐给大家：

岁　月

岁月像一把锋利的錾子，

在你的额头上錾出道道深沟，

如果沟里流的不只是欢乐，

你的人生就算得上富有。

愿我们大家都以一颗善良的心，以一颗感恩的心，以一种豁达的胸怀，以一种挚爱生活的态度，对待集体，对待同事，对待生活，对待自己！

（三）正式团体和正式团体之间的关系

学校内部的正式团体指的是学校的各个部门，各个部门之间会产生多种多样的关系，这些关系处理好了，学校的管理效率和教育教学效益就会提高，反之，如果处理不好，就会严重影响学校的管理效率和教育教学效益。

对于处理正式团体和正式团体之间的关系（部门之间的关系），一般学校会提出明确的要求，我在单县职业中专就提出了非常明确的要求：外部门来你部门要求协助时，你部门首先要做好外部门要求协助的工作，然后再做自己的工作，这将作为学校评价部门工作的一条重要指标。

正式团体和正式团体（部门与部门）之间的干部和员工之间还有一种关系，这就是一个部门的主任要求另外一个部门的员工配合一项工作的时候，经常会发生员工不听指挥的情况——因为你不是我们的主任，所以我就不听你的指挥。为了解决这个问题，提高学校的全面执行力，我在学校推行层级管理制度，要求学校所有教职员工都要服从更高级别领导的指挥和管理，不管他是不是你的直接上级。

通过上述要求，全校上下基本上解决了部门和部门之间的工作推诿问题，形成了全校一盘棋的局面。工作关系理顺了，学校的工作效率也就大大提高了。

（四）正式团体和非正式团体之间的关系

什么是非正式团体？美国麻省理工学院斯隆管理学院教授、著名文化学者沙因认为，团体是人们为达到特定的目的或目标做出有计划、有协作行为而建构的群体，有三种类型：正式团体、社会团体和非正式团体。非正式团体与依据正式指令组建的正式团体不同，它的形成带有更多的感情色彩，如相同的居住区、共同的爱好和性情特点，经常交谈和来往，共同分担苦乐，学习上相互帮助等，是自发地形成的一种相互支持的小团体。

非正式团体与正式团体并存于一个单位、机构或组织之中，这是一种不可避免的现象。在有些场合，发挥非正式团体的作用能够获得意想不到的益处，而有些情况下非正式团体则有可能会对正式团体的活动产生不利影响。

非正式团体对正式团体的积极的、正面的作用表现在：它可以满足成员心理上的需求，鼓舞成员的士气，创造一种特殊的人际关系氛围，促进正式团体的稳定；弥补成员之间在能力和成就方面的差异，促进工作任务的顺利完成；此外，还可以用来作为改善正式团体信息沟通的工具。

非正式团体的消极作用主要是：它可能在有些时候会和正式团体构成冲突，影响团体成员间的团结和协作，妨碍团体目标的实现。

如果单位领导引导得好，非正式团体会对单位的发展会起到有益的作用，如果引导不好，也会给单位的发展带来一定的危害。因此，单位领导应善于因势利导，最大限度地发挥非正式团体的积极作用，克服其消极作用。一句话，对非正式团体必须妥善地加以管理。

在学校，具体地说，非正式团体不是学校公布和认可的团体，而是自由形成的、比较松散的一些团体。比如球友群、学友群、聊友群等都属于非正式团体。

但是，QQ 群、微信群算不上非正式团体，这是因为这种群一般不是由一个单位的人员构成的，并且这种群形式上更为松散。

在大学校园中，非正式团体更普遍。北京师范大学教授、研究生导师、中国心理咨询师协会顾问章志光等人通过调查研究发现，一个 40 人左右的班级里约有 8—12 个非正式团体，其规模为每个非正式团体由 2—6 人组成。每个非正式团体都有核心人物，其表现的好坏直接关系着该团体的性质（积极的、消极的、破坏性的）以及团体成员的成长。非正式团体虽然不引人注意，但其影响力较大，所以我们应了解班级或单位内非正式团体的情况，做好核心人物的工作，使其目标和班集体的目标相一致。

甚至在幼儿园，非正式团体也存在。幼儿最在意的首先是安全，其次是被接纳。幼儿在幼儿园里能不能被其他伙伴接纳对他来说非常重要，很多幼儿不愿意去幼儿园的主要原因就是不被其他伙伴接纳。而幼儿园的小朋友中也存在非正式团体，也就是小伙伴们都有一个玩耍的圈子，你入不了这个圈子你就会被冷落，这种不被接纳、被冷落的感觉是不舒服的，所以家长看到自己的孩子不愿意去幼儿园，一定要认真查找原因，如果原因是幼儿园里的非正式团体不能接纳孩子，就要和老师说明，请老师去做工作解决，实在解决不了的话，宁可转园也要给孩子提供一个良好的成长环境。

希望我们学校这个"家"越来越健康，希望我们学校这个"家"越来越富裕，希望我们学校这个"家"越来越温暖，希望我们学校这个"家"越来越兴旺；希望我们这个"家"的成员越来越进步，希望我们这个"家"的成员越来越阳光，希望我们这个"家"的成员越来越幸福！

用改革趟出一条路，用创新树起一面旗

——记省级规范化学校单县职业中专

本报记者 张红艳 通讯员 蔡迎春

在单县这块神奇的土地上，有一所鲁西南职业教育的"窗口学校"，这里环境优美，名师济济，学风浓郁，她就是坐落在这座历史文化名城东外环与单张路交会处的单县职业中等专业学校（以下简称"单县职业中专"）。

近年来，单县职业中专在县党委和教育部门的大力支持下，通过大刀阔斧的改革，真正做到了改革创新，提高质量，办出特色，今天已经发展成为一所在校生达3500余人，以职业教育、社会培训、服务社区等多项教育功能为己任的现代化职业学校。学校先后荣获国家级重点中等职业学校、全国青少年普法教育先进单位、山东省中等职业教育教学示范学校、山东省规范化中等职业学校、山东省教育系统先进集体、山东省中职教学工作诊断与改进试点学校、山东省中等职业学校德育工作先进集体、山东省文明校园等。2017年4月被教育部社区教育研究中心批准为幼教实验培训基地菏泽实训中心。近日又连传两个捷报：王腾香校长获评"齐鲁名校长"，成为菏泽市首位获此殊荣的中职校长；单县职业中专以全省第一名的优异成绩顺利通过省级规范化学校验收。

（一）短时间实现跨越发展，获得专家点赞

单县职业中专始建于1985年，2013年7月搬迁到新校址，2014年通过"山东省规范化中等职业学校"建设工程项目学校立项。

单县县委县政府十分重视强化发展职业教育的责任和义务，以规范化中职学校建设为契机，全力支持单县职业中专的建设和发展。县委书记、县长等主要领导多次到学校调研并现场办公。2017年5月16日，县人大常委会主任带领省、市、县人大代表到校开展职业教育调研工作，充分肯定了学校工作中取得的成绩。县政协

主席也曾带领部分政协委员到学校视察工作，对学校发展给予高度评价并提出发展建议。

为了加强对创建工作的组织领导，县政府成立了由县长任组长，分管副县长任副组长的创建工作领导小组，具体负责项目建设和管理工作。

为确保省级规范化中职学校项目建设顺利完成，单县县政府定期召开县长办公会，研究部署项目推进措施，出台了《关于印发单县省级规范化中等职业学校建设工程实施方案》等文件。为解决单县职业中专专业教师短缺问题，2015 年单县县政府利用 20% 灵活编制政策，为学校招聘了 38 名专业教师，极大地提高了教师的专业化水平。创建省级规范化学校建设期间，单县县财政预算配套资金 4258 万元，实际投资 8780 万元。

2017 年 11 月 23 日，省级规范化中等职业学校建设工程项目评估专家组在反馈会上一致认为，在规范化学校建设过程中，单县县委、县政府高度重视，单县教育局领导有方，单县职业中专办学方向明确，起点高、发展快，发展目标科学合理，发展策略和措施切实可行，办学体系科学，运行管理规范有效，符合现代职业教育的发展方向。专家们对单县职业中专在较短的时间内实现跨越式发展取得的成绩予以高度评价。

（二）凝神聚力，创建省级规范化学校

单县职业中专紧紧围绕省级规范化中等职业学校建设目标，完善机制，强化措施，扎实推进，出色地完成了各项任务，使学校发生了巨大变化：

——学校占地面积扩大。由原来的 70 亩扩大到 322 亩。新增建筑面积 5.6 万平方米，由原来的 1.9 万平方米扩大到 7.5 万平方米。

——学生生源增加。由 5 年前的 800 人到目前的 3500 人。

——生均实训设备增多。设备总值由 5 年前的不足 400 万元增至目前的 2375 万元。

——实现菏泽市中职学校国赛奖牌零的突破。2017 年喜获全国职业院校技能大赛银牌，并且在全国大赛奖牌榜上名列第 15 位，比肩全国中职名校。

这看似简单的数字背后却有着学校的辛勤付出，这个数字里包含着学校每个人太多太多的汗水，更包含着王腾香校长为学校发展承担的一份沉甸甸的责任。学校坚持"以立德树人为根本，以服务发展为宗旨，以促进就业为导向"的办学方针，制定了"成技术精英之殿堂，立职业教育之典范"的办学目标，提出了"自尊自信，

惟精惟一"的办学精神,确立了"奠基幸福人生,培植未来希望"的办学宗旨,倡导"尊其身,成其业"的办学理念,促使学校不断改革创新,专业建设不断取得新成效。

自创建省级规范化学校工程实施以来,专业建设指导委员会对县域产业结构和人力资源市场进行了深入调研,确定了以机电技术应用和服装设计与工艺等专业为重点的办学方向,增设了汽车运用与维修专业。学校与社会各行业、企业合作,共同开发了30多门专业课程标准,合作编写了《机电一体化实训教程》等十几种校本教材。学校遵循做中学、做中教的原则,积极推进理实一体化教学模式改革,全面推行任务驱动、项目引导等行动导向教学方法,优化教学过程,取得了良好的成绩。

学校的办学条件得到显著改善,学校规模进一步扩大,办学实力明显增强。现开设有机电技术应用、汽车运用与维修、服装设计与工艺、计算机应用、会计、中餐烹饪与营养膳食、电子商务、学前教育、轨道交通、高铁乘务等专业;拥有机电、汽车维修、服装、计算机、工业机器人、3D打印、激光雕刻、烹饪等50多个实训室。图书馆藏书9.4万册。建有运行流畅的数字化校园网,配备有完善的教育教学设施。

学校管理水平再上新台阶。学校建立了年度质量报告制度,完善了办学章程。在30多年的发展征程中,学校积淀了丰厚的文化底蕴,坚持"做有尊严而幸福的职教人",提炼出了"尊其身,成其业"的办学理念,逐步形成了"怀责心自正,技精气自华"的校风。全校师生自觉将学校文化理念内化于心,外化于行,学校的核心发展力得到了有效提升。

学校积极兴办产业,服务社会经济发展,"专业+产业"的专业特色初步形成。学校依托电子商务、3D打印、智能家居、激光雕刻等新开专业,开设了尊成职业技能培训有限公司、卓航汽车服务公司、启扬航模有限公司等九家校办企业。

经过多年的努力,学校由原先一所名不见经传的学校跻身省一流中职学校行列,实现了引领菏泽市中职教育,成长为鲁西南大地上中职教育典范的目标,茌平职教中心、邹城高级职业技术学校、冠县职教中心等多所市内外职业院校慕名前来参观,均对学校管理给予高度评价。

(三)加强教师队伍建设,促进内涵式发展

"建设一支规模适当、结构优化、素质优良、富有创新精神和能力的高水平师资队伍,形成人力资源的核心竞争力,既是学校发展的当务之急,更是一项长期的具

有战略意义的基本建设。正是基于这一观念，学校通过开展'互聘共培''专家引领''教学实践与教科研'等系列活动和外派学习，加强队伍建设，促进内涵发展，促职业教育质量提高。"单县职业中专校长王腾香对教师这一职业有着深刻的理解，对提高教师素质尤为重视。

近年来，学校十分重视学校干部、教师的培训工作：王腾香赴德国参加了山东省教育厅组织的省中等职业学校校长培训；派遣教师牛月娟赴台湾培训学习；派遣赵杨等骨干教师分赴上海、青岛等地参加培训学习……两年多来，学校共培训教师300余人次，选派教师到企业顶岗锻炼30人次。

学校重视青年教师培养工程建设，青年教师脱颖而出，李丹等老师获得山东省信息化教学大赛、班主任大赛等奖项。近年来，学校教师在省级以上刊物发表论文42篇。

学校现有教职员工220人，专任教师180人，专业教师119人；双师型教师83人，省中职教学诊改专委会委员1人，齐鲁名师1人，省优秀教师2人，市首席技师1人，市级教学能手29人，专业带头人19名。学校还聘请了30名行业专家、企业技术人员、能工巧匠担任兼职教师，逐步形成了一支结构合理、综合素养高的师资团队。

（四）坚持德技双修，促进学生成人成才

学校教育教学改革的深入开展，人才培养模式的不断创新，推动了学校教育教学质量的不断提高。近三年来，毕业生当年就业率达到98%以上，学生对口就业率超过90%，双证书获取率达91%。

学校以立德树人为根本宗旨，加强学生管理，提高德育成效，着力打造"三自三全管理，学生成人成才"的学生管理品牌。加强文化引领，通过教师晨会、宿舍文化等各种形式管理学生。学校注重德育建设，各种活动丰富多彩，学生职业素养逐步形成。学校被评为山东省中等职业学校德育工作先进集体，在全国中职文明风采大赛上先后有9名学生荣获三等奖。

以赛促学，以赛促教在学校蔚然成风。学校连续举办"技能竞赛月"活动，老师找到了自己的不足，学生的学习兴趣逐步提高。同时，学校选拔优秀学生组建比赛小组，配备精干师资、优质资源，强化教育培训，取得了良好的成绩，如商亚鑫同学获得2017年全国职业院校技能大赛"工业产品CAD"比赛二等奖。

商亚鑫的指导教师赵杨说："技能比赛是对学校发展水平的检阅，对教师技能水

平的历练，我们将发扬成绩，找到自己的不足，让比赛内容回归教学，让学生更好地参与下次比赛。与高手如云的教师进行高水平的对话，开阔了我们的视野，打开了我们的格局。"

学校倡导以赛促学，以赛促教，以赛促创，各方面发展驶入快车道。经过 3 年努力，学校在各项技能大赛中创造了辉煌成绩：2017 年获全国职业院校技能大赛银牌；在 2017 年全国机械行业职业院校技能大赛中取得 2 金 1 银佳绩，拿到了菏泽市全国行业赛中的首块金牌；在 2017 年举办的山东省技能大赛中，取得 1 金 3 银 12 铜的佳绩，在奖牌排行榜上排名第八位，进入省一流中职学校行列。

学校培养了一大批优秀毕业生，众泰汽车总公司、红领集团、三利集团、海尔集团、华维斯博等大公司都有单县职业中专学子的身影。史晓铭 2006 年毕业后就职于泰康人寿青岛分公司，2014 年在青岛创建了韩式手工棒冰品牌并成立了公司，现如今她将品牌推广至全国各地，还走出国门，开了 50 多个加盟店。崔国庆 2010 年在青岛创办了山东优适环境工程有限公司，服务于海尔、万达等大型企业，青岛海底世界的背景墙就是他众多优秀精品工程中的一个，他所做的景观销售到全国各地还出口到外国……这些从学校走出的成才典型，在广大师生中起到了很好的示范引领作用。

学校党支部书记邵新民说："我们通过校企合作、工学结合、顶岗实习，培养的毕业生在北京、上海、深圳等地为家乡增了光，很多单位表示，单县职业中专毕业生踏实肯干能力强，我们的大门始终为他们敞开。"

（五）积极推进校企合作，不断深化产教融合

单县职业中专深化产教融合，全面提升毕业生质量。2015 年、2016 年学校先后牵头成立了菏泽电工电子职教集团和菏泽机电技术应用专业联盟，王腾香校长作为理事长积极协调校企共订计划，共培师资，共建基地，共育人才。

学校先后与省内外 30 多家大中型企业签订了校企合作协议。学生的就业稳定率、对口率很高，用人单位、学生家长和学生的满意率高，学生的发展空间大。机电技术应用专业与山东湖西王集团有限公司、山东久鼎机械有限公司深度合作，完善了"理实一体、项目引领"教学模式。学校与中德诺浩教育科技公司联合开办中德诺浩订单班，采取德国"双元制"人才培养模式和"任务驱动式"教学法，培养高技能汽车维修人才。学校的中餐烹饪与营养膳食专业与中岭国际酒店、蓝海酒店集团建立了合作关系。服装设计与工艺专业引企入校，与菏泽市山蠢特教制衣有限

公司等企业合作，逐步形成了"三证融通，能力递进"的人才培养模式，实现了工作任务与教学内容、技能训练与职业资格认证相融通。

（六）精准扶贫，技能先行

近年来，单县职业中专作为国家级重点中等职业学校，紧扣菏泽经济发展脉搏，充分发挥学校作为省乡村旅游培训基地、市就业创业培训定点机构、市电商人才培训基地、单县农民工培训基地的作用，每年举办社会电工、汽修工等培训15000余人次，企业员工培训2000余人次，为农村劳动力转移、下岗失业人员再就业、大学生就业提供职业教育和就业、创业培训服务。

授人以鱼，不如授人以渔。在脱贫攻坚、精准扶贫的过程中，技能扶贫更有利于增强"造血"功能，提高自我发展能力。学校坚持面向"三农"，积极参与"送教下乡"活动，广泛开展农村实用技术、实用技能培训。学校与县人社、教育、农业等部门合作，对建档立卡贫困户和有创业愿望的群众进行培训，使培训学员掌握一技之长，增强脱贫致富的能力。学校与县妇联、县总工会、县残联合作，先后开展了巾帼扶贫烹饪技能培训、电商扶贫培训和计算机技能培训等活动。

学校凭借市就业创业培训定点机构和单县农民工培训基地的优势，挂牌成立了单县社区教育学院，面向社会承担多种形式的培训，共同完成面向社区的各种培训9000余人次。

近年来，学校为区域经济社会发展输送了2000多名技能人才。目前学校80%以上的毕业生已经成为生产一线的技术和管理骨干，得到了用人单位的好评。

（七）一往无前，筑梦未来

单县县委、县政府领导多次到学校检查指导省规范化学校创建工作，并对学校长远发展做出了重要指示。根据单县经济社会发展需求，结合学校实际，学校制定了五年发展规划。

以学校现址为基础，积极创建创业小镇、现代农业生态园、社会培训中心，通过学校投入设备，采用自主管理、引企入校等形式，按照"专业＋实体""学校＋基地"办学模式，依托学校机电、汽修等专业，建设机械加工、汽车、餐饮服务等集生产、教学、科研于一体的单县职教产业园区，并使其成为学生实习实训就业基地。

在采访单县职业中专校长王腾香时，他对学校未来发展充满希望。他动情地对记者说：赴德国考察职业教育感受和体会是：那是完善的职业教育，其为经济转型和可持续发展提供了源源不断的人才供给，职业教育是德国工业竞争力的重要源泉。借鉴德国的经验，我们应更加重视教育，特别是职业教育，利用双元制培训模式，深化校企合作、产教融合，拓宽技能型人才培养途径，为经济转型和创新发展提供坚实的人才支撑。在全社会高度重视职业教育的大环境下，政府、行业、企业、学校应当共谋职业教育发展大计。

目前，全校师生员工正在深入贯彻党的二十大精神、习近平总书记一系列重要讲话精神，以创建省级规范化学校建设为契机，坚持"尊其身，成其业"的办学理念，进一步强化学校内部管理，深入研究专业建设内涵要素，围绕区域优势，紧跟职业教育发展的时代步伐，以优质的教育服务吸引学生，以高质量的办学水平培养人才，努力办出特色、办出质量、办出品牌，把学校打造成工匠的摇篮、企业家的沃土、技能人才的培养基地，为实现我国从制造大国向制造强国迈进提供有力的人才支撑。

附录二

名校长王腾香

作者/王同光

听说来了新校长，要召集我们这些老同志见见面，我们都很开心。一见面就发现这位校长确实气度不凡：魁梧的身材，潇洒的做派，谦恭的态度，礼貌的待人接物，这些都给我们留下了很好的印象。他重重地握着我们每个人的手说："我叫王腾香。"这是 2013 年 5 月的事。

他的工作很有起色，时间不长学校面貌就大有改观。年底，我联合菏泽日报驻单县记者葛广喜在对王校长进行采访后，写了一篇通信报道——《奋进中的单县职业中专》，登载于 2014 年 1 月 16 日《菏泽日报》第四版上。

2015 年，在建校 30 周年之际，他请我和另外两位同事编纂《山东省单县职业中等专业学校校史》，我们在校工作将近一年时间，对王腾香校长有了更为深刻的认识和了解。我们在《山东省单县职业中等专业学校校史》后记中写道："现任单县职业中专校长王腾香，思路敏捷，办学方向清晰，几年来为学校的发展做出了令人满意的贡献。他进校后就根据当时的师生思想状况，提出了'做有尊严而幸福的职中人'的理念，使师生振奋了精神。"这是对王校长进校两年多工作的恰如其分的评价。在他的具体领导下，《山东省单县职业中等专业学校校史》于 2015 年 10 月正式出版。接着又出版了"《单州古今》单县职业中专 30 年校庆"专号，发行于北京、青岛、西安、上海等大城市和单县县直各机关单位、各乡镇（办事处）。

2016 年春节过后，县教育局老教协所办的期刊《乐龄天地》邀我一起采访王腾香，又给了我一次了解王腾香、学习王腾香的机会。我们座谈了整整一上午，然后由我起草写一篇文章，报道王校长的事迹。经过大家讨论，由王校长亲自修改，三易其稿，形成了下面这篇文章，题目定为"记单县职业中专校长王腾香"，发表在《乐龄天地》2016 年第二期上，全文如下。

正直、诚信、善良、仁义是他的信条。他靠这个做人，靠这个立世，靠这个尽职，靠这个创业。

他就是菏泽市名校长、单县职业中专校长王腾香。

王腾香从初中教师、政教主任、校长、乡镇教委主任一路走来，2013年5月接任了单县职业中专校长这副重担。

面对学校的现实，王腾香苦思冥想，像一位老中医，通过望、闻、问、切，找到了这所学校的病根：教师缺乏尊严感和幸福感，对工作缺乏信心和希望；学生缺乏理想，缺乏努力学习的动力，师生都感觉不到尊严和幸福。

有尊严是一个既严肃而又非常有吸引力的话题。王校长对教职员工讲，谁不想幸福？谁不想有尊严？我们有稳定的工作，有适度的工作时间，在社会上有地位、有声誉，只要努力就能够活得有尊严。幸福要靠自己创造，尊严也要自己努力争取。为了鼓舞士气，学校教职员工每天到校的第一件事就是集体宣誓，大合唱《单县职业中专校歌》《单县职业中专教师之歌》《众人划桨开大船》等歌曲。"一加十，十加百，百加千千万；你加我，我加你，大家心相连……"歌声洪亮有力，仿佛让人看到百舸争流、千帆竞渡、同舟共济的动人场面。"坚持锻炼，健康向上；团结拼搏，再创辉煌"的口号，响彻校园。下午第三节课后，则组织教师集体跳舞。这些活动，王校长都积极参加，处处做师生的表率，逐步提升了学校的凝聚力，提高了大家干事创业的热情。

在学生管理方面，单县职业中专以立德树人为根本，以促进就业为导向，以提高质量为核心。首先抓养成教育，抓环境卫生和学生遵守校规习惯的养成。王校长认为，作为职业学校，技能比知识重要，品德比技能重要。抓好学生的养成教育，培养学生的良好品德，促进学生全面发展是学生工作的核心。

养成教育本是个老话题，但在单县职业中专被赋予了新的内容。多数"90后"学生是独生子女，他们大都过惯了丰裕的生活，吃不了苦，耐不了劳，如果不对他们进行养成教育，他们将来走出学校，迈入社会，就不能适应社会发展的现实；进了工厂，就很难应付得了艰苦劳动、加班加点的需要。因此，新生进校后，学校就抓紧进行有关教育，要求学生每天自己打扫教室、宿舍和校园的卫生，做到一尘不染。学校成立了"环保小分队"，认真检查校园各处卫生情况。要求学生每天坚持两操，定期参加学校举办的各种比赛活动，着力培养一丝不苟的团队精神。

学校狠抓德育工作，加强信心教育，主要措施有开设心理教育课、举行晨读宣誓、唱班歌、主题演讲、写座右铭、看励志片、举办优秀毕业生报告会等；进行感恩教育，感父母养育之恩、感师长教育之恩、感他人关爱之恩，通过写爱心家庭作业、办手抄报、开办校园广播站、举办感恩故事会、开展志愿者服务活动等方式进行；进行遵纪守法教育，通过主题班会和学生量化评价促使学生遵纪守法；进行传统文化教育，开设国学课，要求学生人人会背《弟子规》；进行爱国主义教育，举行升旗仪式、集体唱国歌、国旗下的讲话等活动；通过晨读宣誓、唱班歌、励志演讲等形式，加强信念教育；通过到企业实习实践，感受企业文化，加强职业道德教育；等等。学校还先后举办了会操比赛、零距离跑、班级合唱比赛、远离垃圾食品主题演讲、逃生演练等活动。

在王校长的带领下，学校面貌大为改观，引来全县各级各类学校校长参观学习，后来王腾香又给全县中学校长进行了多次讲座，介绍管理经验。经过近三年的努力，现在的单县职业中专校园面貌焕然一新，呈现出一片欣欣向荣的景象。新建的12000平方米的6层实训楼矗立在大门边，与原有的教学楼、宿舍楼连成一片，颇有规模。投资600余万元的新宿舍楼铁塔高吊，进度超常。在标准化的操场上已经举行过全县中学生田径运动会。校园内还增添了一些新的景点。王腾香校长曾作诗赞叹校园："鲁班园内学技艺，百果行里育硕果。最美迎春湖中水，严冬依然泛春波。"

二

王腾香校长将"尊其身，成其业"作为学校的核心理念。"尊其身"，即让尊严焕发光彩；"成其业"，即让生命绽放光华。其意义在于突出职业教育特色，在于身体力行，在于有益于社会，展现学校师生对自我的要求，做有尊严而幸福的职专人。这展现了学校创办有内涵、有品位的高品质职业学校的大气象、大智慧、大境界，根本目的是促进学校长远发展，成就职业教育知名品牌。

马无头不走，雁无头不飞。领导班子的组织建设和思想建设，是王腾香到校后紧抓的一项重要工作。王校长诚信待人，仁义做事，善于抓班子带队伍，很有威信。

领导班子分工明确，各尽其责。王校长放权不越位，不隔人管人，不接受越级请示。部门领导来请示解决问题的办法，他总是先让请示人说出至少两个解决问题的方案，然后帮助他们分析选择，看哪个办法好，就采取哪个办法。这样一来，下属得到了尊重，增强了干好工作的信心，而且得到了锻炼、提高，学校则得到了有效管理。学校领导班子有个月末沙龙，即每个月末的一天，领导班子成员在一起畅所欲言，只说别人的优点，不说缺点。这样，每个成员都觉得自己做的工作学校主要领导和其他领导都看见了，受到了鼓舞。同时，谈谈自己的缺点，各自进行自我反省，因此工作干得更好了。王校长还要求每位教职员工写工作日志，领导班子成员的工作日志他每周都会收上来亲自批阅，肯定成绩，指出下一步努力方向，以此促进工作。

王校长对全体教职员工的学习同样抓得很紧。他规定每周五下午的两个小时是教职员工集体学习时间，雷打不动。学习内容有职教方针政策、管理学、心理学、教育学等。他还利用这个时间，开辟教师讲坛，每周由3～5人做典型发言，讲自己的工作经验和体会，讲职专人的尊严和幸福。每周日下午四点，则召开班主任会议，学习管理经验，交流班主任工作体会。

为了促进学校教师专业发展，打造一支具有鲜明职教特点的、教练型的师资队伍，王校长经常鼓励教师加强学习，积极开办孔子学堂，开办国学讲座，请各方面的专家来校讲课，提升教师内涵。近三年来，学校组织43名专业教师参加了国家级、省级和市级培训。同时，根据教学需求，聘请了37名行业专家、企业技术人员和社会能工巧匠等担任兼职教师。

学校逐步完善了教师在职进修和企业实践制度，建立了能进能出、能上能下的新机制，制定了《教师工作千分制评价细则》等动态衡量教学质量的考核评价机制。目前，学校已初步建立起一支专业扎实、结构合理的"双师型"教师队伍。为了满足专业教学的需要，强化教师力量，充实新鲜血液，2015年，王校长依据国家有关政策，协同各职能部门，自主招收专业教师38人，同时县里又给学校招收文化课教师10人。

2015年9月新学年开学起，为了充分发挥老教师的带头作用，抓好新教师队伍建设，提高新招聘教师的授课技能，帮助青年教师更快地适应职业教育教学的要求，进一步营造学校新老教师相互学习相互促进的良好氛围，学校教务处牵头开展了"以老带新，以新促老，共同提高"的师徒结对帮扶活动——青蓝工程。此活动不仅有利于新教师尽快适应教学，而且能增强老教师的责任心，有利于新老教师及时总结教学经验，共同成长与进步。

通过全校教职员工的努力，现在学校已经建成一支政治思想可靠、业务能力较强，能够适应学校发展需要的教师队伍。现有教师225人，校外兼职教师37人，教师本科以上学历者达90％以上，其中具有硕士学历的13人，具有高级职称的65

人，"双师型"教师 126 人，省、市、县教学能手 42 人。

三

王校长经常教育全校师生努力学习管理学、成功学知识，希望全校师生树立自己的理想，在现实的基础上确立目标，努力成为自己想成为的那种人。他自己更是把学习当成和吃饭一样重要的事情，对提高修养、自我修炼的事，他一点也不敢放松。

人际关系是当今做好工作的重要条件，而人际关系的形成往往靠一个人的人格魅力。王腾香的工作之所以搞得好，是与他的人格魅力分不开的。王腾香为人处世有度量，不苛求，有谅解、克制、包容的胸怀。他记人之长，忘人之短，能够解人之难，扬人之长，谅人之过，从而产生了强大的凝聚力和亲和力。王腾香坚信：在人的一生中，一个人的价值和力量不在于他的财产、地位或外在关系，而在于他本身，在于他的品格。王腾香怀着一颗正直善良的心，在工作中了解人、研究人、平衡人、激励人。他知人善任，让干工作的人不吃亏，不心凉。他心胸开阔，允许有不同的声音，愿意听不同意见，甚至反面意见。这样他的工作就会少走弯路，就能利用别人的意见弥补个人思维的缺陷和不足，提高管理水平。他宽宏大度，允许师生有行动和判断的自由，甚至尊重、悦纳与自己志趣不一致的人或事。面对非议、误解，他不做过多的争辩，只从事态发展中辨别是非。

因为工作需要，王校长经常外出联系工作。但是，在单县职业中专，领导在与不在一个样。校长不在时，教职员工照样做好各自的工作，一点也不松懈。通过思想引领、制度先行、流程管理、质检监督等一系列措施，学校已逐步形成了按照既定目标发展的格局。

"有一个好校长，就有一所好学校。"这是多年来被教育工作实践证明的论断。王腾香校长 40 岁出头，有思想、有魄力、有能力、有超前意识是他的特点；认准方向、果敢决断是他的性格；充分调动各方面积极性、民主管理是他的工作方法。他处处身体力行，以身作则，带领师生实实在在做事。到职业中专的最初半年，他的体重减轻了 10 多斤，离家不到 3 千米，他却很少回家，在校一会儿也闲不住，外出学习的时间占了一多半，一旦安静下来，就拿起书来读。无怪他的爱人风趣地对他说："我和孩子几乎不认识你了。"

四

王腾香校长从普教战线来到职教学校，对工作有一个适应和转变的过程。由于他刻苦学习，善于接受新思想、新事物，而且善于创新，他很快就完成了这种转变。

他努力学习职业中专学校的理念文化和行为文化，在学校建设过程中，他集众人之智，举全校之力，既尊重文脉传承，又重视创新进取，将弘扬美德和强化技能相结合，以"尊其身，成其业"的核心理念引领学校发展，塑造教育品牌。

办学理念应随着社会的发展变化而转变，只有跟上时代前进的步伐，理顺办学理念，学校才能产生新的活力。王腾香走马上任之际，就经常思考一个问题：职业学校办学之路在何方？他在赴贵州考察时曾写下一首诗，表达他当时的心情："秋雨连绵多泥泞，职业教育路难行。虽有冲天凌云志，难得运筹帷幄经。"为探索新路，他南下江苏、浙江等发达地区，北上济南、德州、北京，东走潍坊、东营、青岛等地，经过一段时间的理论学习、参观访问、深入思考、探索研究，逐步理清了职业教育发展的思路，摸索出了职业学校的经营之道："校以育人为本，学以成才为志，想升学的学生升好学，想就业的学生就好业。升学与就业并举，侧重就业；知识与技能并重，侧重技能。"

过去学校在各级各类专业技能大赛中没有拿过名次，教师向王校长反映这个问题时，王校长就帮助各科教师想办法，要求他们尽快解决这个问题。除了加强校内的技能训练外，王校长还派教师外出学习，借鉴兄弟学校经验。经过两年的努力，去年在全市各项技能比赛中，学校拿到 12 个一等奖，并首次拿到 3 个省级三等奖。

职业教育是一个广阔的天地，光靠课堂培养不出技术高超的专业技术人才，必须走校校联合、校企联姻的道路。几年来，学校与德州汽车摩托车专修学院、东营蓝海职业学校、无锡健鼎公司、青岛红岭公司、海尔集团公司等知名学校和企业联合办学，将知名企业作为实习基地，每年组织数批学生下厂实习，提高实际操作技能，积极实施"订单式"人才培养。

除了校企联姻、校校联合之外，学校还兴办实体，对外营业，为学生提供实习基地。学校 12000 平方米的实训楼已经建成，正在安装设备，有的车间已经投入使用。21000 平方米的培训中心正在筹建。在那里将建立社区大学，搞家政服务、月嫂培训，大棚种植人员、厨师培训，汽修和电气焊技术人才培训，幼儿园保育员培训。学校还在黄岗镇浮龙湖畔租地 500 亩，建生态园，开办农业种植加工、旅游观

光、培训农业技术员为一体的综合实体，引企入校，将学校与工厂相结合，培养各方面的技术人才。

在王校长的带领下，学校正在与济宁、聊城、淄博等地职教高校合作，筹划职教三二连读，探索三加二模式，希望培养更高级的专业技术人才。

学校还组建了机电烹饪学前教育部、汽修财会专业部、计算机电商服装部，每部确定一位领路人，将文化课教师、专业课教师分配到各部，具体负责本专业的教学和学生思想引领。

王腾香校长在单县职业中专任校长三年来，带领师生做出了显著成绩。2013年，学校被菏泽市教育局评为职业教育工作先进集体；2014年，学校获得菏泽市职业教育招生工作先进单位、县教育教学工作先进单位；2014年8月，学校被评为山东省教育工作先进集体；2014年6月，学校被批准为山东省规范化建设学校。同时，王腾香校长也荣获山东省教育工作先进个人、菏泽市名校长、单县专业技术拔尖人才、单县十佳校长等多项荣誉称号。

在王腾香校长的领导下，团结奋进的单县职专人，将不辜负党和各级政府的殷切期望，高瞻远瞩，奋力拼搏，尽快把单县职业中专全面建成省级规范化中等职业学校。

2016 年 3 月

后 记

时光如白驹过隙，稍纵即逝，不知不觉中，近四年时间过去了。近四年来，学校的变化日新月异，上文提到的基建项目都已竣工，交付使用。学校在被评为国家级重点职业中专、全国青少年普法教育先进单位和山东省中等职业教育教学示范学校的基础上，又先后被评为山东省教育系统先进集体、山东省教学整改试点学校、山东省规范化中等职业学校、山东省文明校园、菏泽市工会优秀就业培训机构，被批准为山东省乡村旅游培训基地、菏泽市职业技能鉴定基地、菏泽市就业创业培训定点机构等，2016 年 12 月荣获"菏泽市五一劳动奖状"，2018 年 8 月，被教育部确定为现代学徒制试点单位，2019 年 1 月，被山东省教育厅确定为省示范校立项建设单位。

学校现占地面积 22 公顷，在校生 4300 余人，现有教职员工 295 人，其中专任教师 225 人，专业教师 146 人，双师型教师 92 人，具有高级职称的教师 53 人，省、市、县教学能手 42 人。

现开设有机电技术应用、计算机应用、会计、服装设计与工艺、中餐烹饪与营养膳食、汽车运用与维修、学前教育、电子商务、城市轨道交通运营管理、舞蹈表演等十个专业,另外新增加了机器人技术、3D 打印、轨道交通、无人机等专业方向。学校实习实训设备总值达 3000 多万元,建有电工电子实训室、汽车维修实训室、机器人实训室、3D 打印室等 50 多个实验室,建立了数字化校园网。2019 年 11 月 20 日,学校借力清华大学,融入"一带一路"倡议,与北京万博知好乐科技有限公司、巴基斯坦拉合尔大学,就共建"万博'一带一路'倡议订单班"合作事宜达成合作协议,并举行了签约仪式。"万博'一带一路'倡议订单班"的开办,对于单县职业中专顺应产业结构升级,积极融入"一带一路"倡议行动,培养具有国际化视野的高素质、复合型、创新型技术技能人才,具有极其重要的作用。

学校高度重视教育教学管理,教育教学质量稳步提升。近年来,学校获得国家、省、市级学生技能大赛奖励 129 项。在全国技能大赛中,共获得 7 枚银牌、6 枚铜牌;在山东省技能大赛中,共获得 3 枚金牌、21 枚银牌、35 枚铜牌。学校在山东省中职学校中位列第四名,走在了山东省和全国的前列。

学校秉承"尊其身,成其业"的办学理念,坚持走文化技能并重、升学就业并举的办学道路。以学生为本,从严管理,注重学风、校风建设,注重学生日常行为习惯养成和良好思想品德的培养,以教书育人、管理育人、服务育人的指导思想开展工作,着力让愿意升学的学生升好学,让愿意就业的学生就好业,为学生搭建了可持续发展的平台。

与此同时,校长王腾香也获得许多荣誉称号:

2016 年 4 月,当选为山东省职教学会农村与农业职业教育工作委员会副主任委员。2016 年 5 月 10 日,当选为菏泽市电子商务职业教育集团首届理事会常务理事。2017 年 1 月 19 日,当选为中国机电一体化技术应用协会职业教育分会常务理事。2017 年 9 月,被评为单县优秀教育工作者。2017 年 12 月 15 日,入选山东省第二批齐鲁名校长(中职)建设工程人物,成为菏泽市首位获此殊荣的中职校长。2018 年 4 月,王腾香主持的课题"'双核驱动、三轨并进',提升中职教师信息技术应用能力的实践探索"获山东省职业教育教学成果奖二等奖。2019 年 1 月 15 日,主持的课题"中职学校德育课程与工匠精神的现实衔接路径研究"被中国职业技术教育学会德育工作委员确定为"2018—2020 年度职业院校德育课题研究"立项课题。2019

年 5 月 16 日，当选全国县级职教中心联盟理事会理事。2019 年 8 月 30 日，被评为"山东省优秀教育工作者"。2019 年 10 月 8 日，当选山东省职业院校"齐鲁工匠后备人才"培育工程专家指导委员会委员。2019 年 11 月 6 日，王腾香名师工作室入选山东省第二批职业教育名师工作室名单。

看，这就是我们的单县职业中专，这就是我们的王腾香校长！

2019 年 12 月 22 日

王腾香的"职教梦"

本报记者　廉德忠

在鲁西南菏泽市，有一位"齐鲁名校长"，他也是菏泽市及相邻市、县职业学校唯一的一位省级"名校长"，他就是单县职业中专校长王腾香。王腾香校长的心中揣着一个美丽的"职教梦"。

职业学校"姓职"更"姓学"

2013 年 5 月，王腾香正在徐寨镇中心校校长的位置上干得风生水起，全镇 17 所小学、20 多所幼儿园，无论是管理、教学工作，还是社会性服务工作，都处在最为顺畅的提升阶段，县里忽然想让他去职业中专"救火"，他"一千个不情愿"。当时的教育局局长发了狠话，逼上梁山："听说有同志不情愿，先免中心校校长，必须去。"

王腾香知道当时的单县职业教育已经濒临"停摆"，寻找"破局"的办法已成为当务之急。为此，他八天八夜难以入睡，辗转反侧始终想不到如何"开局"，没有办法，他只身一人跑到延安，艰苦奋斗的延安精神给了他前行的勇气和力量。5 月 15 日，王腾香走进了单县职业中专。而眼前看到的一幕，让他脊背发凉：作为职业学校，虽然开设有计算机、机电专业，却没有一套像样的实训设备，几台破电脑摆在一个教室里落满尘土。实训设备的缺乏，带来的是教师在黑板上"敲键盘""开机器"的教学场景。全校 100 多名教职员工，"科班"出身的专业教师只有 1 位学计算机、3 位学机电的。专业教师的缺乏，导致很多学生学不到一技之长。

单县职业教育办学之路在何方？"秋雨连绵多泥泞，职业教育路难行。虽有冲天凌云志，难得运筹帷幄经。"这是王腾香在当时写下的一首诗。为探索单县职业教育发展的路径，王腾香南下江苏、浙江，北上济南、北京，东走潍坊、青岛等地，访名校，进企业，一年下来行程达到 10 万公里。2017 年寒冬，他准备到北京参加一个学术交流会议，跑到菏泽，没有车票；再跑到济宁，也没有了当天的车票；再跑到济南，发现零点以后才有高铁，干脆直接驱车赶往北京，好歹赶上了开会。又有电话说青岛有家企业老总等他去商议校企合作事宜，于是，开完会马不停蹄往青岛赶。这一趟下来，司机李师傅一听说要出发，腿都打哆嗦。经过一段时间的理论学习、参观访问、深入思考、探索研究，王腾香逐步摸索出了职业学校的经营之道：职业学校要"姓职"，更要"姓学"，身居其中的每个人都要兼具"职业"和"学者"气质。他把这种气质描述为：师生必须具有"职业"特质，具有创新创业的理念和本领，还要善于学习新知识，在自己教与学的领域成为"学者"。

单县是经济欠发达县，单县职业中专的校址是原来的单县二中所在地，只有两栋教学楼，借助党和国家大力发展职业教育的政策环境，王腾香积极向市、县两级领导宣传发展单县职业教育的美好前景，赢得了各级领导的重视和支持。现在，12000平方米的6层实训楼、高标准的学生宿舍楼与原有的教学楼、宿舍楼连成一片，新建的标准化操场为全县中学生田径运动会提供了场地。校园内的臭水洼改造成了水波涟漪的"迎春湖"，荒坡地上建起了"鲁班园"。学校围绕开设的专业，新建了电工电子、汽车维修、机器人、3D打印等50多个实训室，实习实训设备总值达3000多万元。目前，单县职业中专实习实训基地建筑面积已经达到4万多平方米，工位有2000多个，基本满足了实习实训需求。看到这些变化，王腾香又兴奋地赋诗一首："鲁班园内学技艺，百果行里育硕果。最美迎春湖中水，严冬依然泛春波。"

单县是一个农业大县，工业基础薄弱，师生接触新技术、新业态的机会相对较少，这在一定程度上限制了学校和师生的思维和眼界。怎么办？自己来。他鼓励教师参加各种培训和学习，鼓励教师思索"新想法"。2018年，机电工程部教师张秀峰依托无人机操控与维护专业想成立一个单县启扬航模有限公司，主要经营植保、航拍、中小学特色航模课程开发等项目，一来为学生学习新知识、新技能和创新创业提供实习实训场所，二来发挥自己的专长，为单县带来一个新企业。王腾香立刻敏锐地感觉到这是引导教师思想解放的大好契机，于是帮助张秀峰注册、办理营业执照，又为他投入先期资金，王腾香还邀请县领导来学校为公司开业举行剪彩仪式。从今年开始，该公司将向GIS地理信息化方向发展，带给学生以更加前沿的知识。像对待张秀峰一样，王腾香支持学校教师依托中餐烹饪、汽车运用与维修等专业，孵化成立了尊成职业技能培训有限公司、卓航汽车服务公司等9家教学企业，这些企业最主要的功能就是为学生提供真正的实训和工作场所，让学生不出校门就能学到专业范畴之内最先进的知识和技术。

有"想法"的教师越来越多，王腾香因势利导，引导大家在办学定位和办学模式上建言献策。很多教师提出职业学校可以围绕专业办产业，一方面可以为师生学习、了解产业发展动态提供机会，另一方面可以为师生创新创业提供平台。王腾香心中一喜，这不正是他梦寐以求的职业教育蓝图吗？于是，他主持成立了清农学堂培训基地、农业生态园等校办产业，这些产业的规划、管理和运营，以服务专业建设和教学为主，兼顾社会服务，为学校在市场经济大潮中拓宽了前行的新思路。王腾香害怕浪费了来之不易的设备和人力资源，又成立了单县青少年活动中心和尊成学校，依托职业中专为中小学生提供人生规划和职业技能认知和培训，使全县 10 万多中小学生又多了一个学习和拓展新知识、新技能的场所。

经过多年的努力，王腾香的"职教梦"有了一个明晰的轮廓：职业教育不同于其他中小学教育，它有自己的类型特色，是"姓职"的教育；职业教育更"姓学"，学校要为教师学生提供"学"的平台。王腾香说，这些方面，做校长的必须谋划好，必须想深想透。

教师应有尊严、幸福地工作和生活

王腾香到任的第一天去查课，那是上午的第二节课，可是一层楼的十几个班级只有一位教师在上课，其他教师不是在走廊里踱步，就是在办公室聊天。他走到教师办公室一看，冬天点火取暖的炉灰已经没过了取暖炉，办公桌上的煤灰厚厚一层，没有一个人清扫整理。面对如此场景，这个"救火校长"着实犯了难。王腾香苦思冥想，像一位老中医一样，通过望、闻、问、切，终于找到了这所学校的病根：教师缺乏尊严和幸福感，对工作缺乏信心和希望；学生缺乏理想，缺乏努力学习的动力。师生都感觉不到尊严和幸福。

有尊严是一个既严肃而又非常有吸引力的话题。王腾香对教职员工讲："有稳定的工作，有适度的工作时间，有自己的职业理想，在社会上有地位、有声誉，就是所谓的有尊严。这个目标，要成为单县职业中专和全校教职员工努力的方向。"

奔着这个目标，他提出的第一个愿望是"每天都有一份好心情"。从 2013 年 5 月起，单县职业中专教职员工每天到校的第一件事就是参加"教师晨会"，就是唱国歌、集体宣誓、大合唱，举办教师论坛。"一加十，十加百，百加千千万；你加我，我加你，大家心相连"的歌声在单县职业中专唱响起来；每天都有 1 名教师设坛论教、直抒胸臆。教师提出的正面观点王腾香总是亲自点评，以提升和鼓舞教职员工的心境；对于批评和指责的声音，他更加重视，也要亲自点评。他对教职员工说："越是有不同的意见，越说明工作有可以改进和提高的空间，工作越会少走弯路，不同的意见可以弥补校长思维的缺陷和不足，提高学校的整体管理水平。"每天下午第三节课后，他要求教师们集体跳舞，锻炼身体。这样一来，一天到晚教职员工都能保持愉快的心情。这些从未有过的活动，给了教职员工一种全新的体验，使他们的心中升腾起暖暖的春意，积极的工作态度、自强不息的精神、为他人创造价值的意识渗透到了每一个教师的工作、生活和学习之中。

王腾香提出的第二个愿望是"要有尊严感，要有幸福感，要有真本领"。2013年，为解决专业课教师不足的问题，他倡导45岁以下的文化课教师根据工作需要和个人爱好特长转任专业课教师。解传雷就是由语文教师转岗计算机专业教师的，学校出资金、腾时间鼓励教师到企业和培训机构学习，他用8个多月时间拿到了计算机硬件维修工程师资格证，专业知识和教学能力也达到了教学要求。2017年，他指导的学生获得了山东省技能大赛一等奖的好成绩，被山东省教育厅授予"优秀指导教师"称号。像他这样，有的教师从数学教师转教机电，有的由化学教师转任服装专业教师，30多名文化课教师走向了全新的教学岗位，现在，很多人都成了专业教学的中坚力量，受到学校和学生的尊重和礼遇。在选人、用人上，王腾香不拘一格，任人唯贤。2015年他积极向上级争取20％灵活编制政策，面向社会公开招聘能工巧匠38名，根据教学和工作检验，其中多名优秀教师被破格提拔为专业部、科室主任和学科带头人。王腾香经常鼓励教师加强学习，为此开办了孔子学堂，请国学专家来校讲课。他重视教师专业提升，60多名专业教师参加了国家级、省级和市级培训，学校"双师型"教师达到60％以上，涌现出省、市、县教学能手42人。

王腾香将"尊其身，成其业"确定为学校的核心理念。"尊其身"，就是让尊严焕发光彩；"成其业"，就是让生命绽放光华。其意义在于植根职业教育特色，在于身体力行，在于有益于社会，展现学校师生对自我的要求，做有尊严而幸福的职专人。王腾香尊重领导班子的每一名干部，职权一体，不隔人管人，不接受越级反映问题。他要求中层干部请示解决问题的办法时至少要准备两个方案，然后与他们一起分析选择，哪个办法好就采取哪个办法。下属得到尊重，增加了干好工作的信心，而且工作能力得到锻炼、提高，学校也得到了有效管理。当摆脱了条件差、生源差、师资水平差的羁绊之后，很多教师的思想也升华为"尊严是干出来的""成就职业教育，成就自己的事业"的新观念，他们围绕专业教学办企业，为了学生成长创立产业园，为了助力县域经济社会发展做培训，为了学校发展而不断进行技术创新，在职业教育发展中找到了归属感，体验到了成就感，萌发了感恩心。在经济、教育水平相对薄弱的鲁西南，这个学校涌现出了一批齐鲁名校长、齐鲁名师、菏泽市名师、市首席技师等，众多教师成为全国、省技能大赛优秀指导教师和教改项目主持人。这也是王腾香的第三个愿望。

王腾香的"职教梦"中更深一层的含义是"职业教育也是受人尊重的教育，要让每一个从事职业教育的人都有尊严地工作和生活，都有幸福感、成就感"。这一愿望，伴随着学校不断前行的步伐，正在逐渐成为现实。

学生升学、就业各有通途

现在的单县职业中专占地 22 公顷，在校生 4300 多人。开设与经济社会发展相关和当地需求旺盛的专业 10 个，新增了机器人技术、3D 打印、轨道交通、无人机等新技术、新业态热门的专业方向。学生优质就业率达到 90% 以上，升学意向实现率也达到 90% 以上。2019 年，学校借力清华大学融入"一带一路"倡议行动，与北京万博知好乐科技有限公司、巴基斯坦拉合尔大学，就共建"万博'一带一路'倡议订单班"合作事宜达成合作协议，使单县职业教育开始了与世界接轨的探索。

但是，王腾香并不满足，他的内心升腾着一个强烈的梦想：地处鲁西南的单县还是一个经济欠发达县，这里的学生不论在工作、生活上，还是接受新知识、新理念上都和发达地区有差距。他憧憬着未来的单县职业教育有一个大的改观，希望这里的孩子升学、就业各有通途。为此，他推动了三件事。第一件，依托单县职业中专资源，成立了青少年活动中心，主要对学生进行职业感知和社会生活教育，这项工作已经开始，每年有近万名中小学生会在这里体验到与普通教育不一样的教育，为单县的孩子打开了一扇感知新事物的窗口。第二件，成立尊成学校，将初中毕业就面临辍学的学生"请"进来，让他们一面补习初中文化知识，一面学习基础的专业技能，这些孩子将来可以直接进入单县职业中专学习一技之长，为单县"控辍保学"贡献职业教育力量。王腾香还做了一件事——"非遗"文化传承。创立于1807年的三义春羊肉汤品牌被文化和旅游部命名为"中华第一汤"，是国家非物质文化遗产保护和传承项目。2018 年，单县职业中专与三义春羊肉汤总店进行校企合作，成为现代学徒制试点，开展羊肉汤熬制技术学徒培养和非遗项目传承工作。三义春羊肉汤总店董事长窦桂明每学期到校为学生上课达 40 多节，学生到企业实习由专门师傅传授。到现在为止，已经培养了 58 名学生非遗传承人，这些学生将单县羊肉汤品牌带到了全国各地。

　　除此之外，王腾香还做了一件大事，即以单县职业中专为依托，推动创办菏泽科技职业学院，把中职教育、高职教育、职业培训、技术推广、产教融合等多位素融合为一体，形成一个多功能的大职教产业园区。他希望单县的孩子将来的就业是有一技之长的就业，不应该是"农民工"的翻版；单县职业中专的学生只要有能力进入高一级院校深造，就有机会更上一层楼。这是他的梦想，也是他为之努力和奋斗的方向。

名校长的新篇章

王同光

一

2021 年 7 月，热火朝天的高考刚刚结束，另一则"热门"新闻又在单县大地不胫而走：王腾香要到单县一中任校长了。这条消息一时成为单县街头巷尾的议论话题，特别是在单县教育界引起了不小的震动。我们知道，每个市、县、区的第一中学，都是广大干部、群众关注的焦点。一中校长的人选向来举足轻重，万人瞩目。有人根据王腾香从教的一贯表现，持肯定态度，说王腾香到哪里都干得很好，当一中校长也一定不成问题；有人则不以为然，说王腾香只做过小学和初中教育，做过职业教育，一中校长可不是容易当的，对他持怀疑态度，为王腾香捏着一把汗。

如今，距王腾香就任一中校长快满两年了，单县一中各项工作正按部就班、有条不紊地进行着，特别是教育质量的提高令人惊叹：2022 年高考，单县一中考上"双一流"大学人数，考上重本、本科人数均比上年提升 30％以上，由以前的全市第六名跃升到第二名，高二和高一联考成绩也在全市领先。这是单县一中历年来的最好成绩，创造了单县教育新的辉煌。2023 年 3 月 17 日，菏泽市高中教学推进会在单县一中召开，单县一中被市教育局授予"高中教学工作特等奖"。

居高声自远，花香蝶自来。单县一中的优异成绩引起了周边地市的广泛关注，报名到单县一中托管的湖西高中复读的学生挤破了校门，不得已又增加了一个复读校区。同时单县一中又接管了一所初中和一所小学，形成了"一校七区"、教师近 1500 名、学生近 30000 名的大型教育集团。

王腾香在向单县县委和县教育体育局领导汇报工作时说："成绩的取得，得益于县委、县政府的正确领导，得益于县教体局的大力支持和正确指导，得益于各兄弟学校的全力配合，得益于全体一中人遵守'志存高远、胸怀天下'的校训，践行

'团结实干、担当奉献、合作创新、追求卓越'的精神。"王腾香的话语，是他一贯谦虚谨慎作风的表现，但大家心里明白，事实证明：王腾香能当好一中校长，他不愧为齐鲁名校长！

二

王腾香是怎样在不到两年的时间内，就领导单县一中取得这么好成绩的呢？这就要从他本人的素质、他的办学理念、他的担当精神、他所运用的工作方法等方面来阐明了。

王腾香有办好教育的初心。王腾香在农村出生，从农村长大，从小就知道学文化、培养人才的重要性。王腾香初中毕业就一心报考师范学校，决心学好教书育人的本领，为家乡、为国家培养人才，使祖国繁荣富强，使人民生活越来越富裕。这种爱教之心、这种家国情怀是他干好工作的动力。从教几十年来，他从小学到初中，再到职教，又到高中，边干边学习，从学中增长才干，提高理论水平，不忘初心，牢记使命，决心做个好教师、好教育干部，踏踏实实，努力走好自己的教育之路。

到单县一中当校长，王腾香不是没有顾虑的，但勇于担当的一贯作风，促使他抛却私心杂念，决心不负众望，勇挑重担。在一次向县委汇报工作时，王腾香曾向县委书记表态说："我在一中一天，就要为一中的未来负责，就要为学校的发展努力。我将不负各级领导和全县人民的重托，扎实工作，奉献到底。"

人们常说"新官上任三把火"，那么，王腾香的"三把火"从哪里烧呢？王腾香单枪匹马来到一中，基本上是两眼一抹黑，认识的人都没有几个，怎么开展工作？冥思苦想之中，钻研过的毛主席著作的他迸发出灵感：依靠群众干革命！当校长要依靠全体教职员工，走群众路线！

王腾香进行了广泛深入的调查研究。他打通交流屏障，向全体教职员工公布了自己的电话号码和微信号，让老师们提意见和建议，先后召开了老干部座谈会、中青年教师座谈会等各级各类会议，了解学校存在的问题和发展中的症结，听取老师们的心声。他很快就摸清了学校的情况，有了清晰的工作思路，开始烧起了他的"三把火"：

一是校区功能改革。原来的单县一中校区功能大而全，定位不明。每个校区都有高一高二高三，致使本来就有限的教学力量更加分散，特别是一些小的学科甚至无法配齐老师，而且各校区、各年级之间各自为政，互不沟通，无法整合教育资源，统筹管理，进行有效的集体教研，甚至不同校区的同一年级暗中较劲，盲目扩大复习生规模，严重挤占应届生教学资源，形成严重内耗，造成了成绩下滑的局面。王腾香上任后，由原来三个校区都有高一高二高三，改为一个校区一个年级，校区校长为年级管委会主任，这样可以最大限度地整合教育资源，提升教学质量。各校区财务实行预算制，校长给予各校区最大的自主权，充分发挥校区管理的自主性。

二是人事制度改革，实行领导干部竞聘上岗制。校区校长、副校长、主任都要在全体教职员工代表面前述职演讲，接受教代会代表打分，从而选出了新一届领导班子。领导职位数由原来的150多名降到54名，真正收到了精兵简政的效果。所有领导干部每年一聘，能者上，庸者下，形成流动机制。

三是做了三次培训——领导班子培训、教师代表培训和全体教职员工培训。王腾香要求全体领导干部吃苦在前，享乐在后，处处为老师们做表率，遇到困难要上，遇到荣誉要让，领导干部三年内不能参评和教学无关的所有奖项。要依靠教职员工办学，发挥集体力量，集思广益，让教职员工明确学校的现状和学校的工作思路，齐心协力为单县一中的明天奋斗。

其实，"三把火"只是一个习惯说法。王腾香的工作向来按部就班，头头是道，胸有成竹，按照他的办学理念，根据实际情况，选择行之有效的工作方法，使各项工作有条不紊地进行。学校工作千头万绪，提高教育质量是重中之重，是头等大事。2021年8月，刚到任不久，王腾香就领导学校一班人制订了《单县一中教育质量提升三年实施方案》。在充分肯定单县一中七十多年来的办学成就和正视干部队伍建设滞后、教育教学理念落后、教师发展缺乏方向、学生管理死板单一等问题的前提下，提出了明确的指导思想和工作目标，以"强机制，塑文化"为引擎，以"考名牌，升重本"为突破，以"创名校，推名师"为目标，提出了"要成为全市领先、全省一流、全国知名的优质学校"的工作目标，为学校的发展指明了方向。同时，非常具体地规定了10项行之有效的措施：1. 提升学校德育工作质量，打造德育领校体系；2. 提升学校现代治理水平，打造治理优校典范；3. 提升学校文化建设，打造文化润校品牌；4. 提升干部队伍建设质量，打造管理强校模式；5. 提升教师队伍建设质量，打造师资兴校品牌；6. 提升课堂教育教学质量，打造质量立校表率；7. 提升教学科研质量，打造科研兴校基地；8. 提升高考升学质量，打造人才强校品牌；9. 提升学校后勤服务质量，打造服务成校榜样；10. 提升安全稳定工作质量，打造安全护校样板。《单县一中教育质量提升三年实施方案》是单县一中领导班子今

后三年的施政纲领，它统一了大家的思想认识，吹响了全校师生进军的号角。

王腾香还领导学校一班人制订了《学校督导工作方案》，加强对校区工作的督导检查；制订了《教职员工考核评价方案》，减少人为因素，突出成绩导向；制订了《教师职称评定方案》，解决教师特别关心的问题。

学校的根本任务是教学，于是，他们提出了建设学习型校园、书香校园的目标，狠抓领导和教职员工的学习。2021年9月，《单县一中读书学习制度》建立，要求大家强化读书学习意识，营造良好学习氛围，为学生做好榜样，提升全体师生综合素质，而且具体制定了领导干部和全体教职员工的学习制度。为了尽快提升学校的教育教学质量，培养具有精湛业务能力和创新精神的优秀教师队伍，学校大兴教学研究之风：创建了专业教研期刊《单县一中学刊》，鼓励老师们开展教学研究，发表文章；成立了七大研究院，即英才研究院、干部教师发展研究院、高考研究院、德育研究院、教学研究院、中考研究院、艺体研究院，每个研究院都设有院长、成员、学术秘书，王腾香校长亲任英才研究院的院长。七大研究院的研究内容涉及学校工作各个方面，浓浓的研究氛围像清新的空气一样飘荡在办公室、教研组，研究成果似学校随处可见的花朵，开遍校园，香味四溢。

打破"固化"思想状态、开放办学、引进人才、组织优秀团队是王腾香一直坚持的教育教学理念。为了进一步深化教育综合改革，全面提升单县一中教育教学整体质量，经过调研，学校先后和清北道远公司、四川东辰教育集团、北京燕博园等机构签订协议，合作办学。由优质名校派管理团队，提供核心技术，创新教育理念、育人模式，组织实施干部、教师培训，引领学校发展，搅动了一中教学和管理的"一池春水"，取得了良好的教育成果。

三

有一条多年来就被教育实践证明了的真理，那就是"一位好校长就是一所好学校"，王腾香在单县一中也必将证明这一真理。他的人格魅力、忠于教育事业的情怀和担当精神，就是他能够使单县一中这所学校成为好学校的根本所在。

担当就是敢于承担责任，关键时刻敢挑担子，善于作为，精于实干，在责任面前不回避，不推诿，不退缩。在一中教育质量下滑的形势下，王腾香临危受命，并且有把一中办好的雄心壮志，就是他的担当精神的具体表现。特别是在新冠肺炎疫情防控形势最严峻的日子里，为了保障学生的身体健康，为了保证学生的学业不受影响，王腾香顶着重重压力，决定单县一中五个校区采取全封闭管理模式，坚持线下教学。在他的精神的带动下，广大教师以一种新的逆行方式，告别家庭，来到校园。有的老师让家人替自己照顾老人，有的老师忍痛留下还在哺乳期的孩子，有的老师只能拖家带口全部封控在学校。由于学校条件有限，缺少床铺，很多老师就打地铺；由于师资力量短缺，很多老师担负了两名老师甚至更多老师的课程。校区和年级管理人员各司其职，老师们克服工作和生活上的种种困难，认真备课、上课，出色地完成了教学和管理工作。

王腾香一直坚持民主科学管理的理念，坚守党委领导下的校长负责制，充分发扬民主，从不一意孤行。他用爱和尊重对待每位教职员工、每个学生，在关心关爱中严格要求他们。对领导班子成员、教职员工、学生，他更多的是看其优点，并将优点放大，他善于把握整体，研究方向，带好队伍，知人善任，用文化管人、制度管人，使每位成员从"要我干"变为"我要干"。王腾香认为，校长不是管家，要用正能量、亲和力、人文情怀引领师生，促使师生健康成长。

在老师们眼中，王腾香是个"工作狂"。每天天不亮，他的身影就出现在操场上；晚上十点多，他还在宿舍查看学生的休息情况。他深入教室、备课组，虚心向老师学习，耐心和学生交谈，真正成为师生的知心朋友。他以自身的人格魅力和强烈的敬业精神，把师生紧紧团结在一起，凝心聚力，共谋学校发展。许多跟王腾香一起工作过的人都说，也不知道是什么原因，就是愿意跟着他干，受到他的表扬不觉得骄傲，受到他的批评也不觉得委屈，而是会更加努力地工作。王腾香有时因开会、学习、办事情外出，大家都和他在校时一个样，甚至比他在校时干得更好。

王腾香特别注重体育课程和学生的身心健康，他认为没有强健的体魄和健康的心智，就不可能成为高素质的人才。他自己就擅长篮球等多项体育运动，经常和学生一起运动。他科学规划了学生的作息时间，希望学生吃好睡足，每天保证一个小时的运动时间，要求每个学生掌握一项能陪伴自己一生的体育项目。单县一中的特色体育项目成绩突出，王腾香主持工作后更有起色。单县一中男子排球队三年拿了十个山东省冠军，代表菏泽市参加第24届山东省运动会排球赛，也勇夺冠军，2022年先后代表山东队参加比赛，获全国第十四届学生运动会季军、第十届全国传统校排球项目比赛冠军，这也是山东省历史上获得该项赛事的第一个全国冠军。单县一中的足球项目蝉联菏泽市"市长杯"校园足球联赛高中女子组冠军，打入全省前三。

四

王腾香校长是个永远不知满足的人，他一直想把事业做到最好。他认为单县一中经过七十多年的发展，积淀了深厚的文化底蕴，取得了辉煌的办学成绩，各项工作均走在全市高中学校的前列，在全省也小有名气，但是，学校尚未有突破性发展，和全国名校相比还有很大差距。必须突破困境，打破"内卷"，走出鲁西南，走向全省乃至全国，实现办学层级的跃迁。王腾香认为，单县一中的办学既要"顶天"，不折不扣落实国家一系列重大教育改革措施，又要"立地"，立足我们的实际培养人才；既要遵循教育规律，又要遵循人的成长规律，全面推进素质教育。他提出了建设"三高"学校的目标，即高品质校园、高品位教师、高素质学生。

关于如何建设高品质学校，王腾香和学校一班人计划从打造高品位的校园文化入手。文化是学校建设、发展的灵魂。单县一中的校园文化计划以建设精神家园、培养人文素养为核心，以制度文化建设为突破口，以人文精神与科学精神培养为重点，以文化载体创新为抓手，以师生综合素质全面提高为目标，开展解读校园文化活动，通过宣读、研读，老师们对"团结实干，担当奉献，团结担当，合作创新，追求卓越"的单县一中精神内化于心，外化于行，将其变成了自己的行动指南，有力推动了学校工作的开展。

习近平总书记指出："百年大计，教育为本。教师是立教之本、兴教之源。"一流的学校需要一流的教师队伍。一流的教师从个人形象上来讲，就是要衣着得体，言行有礼，有书卷气，为人师表；从业务素养上讲，就是要业务素质高，科研能力强，教学水平高，践行德智体美劳"五育"并举理念，始终不忘从教初心，牢记教育使命，在教育教学行动中发展自己、成就自己，进而发展学校、成就学生。锤炼高品位的教师队伍的工作是一个系统工程，既需要学校完善培养和使用机制，激发教师活力，又需要教师加强自我修炼，滋润心灵，涵养精神。所以学校应实行目标管理，完善教师培养、评价和使用机制，营造学习与学术氛围，引领教师专业发展。

根据立德树人，培养德智体美劳全面发展的社会主义建设者和接班人的根本要求，高素质的学生应该展现品行优善、学业优良、身心优美、情趣优雅、劳动优秀和生活素养强、学习能力强、社会意识强"五优三强"的良好风貌。要培养高素质的学生，学校必须"五育并举"，深化课程改革和课堂教学改革，完善育人体系，德智体美劳各项教育工作都要有效开展，在能够促进学生个性特长发展的一切方面下真功夫，抓细抓实，为所有学生提供最适合的教育。

高品质学校的文化立意高，师生素养高，教育质量高，各项工作都应是标杆，是其他学校的楷模。建设高品质学校，是单县一中的发展目标，是基于当前学校发展状况的准确判断确立的奋斗目标，实现了这个目标，单县一中就会实现全省一流、全国知名的目标，就能真正成为鲁西南乃至全国中学教育的一块高地。这个目标的实现过程是一个持续发力不断发展的过程。王腾香校长要求单县一中全体师生把这个目标记在心上，落实在行动上，矢志不移，不懈追求。

像写作一本大部头的著作一样，王腾香又开启了闪光的新篇章。这部书他是要用一生的精力来完成的。他的初心、他的理念、他的担当精神，都是他成就这部巨著的原动力。阳光总在风雨后。王腾香校长一定不会辜负各级党政领导和广大人民群众的重托，昂首阔步，积极进取，再创辉煌。

2023 年 3 月

参考文献

［1］李镇西. 幸福比优秀更重要［M］. 上海：华东师范大学出版社，2019.

［2］万玮. 学校管理的本质［M］. 上海：上海教育出版社，2019.

［3］朱建华. 学校系统管理的理论与实践［M］. 北京：高等教育出版社，2003.

［4］稻盛和夫. 干法［M］. 曹岫云，译. 北京：华文出版社，2010.

［5］卓宇扬. 别只为薪水工作［M］. 北京：北京工业大学出版社，2010.

［6］朱建华. 学校系统管理的理论与实践［M］. 北京：高等教育出版社，2011.

［7］索晓伟. 让老板需要你［M］. 北京：中国华侨出版社，2009.

［8］朱永新. 做一个让学生瞧得起的老师：教师的四重境界［N］. 中国青年报，2017-03-11.

［9］郑立平. 优秀教师成长之道［M］. 西安：陕西师范大学出版社，2015.

［10］汤勇. 读者是一个美好的身份［M］. 武汉：长江文艺出版社，2018.